解放军外国语学院国际安全与战略研究丛书　主编　孟繁浩

俄罗斯反恐体系研究

A Study on Russia's Counter-terrorism System

戴艳梅◎著

时 事 出 版 社

《国际安全与战略研究丛书》总序

当前，国际形势在总体平稳中继续发生深刻而复杂的变化。全球化进程促使各国相互依赖加深，和平与发展仍是时代主题。但是，大国战略性矛盾依然突出，利益冲突明显上升；传统安全和非传统安全因素相互交织，不断威胁世界的和平与稳定；新的国际环境既给中国的崛起带来巨大的历史机遇，又给我国的国家安全带来严峻挑战；西方大国持续调整国家安全战略和军事战略，我国周边某些国家加紧发展新型军事力量，地区冲突和局部战争从未止息，亚洲正成为国际安全矛盾聚集的热点地区。

从国际安全的战略视野看，密切关注国际安全态势，准确把握其发展走向，提升应对安全威胁和风险的能力，已成为国家赋予我们的重要时代命题。

为此，我们推出《国际安全与战略研究丛书》。

美国战略学者彼得·帕雷特指出："战略史家在研究战略思想形成时，必须分析形形色色的战略环境，分析环境与思想彼此作用的方式，同时追踪从思想到信条、再从信条到执行的发展，而这发展演进反过来又会产生进一步的思想。"[①] 本丛书虽然不限于从战略史家的视角研究战略思想形成，但是研究理路与之相通，即综合研判国际和地区安全环境、世界主要国家战略思想和安全政策的形成，以及环境与政策之间、政策特别是大国政策之

---

① ［美］彼得·帕雷特主编，时殷弘等译：《现代战略的缔造者：从马基雅维利到核时代》，世界知识出版社，2006年版，第4页。

间的相互作用，系统评析这些作用对世界、地区及我国带来的影响。

我们相信，这套丛书可以从三个方面体现其研究价值：一是它将有助于观察与把握国际和我国周边的安全环境；二是它将有助于了解世界主要国家安全战略的制订及安全战略思想的形成、实施与调整；三是它将能在一定程度上为我们国家的安全政策制订和实施，提供有价值的参考。

收入丛书的著作成之于众手，研究角度和行文风格不免存在差异。然而，丛书也显示出作者群体的共同特点：至少通晓一门研究课题所需的外语，都坚持使用一手原文资料；既具有军队严格训练背景，又有接受名校培养的学习履历，集军人的责任担当和转益多师的学术滋养于一身；都是中青年学者，正值学术研究的黄金阶段。

著作一经付梓发行，检验与评判的权利，就同时交给了读者。

敬祈批评指正。

孟繁浩

2015.11.11于洛阳

序

戴艳梅此书撰写的内容是有关俄罗斯反恐体系建设问题。这一研究难度很大，但很有意义。意义在于：首先，俄罗斯是与我国相邻的大国，了解俄罗斯国内反恐形势对于了解我国周边反恐形势及安全环境具有重要意义。其次，俄罗斯近年来反恐成就巨大，重要的原因之一可以归结为其反恐体系建设的科学和高效能运转。我国目前恐怖主义活动猖獗，研究俄罗斯反恐体系建设对于我国成功打击恐怖主义活动，建立更加有效的国内反恐机制具有重要借鉴意义。最后，俄罗斯的反恐以“保密的”俄安全与情报部门为主体，这虽然带来了许多研究困难，但研究俄罗斯反恐体系内部构成、各成员的职责与使命，以及彼此之间的分工与协作关系，是我们从一个侧面了解俄罗斯国家安全与情报体系发展现状的重要途径之一。总之，这本书的研究无论是在国内反恐研究，还是在俄罗斯学及军事情报学领域都填补了空白。因此，它是一本值得一读的好书。事实上，这本书在撰写过程中的一些过程性成果就已经在实践与学术领域有了很好的反响。

在读此书时人们会发现，其研究对象庞杂而繁琐，由此可见作者研究之辛苦和耐心。俄罗斯的反恐工作涉及面广，反恐体系各组成单位既细小多样，又错综保密。清晰、准确地展示俄罗斯反恐体系各“零部件”及彼此之间的相互关系，绘制出它完整的联动图景，将其关键性制动因素提取出来，总结出俄罗斯反恐的组织经验和失败教训，这的确是一项十分重要却又十分艰巨的工作。这不仅需要作者具有坚强的意志和锲而不舍的钻研精神，而且需要具备深刻的分析能力和宽阔的知识面。从书中丰富的资料便可以看出，戴艳梅在撰写此书时曾查阅了数量惊人的原文资料和一手文献，对数不清的原文海量信息进行了耐心、细致地真伪甄别和分析、研判。她告诉我，在写书的那几年，一直是昼夜不分，废寝忘食，最后身体透支发展到走路都需费力喘气的地步。我听后被深深地感动。今天，在中国，有许多为国家安全辛勤工作、透支身体、负债家人的工作者。他们普通、辛劳，却令人崇敬、尊敬。在这些普通工作者身上表现出了一种应当珍视的精神：报效国家、爱岗敬业、科学求实。这种精神看似老生常谈，但实践到每一个人身上却要有坚强的信念和意志。然而，细想起来，哪一朝、哪一代一个国家不是靠具有这种精神和毅力的人们默默坚持而发展上去的呢？我们应当爱惜这些辛勤的工作者，更应当记住这种精神。相信戴艳梅一定能够把这种精神发扬下去，把她的研究坚持下去，做得更精更深，取得更大成绩。

是为序。

许　嘉

2015 年 10 月于洛阳

目　　录

前　言

冷战结束后，新独立的俄罗斯在相当长一段时间内秩序混乱，政府强制力不足，恐怖主义在其境内萌生、发展、扩散，并孕育出冷战后国际恐怖主义的几乎所有特征。俄罗斯成为世界上恐怖活动最为猖獗的国家之一，北高加索恐怖组织成为国际恐怖主义的重要组成部分。2000 年第二次车臣战争后，俄罗斯恐怖事件频发震惊世界，2003 年发生 561 起，2004 年 265 起，2004 年的别斯兰恐怖惨剧成为俄罗斯境内恐怖活动达至巅峰的标志。别斯兰事件之后，俄罗斯深刻反思历史教训，构建了国家反恐体系，恐怖活动数量逐年下降：2005 年 203 起，2006 年 112 起，2007 年 48 起，2008 年 10 起，至今已做到每年控制在 31 起以内。[①] 可见，在别斯兰事件之后，俄罗斯建立的反恐体系是有效的。

中国是国际恐怖主义的受害者。自 20 世纪 50 年代以来，“东突”恐怖组织在新疆不断制造各种事端，进入 20 世纪 90 年代以来其活动更加频繁。2002 年，该组织被联合国列为世界上最具威胁的恐怖组织。据不完全统计，1990—2001 年间，“东突”恐怖组织制造了 200 多起恐怖事件，造成 600 多人伤亡。2009 年的“7・5”事件触目惊心地向世人展示了新疆恐怖势力的强大。2013 年发生的天安门金水桥“10・28”事件以及 2014 年昆明火车站“3・01”事件，则显现了恐怖活动威胁更加严峻的态势，即“东突”恐怖组织暴力活动日益猖獗，并且向内地不断渗透发

① Статистика МВД，http：//mvd. ru/Deljatelnost/statistics/reports/item/804701/.

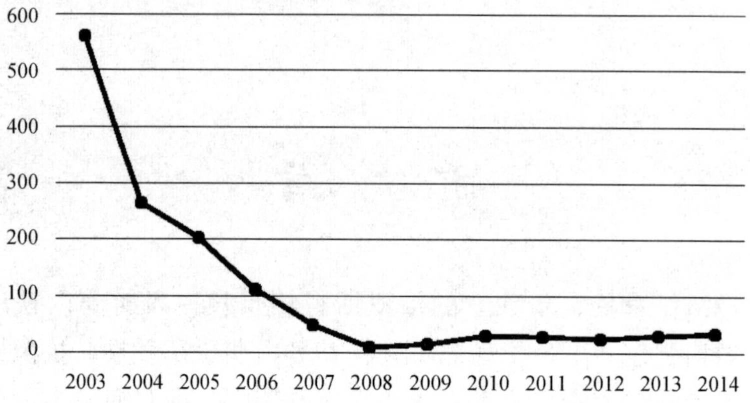

图1　俄罗斯历年登记的恐怖活动案件

展。这给我国的国家安全与社会稳定造成了巨大的威胁。对比俄罗斯和中国的反恐历程，可以发现，两国的反恐在发展阶段上是错位的：当俄罗斯反恐成效日益显著、恐怖活动渐次下降之时，恰恰是我国境内的恐怖活动日益猖獗、反恐形势愈加严峻之时。俄罗斯与中国在反恐阶段上的错位，为我们研究借鉴俄罗斯的反恐经验，提供了便利。

本书在广泛搜集国内外，特别是俄罗斯原文材料的基础上，综合运用文献分析、历史研究、比较研究、定性与定量分析等研究方法，对俄罗斯的反恐体系（法律系统和组织系统）的构成与运行进行了全面系统的研究。同时，本书并未将研究重点放在法理或组织管理原理等问题的探讨上，而是关注现实，分析俄反恐体系的构成及运行，总结其规律并预测其未来发展。

本书章节依《俄联邦反恐构想》对国家反恐体系的定义之逻辑来展开。国家反恐体系是指“反恐主体与一系列规范性法律文件的综合，这些法律文件旨在调节反恐主体发现、预防、制止、揭露与侦查恐怖活动，最大程度减轻和（或）消除其后果”。以此为依据，本书将俄罗斯反恐体系分为法律体系与组织体系，全书按照法律、组织及工作运转的逻辑来展开，包括7个部分。绪论对选题意义、研究方法和国内外研究现状进行了阐述，对本书的总体研究结构做了简要介绍，并对关键性概念进行了界定，确定了研究的思路、重点及难点。第一章梳理回顾了苏联时期与俄罗斯别斯兰事件前的反恐体系，总结了其优势与不足。第二章对当前俄罗斯反恐体系中的法律体系进行了系统考察。反恐立法是打击恐怖主义的法律依据，本章主要分析了俄罗斯反恐法律体系的构成，阐述了其反恐的基础性与配套性法律文件，以及反恐立法的基本思想。第三章将俄反恐主体体系划分为组织协调系统、情报系统、行动系统与保障监督系统，并全面概括了该体系的特点。第四章结合俄罗斯反恐法律体系和组织体系，分析了俄罗斯反恐体系在长效预防、防控事件、打击、善后诸多方面开展的工作。第五章对俄罗斯反恐体系的优缺点及其发展前景进行了评价。附录全文翻译了对俄反恐最有指导意义的4部法律文件。笔者希望本书能为反恐理论与实践工作者提供些许参考意见。

绪　论

一、选题的意义与研究现状

（一）选题意义

首先，在全球化迅猛发展的今天，国家或地区安全局势的重大变化，比以往更加具有蔓延扩散的特点，相关国家和地区很难完全置身事外。俄罗斯是与我国相邻的大国，俄罗斯国家局势的动荡或稳定，与我国安全形势休戚相关。关注其安全形势的重大变化，关注其应对局势变化的举措及其效果，是我们国家安全研究的重要课题。

其次，恐怖主义具有跨国渗透蔓延的特点，俄罗斯恐怖主义组织与中国新疆的恐怖组织有相互勾连、相互渗透、彼此呼应的趋势。研究俄罗斯反恐问题，探析把握俄罗斯反恐体系及其运转效果，评估其反恐发展趋势，是我们反恐情报研究的重要内容。

其三，俄罗斯的反恐进程和中国的反恐进程在发展阶段上是错位的。当俄罗斯反恐行动成效日益显著、恐怖活动渐次下降之时，恰恰是我国恐怖主义活动日益猖獗、反恐形势愈加严峻之时。而俄罗斯反恐成效达成的关键是其反恐体系的有力建设与高效运行。因此研究俄罗斯反恐体系，对我国的反恐工作建设，特别是体制机制建设，具有显著的借鉴价值。

其四，我国在反恐领域面临国际压力，特别是面临着西方的双重标准。我国的安全体制、决策和行动体制、军事体制编制和作战装备等，与俄罗斯或相同，或近似，或者有千丝万缕的联系。俄罗斯的反恐经验对我们而言，相比于美国等西方国家的经验，更少引发排异反应。所以，研究俄罗斯的反恐体系，相对于研究美国等西方国家的反恐体系而言，对我国的反恐体系建设具有更加现实的意义。

最后，在俄罗斯反恐体系中，安全与情报部门是主要实施主体。反恐在过去十余年间一直是俄罗斯安全与情报部门的首要任务。所以，研究俄罗斯反恐体系的内部构成、各成员的职责与使命及彼此间的分工与协作关系，是当前了解俄罗斯国家安全与情报体系发展现状的重要课题。

（二）国内外研究现状

针对恐怖主义问题，国内外专家已经展开了相关的研究。具体研究状况如下：

1. 国内研究状况

国内研究状况方面，笔者查阅了国家图书馆、军事科学院图书馆、公安部反恐局资料室、武警学院图书馆等地馆藏文献，其中与俄罗斯恐怖主义有关的专著、博士论文仅有9部。在中国知网上以“俄罗斯”、“反恐体系”或“反恐机制”为主题词进行查找，共有17篇论文（包括硕博士论文与期刊论文）。这些论著分别从法学、军事学、历史学、政治学、经济学视角对俄罗斯恐怖主义、反恐与反恐体系进行了研究。

（1）法学视角

《俄罗斯恐怖主义犯罪研究》（许桂敏，2009）从法学角度论述了俄罗斯恐怖主义犯罪的基本理论及俄罗斯反恐怖主义犯罪惩治与防范，研究了俄罗斯反恐怖主义犯罪的经验对我国的启示。“俄罗斯反恐立法特点评介”（许桂敏，2013）认为俄罗斯在反恐立法取向上全方位出击，构建了较为完善的反恐立法体系。“论我国反恐机制的构建”（王岩，2008）在对美、英、俄、印的反恐机制进行借鉴的基础上提出了构建我国反恐机制的设想。“俄罗斯反恐背景下的动态人口管理”（周开颜，2013 年）研究了俄罗斯在对动态人口的情报收集和管理基础上建立的地区反恐领导机制，提出对我国通过人口管理开展反恐工作的借鉴意见。

（2）军事学视角

《俄罗斯反恐理论与实践研究》（于淑杰，2005）阐释了 2005 年前俄罗斯的反恐工作，重点研究了俄军反恐实践，展示了当时的俄罗斯反恐机制。

（3）历史学视角

《车臣始末》（侯艾君，2005）考察了车臣危机的根源、实质，论述了车臣危机对车臣与俄罗斯的社会政治所导致的后果，分析了其现状与前景。《俄罗斯反恐问题研究》（樊明明等，2007）考察了俄罗斯恐怖主义的历史和现状，以及俄罗斯在反恐方面采取的从立法到实践的措施，研究了当代俄罗斯在预防恐怖主义方面的有效经验。“别斯兰事件后俄罗斯反恐机制的重建”（刘肖岩，2008）对别斯兰事件进行了一定剖析，阐明了别斯兰事件后俄罗斯反恐机制的基本结构。“俄罗斯反恐体系简介”（王影，2010）介绍了 2006 年之后俄罗斯重新建立的反恐体系的基本构成。

（4）政治学视角

“试析俄罗斯的反恐对策”（许桂敏，2008）提出对少数民族实行安抚宽容的民族政策，完善反恐机制，加强合作是俄罗斯反恐的有效途径。《俄罗斯民主转折：冲突、反恐与危机处理》（胡逢瑛，2011）研究了俄罗斯民主发展与社会危机的关系，普京强权政治在俄罗斯社会发展中的主导性作用，并对民主进程中恐怖主义的发展与反恐措施进行了剖析。“国际恐怖主义与反恐策略”（张金平，2012）系统研究了国际恐怖主义的活动，论述了国际反恐斗争策略的三个层次：武力打击、政治打击和社会策略，论述了国际反恐体系的构成及系统运行，并以美国、俄罗斯、以色列、印度、巴基斯坦为例，介绍了国外反恐体系的运行及误区，研究了我国反恐怖斗争体系的战略、理念与举措。“论上海合作组织反恐情报机制的构建”（张杰，2008）、“上海合作组织反恐机制研究”（李熙然，2013）研究了上合反恐机制中存在的问题，从立法、组织建设、行动与预警等方面提出改进思路。

（5）经济学视角

《金融反恐趋势与对策》（上海大学法治建设与法学理论研究部级课题组，2008）研究了俄罗斯等国金融反恐机制以及我国金融反恐机制的运行及不足，提出了建立我国金融反恐体系的思路。

国内对俄罗斯反恐体系的研究注重实证研究。目前的研究成果，横向上关注了俄罗斯反恐体系的局部，但缺乏从总体层面开展的研究，纵向上对俄罗斯2006年后建立的新反恐体系研究严重不足。尤其是，缺乏系统研究，缺乏境外经验中国化的研究成果。

2. 俄罗斯研究状况

俄罗斯研究状况方面，由于没有赴俄考察的条件，笔者主要对俄罗斯国家图书馆进行了查阅。该馆藏恐怖主义与反恐类书籍、博士论文及副博士论文如汗牛充栋，笔者以“恐怖主义”（терроризм）[①] 为检索词共找到1367条记录，但笔者以“反恐体系”（системапротиводействия террорзиму）为检索词进行查找，直接相关的仅有3篇。对相关论著进行整理，可以看出，俄罗斯对反恐体系的研究主要是基于法学、民族与宗教、政治学、军事学等多学科视角。

① 以“терроризм”为检索词，检索结果可包括恐怖主义、打击恐怖主义（борьба с терроризмом）、抵制恐怖主义（противодействие терроризму）。

（1）法学视角

法律是保障反恐行动合法化的关键，为此许多专家展开了研究。《恐怖主义笔记》（Петрищев，2001），分析了恐怖主义的历史、成因等有利于实现恐怖威胁的条件，确定了情报机构和执法机关在预防与清除恐怖主义现象中的角色与地位，是法学方面的代表性著作。“达吉斯坦的民族问题与移民进程：一些问题与法律调节”（Абдуллаев，2008）分析了俄罗斯恐怖主义犯罪的内涵与实质，并提出了相应的反恐建议。执法部门及其院校出版的著作中，最有代表性的是联邦安全局副局长乌沙科夫主编的《俄罗斯联邦安全局保障俄联邦国家安全行动的法律调节》（Ушаков，2006）。书中汇集了反恐法律和评论，法律文件构想，有关联邦安全局行动的法律与政策、代表性论文。《国家反恐体系的形成》（Нардина，2011）研究了恐怖主义生成的法律、社会与政治环境，指出了恐怖主义产生的原因与扩散的条件，从法学视角分析了在俄罗斯形成国家反恐体系的可能性，并格外关注了恐怖活动受害者法律权益的保护。

（2）政治、社会视角

社会学与政治学是俄罗斯对恐怖主义问题研究的另一个重要角度。在政治问题研究方面，《现阶段保障俄罗斯国家安全的非国家体系》（Кашурников，2008）对地缘政治背景下国家与地区现代化进程中的反恐问题进行了深入研究，并提出了反恐建议。全国预防恐怖主义非政府中心主席卢科夫的《国际恐怖主义 · 俄罗斯学者的新观点 · 关于社会反恐的迫切问题》（Луков，2007），引入了恐怖主义“第三维度”的概念，提出了新的社会反恐理念，其核心思想是建立互联网监控和降低公民风险度的数学模型。《冲突社会学：俄罗斯在克服危机中》（Здравомыслов，2004）对俄罗斯恐怖主义带来的社会冲突进行研究，据俄罗斯现实情况提出了解决的综合措施。《上海合作组织在亚太国家和俄罗斯远东反恐中的地位》（Клещева，2012），探讨了国际反恐合作问题。《反恐安全》（Нозикова、Печерского、Малыгина，2007）是第二届全俄科学实践大会的论文集，部分论文对俄罗斯新反恐体系构建一年来的成败得失进行了评价。《市级权力机关在城市居民点的反恐活动》（Коваленко，2008）评价了俄罗斯地方权力机关在城市反恐中的地位、作用、工作方法，并提出了改进意见。

（3）民族、宗教视角

民族与宗教是理解恐怖主义产生的深层根源的关键性要素之一，许多专家对此展开了全面的论证。《伊斯兰教与保障南联邦区国家安全的问题/欧亚方案：高加索方向》（Ханбабаев，2005）对不同宗教与文明间的相互关系及其对极端主义与恐怖主义的影响、伊斯兰教激进化的各种形式、伪伊斯兰极端主义、宗教间对话以及伊斯兰教与政权的相互关系进行了研究，在此基础上，对保障南联邦区国家安全提出了自己的建议。《北高加索联邦区：抵制极端主义的挑战与机遇/极端主义威胁严重地区如何调节社会民族进程》（Аствацатуровой，2010）系统研究了北高加索地区的民族政策、民族关系、产生冲突的因素、排外主义的形式与类型、民粹主义等问题，提出相应对策。

（4）军事学视角

恐怖主义是非传统安全威胁，反恐战争是非传统战争的新形式，为此，许多专家从军事学的角度展开了反恐研究。《解决军事冲突提高效率问题的理论——方法论》（Барынькин，2000）对如何提高军事手段反恐的效率提出了看法，认为反恐适合特种作战，军事手段只应在必要时使用。

综合地来看，俄罗斯学者对恐怖主义的性质、形式及其在新的历史进程中的表现方式进行了多方面研究，对反恐的方法与途径进行了探索，也对构建国家反恐体系提出了见解，并取得了不少成就，但仍然存在一定的研究缺陷，主要表现为：对俄罗斯反恐的经验与教训虽然有零散的整理，但缺乏全面系统的总结；对俄罗斯反恐的整体面貌还未进行过清晰梳理；对俄罗斯国家反恐体系还未有人在实证研究基础上分析其得失，提出优化建议。

3. 归结

国内外学者对恐怖主义问题的研究视角多样，成果丰富，这说明对恐怖主义与反恐的研究具有较强的跨学科特点。这些研究为本课题提供了学术基础理论。经过系统考察，我们发现：(1) 反恐体系是反恐制度的根本，但国内外有关俄罗斯反恐的研究成果均对此缺乏全面系统的研究；(2) 情报是反恐的关键，无论从哪个角度来看，对于治理策略而言，以情报为核心、以综合治理为根本成为各国的共识。

二、难点、创新点、研究方法与主要框架

（一）撰写的难点

本书在撰写过程中，遇到了许多研究难点，实难一一论述。归纳起来，主要表现为两点：一是研究领域新，二是外文资料数量巨大。为了使研究建立在可靠的基础上，笔者特别重视俄文一手资料的获取和研读。收集时力求全面，导致阅读量惊人，加之领域新，从概念到相关知识的准确把握，往往需要从头开始。具体地说，笔者搜索和查阅了大量外文网站，搜集的资料数量巨大，内容十分庞杂。对海量信息进行分类、比勘、校正、过滤，提炼出相关数据事实等有价值的内容，并进行分析研究，进而形成系统的看法和观点，这是一项十分繁重而艰苦的工作。

（二）本书的主要创新点

本书的创新点一是系统地梳理和研究了俄罗斯的反恐体系，对俄罗斯反恐主体与法律体系进行了条分缕析的阐述，

并阐明了在这一体系下俄罗斯的反恐运作过程，这在国内尚属首次，即便在俄罗斯也还没有人专门做过这样系统的研究；二是全面评述了俄罗斯反恐体系建设的主要做法及其经验教训。

（三）本书采用的主要研究方法

1. 文献分析法

本书的研究建立在大量可靠、翔实的原文材料的基础上。笔者对俄罗斯国家反恐委员会、总统、总统直属部门、总理、政府部门、议会等官方网站进行了全面、细致的搜索，在深入研读重要文献的基础上，条分缕析，以展示俄反恐体系的全貌，揭示其本质、特点、优劣与发展。

2. 历史研究法

本书使用历史研究法，借助翔实的历史资料，按照历史发展的顺序，研究了俄罗斯反恐体系的历史渊源、变革过程与现实情况，纵向解剖了俄反恐体系在不同历史节点发生的变化，分析变化的原因，横向勾勒特定时间段内俄反恐体系的全貌。

3. 比较分析法

俄罗斯反恐体系的逐渐完善是一个动态的过程，展示这一过程必须进行前后对比，找出前后体系的异同。相同部分体现了反恐体系的继承性，相应的分析揭示了合理的反恐体系应有的共性。不同部分则体现了反恐体系在改革中的进步，相应的分析揭示了合乎体系所需、不断改变或改进的要素。

（四）主要框架

本书主体内容分为绪论、正文五章与附录，共七个部分。

绪论，首先介绍了本课题的研究意义，对国内外研究现状做了全面归纳与总结；其次，介绍了本书的主要内容、创新点、难点与研究方法；最后界定了本书的核心概念。

第一章，回顾了苏联时期与别斯兰事件前俄罗斯的反恐体系。苏联时期的反恐以克格勃为核心机构，形成了情报、决策、行动三位一体的反恐机制，对当今俄罗斯反恐机制产生了重要影响。别斯兰事件前的俄罗斯第一代反恐体系由于权责不清、情报不力、重打击轻防范，反恐委员会作用发挥不明显，难以避免重大恐怖事件的发生。

第二章，对俄罗斯反恐法律体系进行了分析。俄罗斯反恐法律体系包括反恐基础性法律文件与配套性法律文件，体现了维护国家安全，强调预防、预警，全民参与，国内与国外一体，强化民族和睦的基本思想。

第三章，整体归纳了俄罗斯反恐主体体系。俄罗斯形成了包含组织与协调、情报、行动、保障与监督几大功能模块的复合反恐体系，分工明确，领导统一，组织与协调畅通，反恐效率很高。

第四章，对俄罗斯反恐体系下的反恐工作进行了分析。在打击恐怖主义方面，侦查恐怖犯罪案件使“违法必究”原则得以落实；三级预警制度拟定了恐怖威胁下的应急方案；反恐行动消灭恐怖组织成效显著。在防控恐怖事件方面，主要从情报、金融、重要目标防护、国际合作几个方面开展工作。在减轻恐怖活动危害方面，建立了国家预防与消除紧急情况统一系统、全俄综合信息通报系统，对恐怖活动受害者及反恐参与者的补偿使反恐体系的运行更加有效。在长效预防方面，已建成国家抵制恐怖主义思想系统。

第五章，对俄罗斯反恐体系进行了评价。总体来看，俄罗斯反恐体系反恐成效显著，维护了国家统一，恐怖活动得到了有效控制，对世界反恐斗争作出了贡献。但俄罗斯反恐体系还存在反恐扩大化、以暴制暴、预防措施未落实等缺陷。未来，俄罗斯将加强网络反恐，致力于解决好社会经济问题，积极应对国外阻碍势力。总的来看，俄罗斯的反恐道路仍然会是艰难曲折的。

附录全文翻译了在俄罗斯反恐中居于基础地位的《俄罗斯联邦反恐法》《俄罗斯联邦反恐构想》《2025 年前俄罗斯联邦反极端主义战略》《俄罗斯联邦反极端主义活动法》《2025 年前俄罗斯联邦国家民族政策战略》。

三、核心概念的界定

本书的核心概念包括“恐怖主义”、“反恐”、“反恐体系”。尽管“恐怖主义”（терроризм）与“反恐”（противодействие терроризму、борьба с терроризмом）等术语已被广泛使用，但法学理论中对其尚未给出清晰而明确的表述。定义模糊会导致这一法律术语理解上的多元化。“反恐”是一个复杂而多面的概念，清晰界定“反恐”需要厘清“恐怖主义”（терроризм）、“与恐怖主义斗争”（борьба с терроризмом）和“抵制恐怖主义”（противодействие терроризму）这几个相关概念之间的关系。

（一）恐怖主义、反恐

1. 恐怖主义

俄罗斯于 1998 年 7 月 25 日出台的《反恐法》对恐怖主义做如下定义：“恐怖主义”是针对个人或组织使用恐怖暴力或以暴力相威胁，毁灭（破坏）或威胁毁灭（破坏）财产和其他物质客体，造成人员伤害、巨大财产损失和其他危害社会安全的后果，目的是破坏公共安全，恐吓居民，或影响权力机关作出有利于恐怖分子，或者满足恐怖分子非法要求的决定；侵害国家和社会活动家生命，目的是报复，或者迫使他们停止国家性和其他政治活动；袭击受国际保护的外国代表或国际组织的工作人员，目的是挑起战争或者使国际关系复杂化。[①] 这一定义将“恐怖主义”看成是暴力行为，恐怖主义和其他暴力现象的区别不分明，并且没有标明恐怖主义产生的社会原因。事实上，恐怖主义针对的往往不仅是直接受害者，而且还包括得到恐怖消息的人，恐怖主义有双重受害者。这是恐怖主义区别于单纯刑事犯罪行为的重要特征。

2006 年 3 月，俄罗斯出台新的《反恐法》，该法对“恐怖主义”重新做了如下定义：“恐怖主义是以恐吓居民和（或）实施其他暴力违法行为，影响国家权力机关、地方自治机关或国际组织决定的暴力思想和行为”。[②] 根据新《反恐法》，恐吓居民或暴力违法，不再被视为恐怖主义的目的，而只是达到目的的手段。同时，新定义提出了“暴力思想”，具有深远的法律意义。它决定了抵制恐怖主义思想是重要的反恐方向，但是思想是否可以定罪，这在国际法学界引起了重大争议。新概念旨在揭示“恐怖主义”这一现象的性质和特点，确立符合俄罗斯本国反恐形势的基本法律概念，在国际社会对“恐怖主义”的定义难以统一的背景下表明了俄方看法。

《反恐法》清晰界定了反恐领域的重要概念，涉及本书的有：“恐怖活动”——（1）组织、策划、准备、资助、实施恐怖主义行为；（2）煽动恐怖主义行为；（3）以实施恐怖主义行为为目的组织非法武装、犯罪集团（犯罪组织）、有组织团伙，并参加上述组织；（4）招募、武装、培训、使用恐怖分子；（5）以提供情报或其他方式参与策划、准备或实施恐怖主义行为；（6）宣传恐怖主义思想，散布煽动恐怖主义行为或为其必要性进行论证或辩

① “Закон Российской Федерации, О борьбе с терроризмом”, *Российская газета*. 4 августа. 1998.

② Федеральный “законОпротиводействиитерроризму”, http://base. garant. ru/12145408/#block_ 3.

护的材料或信息。“恐怖主义行为”——影响国家权力机关、地方自治机关或国际组织做出决定，实施或威胁实施爆炸、纵火等恐吓居民和危及人员生命，导致重大财产损失或生态灾难，引发特别重大后果的行为。这些定义旨在为恐怖主义犯罪定罪量刑建立法律基础，与多数国家和国际组织在反恐问题上达成一致，便于开展国际合作。

与《反恐法》同时发生效力、俄罗斯参加和认可的国际条约，也对恐怖主义进行了定义。《独联体成员国反恐合作条约》（明斯克，1999 年 6 月 4 日）将“恐怖主义”定义为：违法的、应受刑事处罚的一种行为，其目的是破坏社会安全，影响权力机关决定，恐吓居民，它表现为：（1）对自然人或法人实施暴力或以暴力相威胁；（2）消灭（破坏）或威胁消灭（破坏）物资和其他物质，造成人群死亡危险；（3）导致重大的物资损失或其他社会性危险后果；（4）蓄意侵害国家或社会人士的人身安全，以此中断其国家或其他政治活动；（5）攻击受到国际保护的外国代表或国际组织工作人员，攻击受到国际保护的办公室或交通工具；（6）根据独联体某国法律，或公认的相关国际法律属于恐怖主义的其他行为。①

《打击恐怖主义、分裂主义和极端主义上海公约》（2001 年 6 月 15 日）对恐怖主义做了如下定义：（1）某种在本公约附件中列出的条约中认为是犯罪行为的，或在这一条约中有规定的行为；（2）其他任何旨在引起公民或其他任何非军事行动人员死亡的行为，或导致身体重伤的行为，以及严重损害物质设施的行为，或者是组织、计划、帮助行凶、挑唆行凶的行为，并且这些行为由于其性质或当时的情景旨在恐吓居民，破坏社会安全，或

① “Договор о сотрудничестве государств-участников Содружества Независимых Государств в борьбе с терроризмом”（Подписан в г. Минске 04. 06. 1999），http：//www. lawmix. ru/abrolaw/8908.

迫使国家机关或国际组织作出某种行动，或中止其法律职能的行为。①

俄罗斯法律文件的制订必须经过专家意见咨询和社会意见反馈，因此学者意见也很重要。俄罗斯法学界对“恐怖主义”概念达成了相对一致的意见，阿夫杰耶夫（Ю. И. Авдеев）和卡尔别茨（И. И. Карпец）的观点具有代表性，恐怖主义要有下列与政治性有关的前提：（1）有成体系的社会或政治动机，以意识形态为基础支持其使用或威胁使用暴力；（2）通过恐吓，控制人们作出有利于恐怖分子的行为，逐步达到政治目的；（3）具有双重目标，即直接的行动目标（人或物）和间接的政治目标（社会组织或者阶层、政权机关的代表人物）。② 费多托娃（В. Г. Федотова）认为，恐怖主义简化了对“敌友”的理解，忽略了国家和外交的功能，为了达到政治目的，激发起复仇本能。复仇、自我证明、自我牺牲——这些古代政治形式被从文化深处唤醒。③ 她认为认清恐怖主义的特点恰恰需要从政治的角度出发，因为“伊斯兰极端主义者的主要目的不是宗教，而是政治”。④

综上所述，俄罗斯视野下的“恐怖主义”概念有三个构成要素：第一，恐怖主义的对象是非武装个人或组织，包括普通居民、国家和社会重要人士以及受国际保护的外国代表或国际组织工作人员等；第二，恐怖主义的手段是暴力，包括使用暴力、威胁使用暴力，以及制造或传播使用暴力的恐怖主义思想；第三，

---

① 《打击恐怖主义、分裂主义和极端主义上海公约》（2001 年 6 月），http：//www. china. com. cn/chinese/HIAW/zhuanti/gjyj2/1240375. htm.

② “Международное сотрудничество в борьбе с международным терроризмом (итогикруглогостола)”, *Международнаяжизнь*. 2001. №3. С. 89.

③ Федотова В. Г., “Терроризм: попытка концептуализации”, *ProetContra*. 2002. Осень. Т. 7. No 4.

④ УпсинА. И.. *Единственная сверхдержава*. М.: Алгоритм, 2002. С. 34.

目标是影响和改变组织或国家的决策。

由于俄罗斯将极端主义视为恐怖主义思想产生的根源，把反极端主义作为防止恐怖主义扩散的重要手段，因此我们有必要了解俄罗斯对“极端主义”的定义。2002 年出台的俄罗斯《反极端主义活动法》定义了“极端主义活动”，同时把这一定义也作为“极端主义”的定义：(1) 强行改变宪法秩序的基础，并破坏俄联邦完整性；(2) 公开为恐怖主义及其他恐怖活动辩护；(3) 煽动社会、种族、民族或宗教纠纷；(4) 宣传某种社会、种族、民族与宗教或语言独特性、优越性或卑劣性；(5) 依据社会、种族、民族、宗教、语言属性或宗教倾向破坏公民或普通人的权利、自由与合法权益；(6) 使用暴力或以暴力相威胁阻碍公民实施投票权或参加公投的权利，或破坏公民的秘密投票；(7) 使用暴力或以暴力相威胁阻碍国家机关、地方自治机关、选举委员会、社会与宗教组织或其他组织的合法活动；(8) 实施俄联邦《刑法》第 63 章第 1 条第 6 款规定的犯罪行为；(9) 宣传或公开展示纳粹工具或标志，亦或极易与其混淆的工具或标志；(10) 公开呼吁实施特定行为，或大规模扩散明显的极端主义材料，以及为大规模扩散之而制作或保存这些材料；(11) 在俄联邦或联邦主体国家公职人员执行公务期间，公开明显地诬蔑他们，在本法中是一种犯罪行为；(12) 组织、准备及煽动实施上述行为；(13) 为上述行为融资或其他的协助其组织、准备与实施，包括为其提供培训、印刷与物资技术、电话或其他通信支持，或是为其通风报信。比较《反恐法》对“恐怖主义”的定义，可见极端主义与恐怖主义有交叉，在极端主义的基础上可以产生恐怖主义，极端主义活动猖獗会造成恐怖主义扩散。①

2. 反恐

厘清“反恐”概念，俄罗斯首先要依托《反恐法》与《俄联邦反恐构想》。从《反恐法》的发展来看，俄罗斯反恐概念经历了从“与恐怖主义斗争”（борьба с терроризмом）到“抵制恐怖主义”（противодействие терроризму）的演变，第一部《反恐法》使用的是“与恐怖主义斗争”这一词组，第二部《反恐法》使用了“抵制恐怖主义”这一词组。

1995 年 4 月 3 日的《联邦安全局法》定义“与恐怖主义斗争”为“由联邦安全局机关和（或）它的部队，及其工作人员通过作战、侦查或其他措施进行的一种发现情报线索、防范、制止、揭露及调查恐怖活动的行为”。② 1998 年《反恐法》（О борьбе с терроризмом）将反恐视为“防范、揭露、制止恐怖活动，最大程度减轻和（或）消除恐怖活动后果的行为”。由此可见，俄罗斯认为，与“恐怖主义斗争”的概念不仅包括直接动用强力手段打击，还包括发现情报线索，防范恐怖主义和最大程度减轻与（或）消除恐怖活动危害。

2006 年俄罗斯《反恐法》（О противодействии терроризму）采用“抵制恐怖主义”来定义反恐，突出了全方位反恐的策略。据该法第 3 条第 4 款“反恐（противодействие терроризму）”的概念是，反恐是国家权力机关、地方自治机关、法人与自然人的以下行为：(1) 防范恐怖主义，包括发现和进一步消除有助于实施恐怖活动的原因和条件的行为（预防恐怖主义）；(2) 发现情报线索，

---

① Федеральный закон от 25 июля 2002 г. N 114-ФЗ “О противодействии экстремистской деятельности”（с изменениями и дополнениями），http：//base. garant. ru/12127578/#ixzz3dHhXAKm4.

② Федеральный закон от 3 апреля 1995 г. N 40-ФЗ “О федеральной службе, безопасности”，http：//base. garant. ru/10104197/1/#block_ 100.

防范、制止、揭露和调查恐怖主义（打击恐怖主义）；（3）最大程度减轻和（或）消除恐怖活动的危害。这一定义进一步扩大了反恐的外延，除打击恐怖主义，反恐还包括预防恐怖主义，以及发生恐怖活动后的救援，减轻与（或）消除其危害。这一反恐概念较第一部《反恐法》的概念更为清晰，体现了现实反恐的三个方向。

为了进一步明确反恐概念的内涵与外延，有必要对反恐主体进行说明。2006 年 3 月 6 日颁布的《反恐法》规定反恐主体仅包括国家权力机关与地方自治机关；2009 年 10 月 20 日颁布的《俄联邦反恐构想》将反恐主体定义为负责执行反恐措施的国家权力机关和地方自治机关、非政府组织与团体，以及实施反恐措施时向国家权力机关和地方自治机关提供协助的公民；[①] 2013 年 7 月 23 日，俄罗斯对《反恐法》第 3 条第 4 款进行了修订，将法人与自然人也纳入反恐主体范围。俄罗斯以“反恐主体”来定义开展反恐的组织与人员。“反恐主体”内涵表述的变化反映俄罗斯反恐概念外延的逐渐扩大，并越来越与现实反恐一致，因而更加准确。

《俄联邦反恐构想》是对《反恐法》的补充，对反恐进行了更细致的要素划分，认为反恐有以下几类工作：

在防范恐怖主义方面：第一，战略性防恐，即消除恐怖主义产生的根源。这是长期任务，主要是防止恐怖主义思想的产生，需要公民社会全体参加，采取社会综合治理措施；第二，发现和预防未来、长远、近期可能发生的恐怖活动。这要求进行情报综合分析，揭示恐怖活动的主体、目标及恐怖活动发生的原因、方式等，采取反恐前置手段，防患于未然；第三，对恐怖主义倾向犯罪进行预警与防范。

在打击恐怖主义方面：发现情报线索，防范、制止、揭露和

---

① Концепция противодействия терроризму в Российской Федерации, http: //www.rg. ru/2009/10/20/zakon-dok. html.

调查恐怖活动，有以下主要的措施类型——侦查、预警、反恐作战。打击恐怖主义可以清剿恐怖组织与恐怖分子，这也是防止恐怖活动发生的重要手段。

在最低限度地降低和（或）消除恐怖主义后果方面，有以下主要的措施类型：实施紧急情况法，采取救援行动；补偿恐怖活动导致的损失；对恐怖活动中受到伤害的人员进行社会康复；对参加反恐的人员提供社会保障。

涉及本书的反恐重要概念还包括“反恐行动”，《反恐法》第3条第5款规定，反恐行动是“为制止恐怖主义行为，降服恐怖分子，保障自然人、组织和机构的安全，最大程度减轻恐怖主义行为的后果，而采取的使用战斗装备、武器和特种器材的战斗、军事、特种等综合措施。”

综上所述，俄罗斯认为，反恐是有机联系的系统措施的落实。俄罗斯法律文件将反恐确定为国家机器与公民社会的共同责任，目的是构建起国家反恐体系，树立反恐人人有责的理念，从消除其根源、预警、打击、善后诸多方面开展全方位反恐，以抵制和削弱恐怖主义威胁，乃至根除恐怖主义。

（二）反恐体系

1. 体系

“体系”一词源自晚期拉丁语中的systema，意为“系统、安排”；最初源自古希腊语，意为“整体”。

英文system是一个抽象的概念，泛指一定范围内或同类的事物按照一定的秩序和内部联系组合而成的整体，是不同系统组成的系统。“系统”（system）应当具有以下两个特点：（1）组成系统的一系列单元（unit）或要素（element）相互联系，因而一部分要素及其相互关系的变化会导致系统的其他部分发生变化；

（2）系统的整体具有不同于部分的特性和行为状态。[①]

俄罗斯反恐体系（система противодействия терроризму）使用的是“система”这个词。система是一个使用非常广的词，因使用场合不同，内涵有丰富的变化。总体来说，система有“系统、体系、制度、次序”几方面的释义，是指按一定制度、次序将多个部分整合起来的系统、体系，这一系统、体系具有协调、运动与发展的特点，如Солнечная система（太阳系）、система коллективной безопасности（集体安全体系）、Периодическая система химических элементов（化学元素周期表）等。英文system释义与система一致。钱学森认为，系统是由相互作用、相互依赖的若干组成部分结合而成的，具有特定功能的有机整体，而且这个有机整体又是它从属的更大系统的组成部分。[②]

2. 反恐体系

《俄联邦反恐构想》第二章“国家反恐体系”（общегосударственная система противодействия терроризму）第5条规定：“国家反恐体系”是指“反恐主体与一系列规范性法律文件的综合，这些法律文件旨在调节反恐主体发现、预防、制止、揭露与侦查恐怖活动，最大程度减轻和（或）消除其后果”。[③] 反恐法律是反恐主体的制度保障，反恐主体依反恐法律而运行；反恐主体是反恐法律的组织机构保障，反恐法律因反恐主体的活动而得以实现其目标，二者共同努力，打击、阻遏恐怖主义，减小或消除恐怖灾难，铲除恐怖主义滋生的根基。反恐主体体系与法律体系共同构成俄罗斯国家反恐体系。俄罗斯反恐主体具有非常宽泛的外延。《俄联邦反

---

① ［美］罗伯特·杰维斯：《系统效应：政治与社会生活中的复杂性》，李少军、杨少华、官志雄译，上海世纪出版集团，2008年版，第3页。

② 钱学森：《论系统工程》，长沙：湖南科技出版社，1988年版，第6页。

③ Концепция противодействия терроризму в Российской Федерации，http：//www. rg. ru/2009/10/20/zakon-dok. html.

恐构想》第二章第7条规定，反恐主体包括“负责执行反恐措施的国家权力机关和地方自治机关，非政府组织与团体，以及实施反恐措施时向国家权力机关和地方自治机关提供协助的公民。”① 《反恐法》第3条“基本概念”第4款规定反恐怖工作的主体是“国家权力机关和地方自治机关，以及自然人与法人”。② 从系统的视角看，反恐主体的功能包括预防、打击恐怖主义，最大程度减轻和（或）消除恐怖活动后果，其中每种功能都由相应的职能部门去完成，不同功能块的部门相互协调，组成子系统，实现本系统的小闭环运行，如强力部门内“情报—决策—行动—情报”的小闭环系统，所有子系统的有机组合，形成俄罗斯国家反恐“情报—决策—行动—监督—反馈—情报”的大闭环系统。反恐主体之间的交流和协作是系统内部的“关系”，③ 反恐主体与客体之间的控制与反控制是系统与外界的“关系”，调节这种关系以法律为基础。俄罗斯反恐法律体系本身也是一个完整的系统，具有复杂系统的特性。庞大的反恐体系依据各个层次的法律文件，在三级反恐委员会的组织协调下紧密联合在一起，共同为预防、阻止、揭露、调查、惩处恐怖主义及最大程度减轻和（或）消除其危害而努力工作。

---

① Концепция противодействия терроризму в Российской Федерации, http: //www. rg. ru/2009/10/20/zakon-dok. html.

② Федеральный закон “О противодействии терроризму”, http: //base. garant. ru/12145408/#block_ 3.

③ “关系”是一个数学概念，表示两个集合中元素之间的对应规则。

四、研究俄罗斯反恐的阶段划分

需要说明的是，本书将别斯兰事件[①]作为俄罗斯反恐前后阶段的分界，其原因如下：

第一，别斯兰事件标志着俄罗斯的恐怖活动烈度达到巅峰，这一事件对俄罗斯反恐工作的变革具有决定性的影响。别斯兰事件十分惨烈，是俄罗斯反恐历史中，乃至世界反恐历史中具有标志性的事件。别斯兰事件促使俄罗斯对反恐工作全面反思，总结以联邦反恐委员会为主导的反恐体系存在的问题，促成了俄罗斯反恐体系的改革。

第二，别斯兰事件成为俄罗斯恐怖活动频度由飙升转至可控低度的分水岭，探究其原因是本课题研究的源起。在别斯兰事件之前，俄罗斯的反恐体系建设薄弱，反恐效果很差，恐怖活动数量逐年攀升。别斯兰事件之后，俄罗斯深刻反思反恐体系存在的问题，在继承的基础上改革了反恐体系，由打击为主转向全方位抵御恐怖主义，极大地提高了反恐效率。恐怖活动数量在次年就开始下降，并在2008年达至最低点，此后稳定在较低频度。重点研究别斯兰事件之后的俄罗斯反恐体系及其效果，提取于我国有益的经验是本课题的初衷。全书结构以此事件为分水岭，前一部分以回顾的方式进行概述，后一部分则是本书的研究重点。

---

① 2004年9月1日，40余名非法武装分子突然闯入俄罗斯南部北奥塞梯共和国别斯兰市第一中学，劫持参加开学典礼的1128名学生、家长和教师，其中有770名孩子，事件持续到9月3日以悲剧结束。军方包围了学校，试图解救人质，由于指挥失当，现场十分混乱，造成350多人死亡，其中一半是孩子。9月17日，巴萨耶夫（Шамиль Басаев）宣布对该事件负责。“Террористический акт в Беслане”，http.：//dictionary. sensagent. com/Террористический_ акт_ в_ Беслане/ru-ru/.

第一章　俄罗斯反恐体系的历史演进

俄罗斯是苏联遗产的最大继承者，其反恐体系建设也借鉴了苏联反恐的经验教训。引发俄罗斯恐怖主义的民族分裂主义在苏联时期就已埋下根源，由于克格勃五局对社会进行了全方位控制，苏联时期恐怖活动仅有零星几起。苏联时期的反恐着眼点在预防，建立了情报、决策、行动三位一体的快速反应机制，采取了过度的社会控制与惩戒措施，行之有效，但也导致自身解体。克格勃专家情报与行动技术高超，为俄罗斯继承。

1991—1996 年俄罗斯独立之初，俄罗斯联邦安全局前身几经变革，实力越来越衰弱。第一次车臣战争结束后签署的《哈萨维尤尔特协议》使车臣成为事实上的独立王国。1996 年俄罗斯着手构建反恐体系，1998 年俄发布第一部《反恐法》，构建了俄罗斯最初的反恐体系。该体系以打击恐怖主义为核心，成立联邦反恐委员会，领导权由总统与总理分担，联邦安全局局长与内务部长分任副主席，6 家强力部门及政府各部部长为成员。俄罗斯随后实施第二次车臣战争，消灭了大股匪帮，但也造成了恐怖活动在俄罗斯全境扩散。第一代反恐体系存在严重缺陷，未能防止别斯兰事件等一系列重大恐怖活动。

第一节　苏联时期的反恐机制

苏联时期，反恐属克格勃（комитет государственной безопасности/КГБ）的职责范围。据1958年12月23日苏共中央政治局全会通过的“苏联部长会议克格勃条例”，克格勃的功能一共9项，其第二项是，“打击间谍、颠覆、恐怖主义及其他爆炸活动”，第三项是“打击反苏维埃及民族主义因素的敌对活动”。[①] 1960年苏联《刑法》规定“恐怖活动指因国家、社会活动家或政权代表的国家或社会活动对其实施暗杀，其目的是破坏或削弱苏联政权”，“针对外国代表的恐怖活动是指杀害外国代表，其目的是挑起战争或国际复杂局势”。[②] 克格勃部门繁多，职能全面，五局负责国内维稳与反恐工作，其余部门则负有协同责任。为预防威胁政权的现象出现，维护国家的稳定，克格勃对国内各种不稳定苗头进行了严密的监控与预防，由此带来了僵化的稳定。克格勃依据苏联《刑法》第70条“反苏鼓动和宣传”及第190条对“传播诋毁苏维埃国家制度和社会制度的显而易见的谎言”，对包括恐怖主义思想在内的各种非社会主流观点的散布进行有过之无不及的预防。尽管苏维埃政权建立初期为稳固政权有过血腥的斗争，但苏联政权稳固后至其解体前恐怖事件仅有零星发生，这与克格勃高效的工作机制、过度的社会控制有密切关系。

一、克格勃反恐机构

1917年12月20日，苏联成立契卡（全称为全俄肃清反革命及怠工非常委员会，简称全俄肃反委员会），主要职能包括逮捕苏联国内的反革命分子，消灭和制止反革命和怠工行为，拥有侦查、预审权力，负责管理监狱、搜查、逮捕、拘禁等事务。1922年契卡改组为国家政治保卫局，其后曾使用过国家安全局、国家

---

① Структура КГБ СССР, http://www.agentura.ru/dossier/russia/kgb/structure/.

② Терроризм: понятие, ответственность, предупреждение, http://www.crime.vl.ru/index.php? p=1083&more=1&c=1&tb=1&pb=1.

安全人民委员部、国家安全部等称谓。斯大林时期的克格勃权力极大，是斯大林进行“大清洗”、“肃反”，操控政权，维护稳定，掌握局势的主要工具。斯大林去世后，1954 年 3 月 13 日，国家安全部改组，苏联成立了形式上隶属于苏联部长会议，实际上由苏共中央政治局领导和苏共中央总书记直接控制的克格勃。成立之初的克格勃由对外情报局、反间谍局、军事反间谍局、秘密政治局、经济局、运输局、监控局、加密解密局、党和政府领导人警卫局、莫斯科克里姆林宫指挥局、调查局、核工业特别处、业务技术应用处、提供密码工具与用于特殊目的的文件及文件与笔记检查处、无线电反侦察处、特殊技术处、政府通讯处、档案登记处、监狱处、人事局、院校局、总务局、计划财务处、动员处、会计科组成。[①] 克格勃功能强大，是对国内外都负有情报任务，拥有技术、人力手段，涉及多种行业、不同社会阶层的集情报、安全、保卫于一身的多功能情报单位。苏联规定反侦察任务包括“发现、预防与清除间谍、恐怖主义、颠覆以及其他敌对组织、境内外资本主义国家思想中心与外国反苏组织的侦察行为”，[②] 因此反恐任务在反间谍局及军事反间谍局均有承担，而对外情报局的“K”局（反间谍局）亦承担有防止恐怖分子入境的任务。1967 年五局成立后全面承担维稳反恐工作。

1967 年 6 月，新任克格勃主席安德罗波夫呈交苏共中央一份重要报告，汇报了国内反苏活动情况，认为这些活动旨在“建立地下反苏集团，为民族主义运动推波助澜”，是“进一步发动教徒和宗教派别主义者的反动活动”。[③] 在安德罗波夫的建议下，

---

① Комитет государственной безопасности，http：//shieldandsword. mozohin. ru/kgb5491/structure. htm.

② Контрразведка，http：//enc-dic. com/kontr/Kontrrazvedka-351/.

③ 列昂尼德·姆列钦：《历届克格勃主席的命运》，北京：新华出版社，2001 年版，第 628 页。

1967 年 7 月克格勃专门成立了重点打击意识形态颠覆破坏活动的机构，即克格勃第五局。五局通过“对政治局势进行深刻分析，并作出尽可能准确的预测，遏制源自国外的意识形态扩张，形成一张强有力的盾牌”。[①] 其基本任务是针对西方国家的思想渗透，对一些在国际上有相当影响力的持不同政见者，苏联各地的犹太人和沿波罗的海的立陶宛、拉脱维亚、亚美尼亚等表现出明显分离意识的非俄罗斯族人实行严密的监控，建立情报网，同时对要求移民的少数民族公民进行严格审查。

五局共有 15 个处，其中五处、六处、七处、十一处有明确的反恐任务。五处主要职责是给予地方克格勃机关帮助，防止出现大规模反社会现象；侦察匿名散发反国家传单者，或号召以暴力手段危害国家的人；检查和组织预防恐怖主义倾向的工作。1969 年 8 月，在五处“反恐”组基础上成立了七处，职能是“揪出并检查出于反苏目的企图使用炸药和爆炸装置的人”，该处下设有侦察实施恐怖袭击的匿名传单组、反犯罪组，在地区分局和处机关还有监督工作组。[②] 通过各种渠道获得的恐怖主义倾向、意向和行动的情报都归口于七处。1980 年莫斯科奥运会前，于 1977 年成立了十一处，职能是“为粉碎敌人和敌对分子在莫斯科夏季奥运会的准备和进行期间的各种破坏活动而开展肃反工作”。在奥运会闭幕后，该处被赋予对体育界、医疗卫生界和科研机构进行监视的职责。据情报对来自外国公民的恐怖嫌疑的侦查由克格勃第二总局实施。1989 年末这项工作交由十一处担任，该处常与七处一起开展工作，反恐部门增添了防止西欧恐怖主义渗透的任务。1982 年，五局编制 424 人，123 个州平均每州有 200 名谍报

① 菲利普·博布科夫：《克格勃与政权——克格勃第一副主席的回忆》，北京：东方出版社，2008 年版，第 481 页。

② Лубянка：Органы ВЧК-ОГПУ-НКВД-НКГБ-МГБ-МВД-КГБ. 1917 – 1991. Справочник. Документы. Составители А. И. Кокурин，Н. В. Петров. М.，2003，с. 167.

人员，总人数达到了25000名，在国内形成了严密的监控网络，以“可靠地掌握国家生活各个方面的情况”，“监视社会的精神状态”。[①] 戈尔巴乔夫的改革开始之后，1989年8月，苏联最高苏维埃下令撤销了五局，在其人员和组织基础上建立了“宪法制度保卫局”，从而使戈尔巴乔夫“民主化”思想在克格勃体系部分地得以体现，使克格勃的工作性质和职权范围发生了转变。

尽管克格勃有极强的情报能力，但70年代中期以前，由于没有反恐行动部队，也造成了反恐行动的迟滞。1973年，一架雅克-40型客机在弗努科沃机场遭到劫持，克格勃和内务部联手采取紧急行动才解救了人质，但时效性很差。这一事件使克格勃意识到反恐行动力量的缺乏。为预防1980年的莫斯科奥运会出现慕尼黑奥运会类似惨案，[②] 同时应对苏联国内已经出现的恐怖主义苗头，苏联领导人考虑尽快建立一支受过良好职业训练，并能在国内外随时随地用于打击恐怖主义的特种部队。1974年7月，安德罗波夫下令在克格勃系统内组建一支专门的特种小分队，隶属于克格勃七局，直接归总书记和克格勃主席领导，任务是在国内外打击劫持人质和交通工具、暗杀、爆炸等恐怖活动。这支反恐分队被定名为A小组，是俄罗斯第一支专业反恐部队，即后来的阿尔法小组。A小组的成立是苏联反恐机制的重要变化，从此苏联形成了情报、决策和行动“三位一体”的反恐机制，这种机制切合实情与实战需要，反恐时效性大大加强，保障了苏联时期反恐工作的顺利进行。

在三十余年的调整后，至1991年“8·19”事件前，克格勃

---

① 列昂尼德·姆列钦：《历届克格勃主席的命运》，北京：新华出版社，2001年版，第631页。

② 1972年9月5日德国慕尼黑第20届奥运会期间，巴勒斯坦“黑九月”突击队劫持9名以色列运动员，因德国警察解救人质不力，造成9名运动员全部罹难、2名警察和5名恐怖分子死亡的惨剧。

由以下单位组成：秘书处、直属克格勃主席的顾问组、公共关系中心、第一总局（对外情报局）、第二总局（反间谍局）、第三总局（军事反间谍局）、第四局（保障交通设施安全反间谍局）、保障经济安全反间谍局）、七局（监视局）、第八总局（加密—解密局）、10处（档案登记处）、12处（窃听电话与场所）、第十五总局（为高级领导提供核避难）、第十六局（电子侦察局）、警卫局、3局（宪法制度保卫局）、ОП局（打击有组织犯罪局）、СЧ局（特种业务局）、边防总局、分析局、检验局、技术业务局、调查处、政府通讯局、人事局、总务局、军事建设局、军医局、计划财务处、动员处、司法仲裁处。①

“8·19”事件后，最后一任克格勃主席巴卡京效仿美国情报模式对克格勃进行了彻底改组：分离对外情报局，成立苏联中央情报局；分离负责通信、密码破译和无线电侦察的部门成立政府通信委员会；分离边防总局成立保卫苏联国家边界委员会；分离警卫局成立警卫总局，剩下的部门组合成苏联跨加盟共和国安全局。这五个机构彼此平级，各负其责，由总统直接领导，从整体上改变了只有一个中央集权情报机构，党、政和军队情报系统并存，情报与反情报合一的情报体制。

二、克格勃反恐机制的运行

克格勃向苏共中央政治局负责，是一个中央集权情报机构，与军队、外交情报机构共同组成国家情报系统。其分析局不仅汇总本单位情报，外交与军事情报也向它报送。情报局长向克格勃主席汇报情报，重要情报也可越过情报局长直接向克格勃主席汇报，克格勃主席再向总书记汇报国内外大事。每任克格勃主席都

① Комитет государственной безопасности, http://shieldandsword.mozohin.ru/kgb5491/structure.htm.

是苏共政治局的正式成员，其中担任克格勃主席长达15年的安德罗波夫还升任了总书记。正是在安德罗波夫领导下，克格勃权力极度扩张，尤其是1967年成立的五局，严密监控着国内局势。克格勃体系呈金字塔状，由局机关向地区分局实施垂直管理，职能涉及到国内各个领域，其强大的基座是无所不在的情报收集网络，通过线人与告密者对各种不稳定局势进行严密掌控。在机构设置方面，为预防工作人员滥用职权，克格勃下属系统按职能进行了细密的机构划分，各司其职。细密的职能划分也便于专家的培养，克格勃有完整的行动、技术、收集、分析等情报专家。集权式的领导体系职责分明，日常工作中，有不同职能部门在收集、分析、汇总情报，当突发事件出现时，决策部门有充分的权力协调克格勃系统内不同职能单位解决问题。在几十年的运行中，克格勃情报、行动、决策"三位一体"机制已渐臻完善，其特点是垂直领导，高度协调，有机统一。其中情报搜集和行动力量的统一是重中之重，统一基础上的协调是灵魂。

在预防恐怖主义方面，克格勃十分强调预防性措施的采取。五局通过分析产生不良社会倾向的各种根源来预防国内不稳定局势及恐怖主义的产生。五局七处十分重视侦察恐怖威胁匿名文件作者的工作。克格勃工作经验证明，实施恐怖活动前，恐怖分子往往会散布此类威胁信息。如1968年12月刺杀庆功宇航员事件发生前，恐怖分子就宣布过要进行此事，而侦察机关并未重视，由此未能防止事件发生。五局七处通过查找爆炸品也预防了大量恐怖事件。前克格勃五局局长菲利普·博布科夫（Ф. Д Бобков）批露，七十年代的恐怖分子意图通过爆炸，造成无辜群众的死伤挑起社会对政府的不满。五局存在的20年里制止了大量此类案件发生，其间仅发生5起爆炸事件。[①] 如1980年第22届莫斯科夏季奥运会召开前，克格勃侦查到了大量恐怖威胁情报，据此，在莫斯科郊区进行搜查，查获了多个爆炸物。克格勃据情报预防了1985年试图破坏莫斯科国际青年大学生大会的阿富汗圣战组织恐怖活动。[②] 预防方面各单位的协同也十分顺畅。如1988年里根第一次访问莫斯科，有线索称将有人混在6000名记者中准备刺杀里根，通过一、二、五总局的协查，掌握了刺客身高、身份，最终在里根欢迎仪式前15分钟抓捕了刺客。[③] 同时，五局还与内务部联合监控枪支保管。

负责军队反恐的克格勃三局工作人员大都有克格勃干部和军队指挥官的双重身份，除服从正规的管理体系，暗中又有一条操纵着他们的秘密系统，从而形成一张遍布全军的巨大情报网，不断将军队日常工作中了解到的情况向克格勃总部汇报。当两套系统的上级命令发生冲突时，克格勃军官可以拒绝执行军队一般指挥官的命令。三局除了要按照法律规定程序进行调查外，还要用非正规的方式保证武装部队政治上可靠，绝对忠于党的领导，不仅揭露和调查武装部队人员犯的政治罪，还用各种“预防性方法”来防止这些犯罪的发生，包括在武装部队内进行政治思想教育工作，以及派人深入部队与个人谈话。

据克格勃1989年的统计，当年，克格勃对有恐怖主义倾向的130名苏联人进行了监控，预防了3起劫机事件，对被告发有劫机意向的140名公民进行了监视，拒绝了384名国际恐怖组织成员入

---

① Как боролся с террором КГБ СССР, http://www.whoiswho.ru/old_ site/russian/Curnom/22001/fb.htm.

② Олег Хлобустов, Из истории борьбы с терроризмом в СССР, http://www.sale2you.ru/to_ profs/155425588.

③ 李同成：《揭开克格勃神秘的面纱》，《重庆与世界》，2004年第6期，第17页。

境，根据已获情报对899名外国人的入境进行了监控。[①] 1989年10月26日，时任克格勃主席克留奇科夫（В. А. Крючков）在接受《消息报》采访时首次披露，1970—1980年代克格勃粉碎了多起制造恐怖事件的企图，涉案人数达1500多人。[②] 因克格勃卓有成效的预防工作，苏联时期发生的恐怖活动廖廖无几。

在打击恐怖主义方面，克格勃的反应十分迅速、及时，并善于延伸办案。1977年1月8日莫斯科连续发生三起爆炸案，致死7人，伤37人。[③] 经过艰苦的调查，克格勃查明了犯罪嫌疑人。同时，调查人员设想，连续爆炸案应该还有其他爆炸点，最终在库尔斯克火车站发现同样的未爆炸装置。克格勃由于侦查手段齐全，各行专家众多，工作效率很高。如80年代末在莫斯科地铁发现了2个自制爆炸装置，克格勃首先使它们失灵；其次，专家通过鉴定爆炸物上的植物确定了制造地点，从而很快锁定了犯罪嫌疑人。[④] 阿尔法小组是一支战斗力极强的队伍，不仅善于处突反恐，也善于与恐怖分子谈判，苏联时期阿尔法小组在历次执行反恐任务时总能取得不俗的战绩。1979年至1991年，阿尔法在国内共参与了16次解除危机活动，仅牺牲1名军官，历次行动均通过谈判或战斗解除了危机。[⑤] 在反国际恐怖主义方面，克格勃采用了严酷的打击手段，甚至不受信仰与道德约束。比较著名的案例是1985年黎巴嫩真主党对苏联驻贝鲁特大使馆4名外交人员的劫持案，在1名外交官被害后，克格勃随即抓捕了相关的真主党

① Хлобустов О. М. Госбезопасность от Александра I до Путина. . . . М. , 2005. С. 345.

② Олег Хлобустов, Из истории борьбы с терроризмом в СССР, http: //www. sale2you. ru/to_ profs/155425588.

③ В 1977 в Москве осуществлена серия террористических актов, http: //calendarik. com/event/v-1977-v-moskve-osushchestvlena-seriya-terroristicheskikh-aktov.

④ 列昂尼德·姆列钦：《历届克格勃主席的命运》，北京：新华出版社，2001年版，第728页。

⑤ ГРУППЫ АЛЬФА И ВЫМПЕЛ, http: //tkd. kulichki. net/army/st2. htm.

领导人并虐杀之，将其尸体送还恐怖组织，附加说明“如果不释放其余3名苏联外交官，其他真主党领袖也将以同样方式结束生命”，人质随后获释。此后，再未出现类似事件。[①]

在惩治方面比较有意义的是“预防性警告”制度。“预防性警告”制度是汲取了斯大林时期肃反扩大化的教训而建立的预防性谈话机制。克格勃认为，恐怖活动是不良社会倾向的极端表现，比较危险的是境外思想中心、西方情报机构、北约等组织力图挑起苏联境内的恐怖活动。[②] 威胁性“预防警告”工作机制可以对不良社会倾向防微杜渐。博布科夫在回忆录中对这一机制的工作程序进行了阐述。它以广泛而深入的线人网络和告密机制为其正常运行的前提，工作方法是克格勃工作人员根据掌握的情报对当事人进行预防性警告，威胁受警告公民倘若不接受警告将会遭致怎样的严酷惩处，造成对方巨大的心理压力。如果受警告者不听警告的话，确实会遭受严厉的惩处。预防警告过程会记录进克格勃档案，当事人自此列入档案登记处的黑名单，成为克格勃重点关注对象，这种关注提醒当事人时刻注意自己的言行。[③]

三、对克格勃反恐机制的评析

（一）克格勃反恐机制防止了恐怖主义在苏联的产生，阻止了国际恐怖主义的渗透

20世纪60年代末，国际恐怖主义开始快速崛起，极端宗教派别在全世界传播教义。1968—1975年共发生913起“国际性和

---

① О способах борьбы с терроризмом в СССР, http://clubs.ya.ru/4611686018427433877/replies.xml? item_ no =24431.

② Как боролся с террором КГБ СССР, http://www.whoiswho.ru/old_ site/russian/Curnom/12005/fb.htm.

③ 菲利普·博布科夫：《克格勃与政权——克格勃第一副主席的回忆》，北京：东方出版社，2008年版，第220—221页。

跨国性恐怖主义事件”。[①] 在1985年苏联大使馆成员劫持事件前，已有诸多轰动性国际恐怖事件，如1983年4月18日美国驻贝鲁特大使馆工作人员被穆斯林圣战者杀害60人；同年12月，圣战者又袭击了美国海军陆战队驻贝鲁特机场的兵营，杀害241名美国军人；1984年1月18日穆斯林狙击手射杀贝鲁特美国大学校长；几个月后，穆斯林原教旨主义者绑架并杀害了中央情报局驻贝鲁特领导人。[②] 国内方面，当今俄罗斯境内恐怖活动的根源在苏联时期亦有存在。民族问题从沙俄时期就已经存在，1944年苏联卡尔梅克人、车臣人、印古什人、卡拉恰伊人、巴尔卡尔人和鞑靼人被逐出原籍使民族问题进一步尖锐。但克格勃存在的几十年里苏联社会一直保持稳定，轰动性的恐怖事件罕有发生，是其强有力的工作机制的成效。

苏联的反恐机制在克格勃体系下运行，克格勃主席向总书记汇报国内外各种重要情报，对总书记有着极强的影响力。克格勃在职权范围内有高度的自主决策权，采用垂直管理体系，明确划分职责，在反恐维稳方面掌握着情报、行动、技术全方位手段，有着完整的培训体系，专家专长，从而使其无论是防范性维稳，还是应急性处突，都应对裕如。从操作层面上来讲，克格勃很好地履行了维护国家政治体制的工具职能。

---

① Chalmers Johnson，“Perspective on Terrorism”，in Walter Laquer，ed.，The Terrorism Reader：A History Anthology，New York，London and Scarborough，Ontario，1978，p. 270. 转引自余建华、王震：《现代世界恐怖主义浪潮兴起的国际背景论析》，《历史教学问题》，2013年第4期。

② О способах борьбы с терроризмом，http：//www. arms-expo. ru/055057052124050051049054050. html.

（二）政权过度依赖克格勃，民族矛盾根源被掩藏、压制，从未解决

克格勃自成系统，逐级向上负责，最后权力归于主席，由主席向总书记负责。它具有凌驾于各级国家机关和领导人之上的特殊地位，执行“秘密警察”的权力。苏联社会各阶层认为克格勃被赋予了无所不能的职权。因此，地方政权机关在出现不稳定因素时表现出了怕担责任、掩盖问题的作风，从而留下极大隐患。如1973年莫斯科3起系列爆炸案的肇事者是亚美尼亚的秘密民族主义组织。但这桩案件仅在刑侦部门和法院履行完对罪犯的审理就结束了。亚美尼亚共和国政权向人民隐瞒了事件真相。该国第一书记指示，所有亚美尼亚文的报纸都不准报道这个事件。法院审判罪犯的纪录片仅限于党的高级干部观看。政权当局认为，“既然是契卡，就应该预防这类事件的发生，既然已经发生，就让克格勃自己去解决。没有人愿意探究问题的本质，没有人愿意去理解这个问题——只有做深入细致的说服动员工作，才能防止这样的悲剧发生。甚至过了数年之后，当亚美尼亚国内的民族主义倾向已经很严重，达什纳克党人（民族党）越来越活跃地在国内传播自己的思想的时候，地方领导也没有予以应有的反击”。[①] 在博布科夫回忆录中反映出，类似民族问题在苏联诸多民族共和国都存在，产生的根源多种多样。但各地方政权采取的态度与亚美尼亚相似，即回避、漠视、听之任之，“即使是最严重的、最亟待解决的问题也会被束之高阁，无人问津”。[②] 强力手段只能解决事情本身，但事情发生的根源是需要社会各界积极努力，逐渐

---

① 菲利普·博布科夫：《克格勃与政权——克格勃第一副主席的回忆》，北京：东方出版社，2008年版，第273页。

② 同上，第267页。

消除的，地方政权的消极态度致使苏联的民族问题始终处于强力压制状态，一旦出现适当时机，必然爆发。

与此同时，中央领导机关对民族不稳定因素也未出台有效的策略，一直拖延问题的解决。“他们生活在某种无法理解的理想和谐梦境之中。大家都愿意看到绝对团结一致、各个民族和种族和谐统一的情景。他们把这样的梦境当成了现实，却把亟待解决的问题束之高阁”，但事实上“在苏联很难找到哪一个加盟共和国里没有会导致民族冲突的民族问题。这就要求党认真对待。”[①]“五局的困难在于，很多高级领导人都对现存的问题作壁上观。自然地方当局的领导们也就看他们的眼色行事，可以不负责任了。”[②]“在漫长的岁月中，苏联各地爆发了一次又一次的民族冲突，假如中央能够及时、认真地对待，这些问题本来是能够解决的。但是他们除了高呼‘牢不可破的民族友谊’口号之外，并没有采取哪怕是微小的行动。结果民族间的冲突逐渐演变成了真正的国内战争。”“国家领导人只是一味地把问题压下去，尽量不让问题浮现到表面上来。他们尽量保持沉默，把民族的矛盾隐藏起来，并不关心将来如何解决。”[③] 可以说，反恐在苏联一直是以克格勃为代表的强力部门在演独角戏，相应的社会、政治、经济等措施并未跟上，以至于民族问题发展成苏联解体的重要原因。

（三）思想钳制制度为苏联末期极端主义思潮与运动的井喷埋下了隐患

对不同政见者的严密打击使苏联人民长期处于精神压抑状态，不少人出现了心理障碍和精神扭曲，社会氛围十分紧张。为

---

① 菲利普·博布科夫：《克格勃与政权——克格勃第一副主席的回忆》，北京：东方出版社，2008 年版，第 273 页。

② 同上，第 289 页。

③ 同上，第 268 页。

改变这种状态，博得人民对改革的支持，戈尔巴乔夫的改革以“公开性”为先导。他说，“实不实行公开性原则不是一个一般问题，而是原则性问题、政治问题，是改革不可逆转的保障”，“公开性就是让人民群众知道一切，判断一切，并自觉地从事一切”。[①] 戈尔巴乔夫特别强调指出，要相信已建设社会主义 70 年的苏联人民有鉴别是非的能力，由此取消了书刊检查制度。公开化的措施还包括恢复“历史真相”和“历史公正”，为无辜受到镇压的党内外各界人士恢复名誉。此后，各种极端主义思想呈井喷之势在苏联迅速传播开来。民族分裂主义者、极端宗教派别都在这里找到了支持者，并通过公开的演讲、出版物、电台、电视等媒体不断加强自己的影响，被压抑几十年的民族、宗教情绪迅速勃发。1988—1991 年，在北高加索地区，民族分裂主义和极端主义的基础得到确立，出现了许多极端民族主义社会运动，如巴尔卡尔人的“Ныгъыш”和“Бирлик”、卡巴尔达人的“Ашамаз”和“АдыгэХасэ”、克里木人的“Тенглик”以及列兹金人的“Садвал”等等。20 世经八九十年代共出现了约 90 次这样的民族运动。[②]

（四）克格勃被妖魔化，导致其在苏联末期解体，失去了对社会的控制

克格勃从军队到地方、从中央到基层、从官员到群众、从思想到行动，采用人力与技术全方位手段，布设了无处不在的情报网络。五局建立了一个“无处不在的居民监视系统，在各个领域组成了一支人数难以计算、拿报酬的秘密工作者大军”。[③] 至 80

① 高科：《公开性与苏联社会民主化》，载《群言》，1989 年第 7 期，第 11 页。

② Хоперская Л. Л. Указ. соч. С. 57.

③ 列昂尼德·姆列钦：《历届克格勃主席的命运》，北京：新华出版社，2001 年版，第 719 页。

年代末，克格勃分布在全世界的工作人员约 9 万，另拥有职员、警卫人员、边防部队和特种部队约 40 万人。[①] 所有高级官员都认为，他们的办公室和电话已被窃听，因此都非常谨慎，在办公室不谈危险的话题。在政治局委员、候补委员和中央书记这三个最高的权力阶层上，不存在工作以外的关系。领导人之间基本上没有个人交往，他们彼此没什么好感，互不信任。[②] 公开化的舆论中，克格勃越来越成为被攻击的对象和目标，成为“斯大林主义恐怖和罪行”的主要责任者。反克格勃浪潮迭起，改革的矛头越来越指向它。

克格勃的权力在戈尔巴乔夫实行总统制后达到顶峰。“克格勃的主席们明白，国家所有领导人，包括第一号人物在内，实际上都掌握在他们手中，因为个人的警卫人员，所有为第一号人物服务的人都归克格勃主席领导。”[③] 1990 年 3 月，戈尔巴乔夫当选首任苏联总统，任命了包括克格勃主席克留奇科夫在内的 13 名总统委员会成员。中央政治局失去权力，实权在握的克留奇科夫成了二号人物。1991 年 8 月 19 日，苏联副总统亚纳耶夫（Г. И. Янаев）、总理帕夫洛夫（В. С. Павлов）、克留奇科夫等 8 人组成国家紧急状态委员会，软禁戈尔巴乔夫，宣布在全国实施紧急状态，政变的幕后主使被认为是克留奇科夫。关键时刻，克格勃特种部队“阿尔法”以总统没有命令，以及“阿尔法”不参与政变的原则为由，拒绝执行克留奇科夫攻占议会大厦的命令，此后，部分军队倒戈，政变失败。事件尚未平息，针对克格勃的清算就开始了，克格勃系统解体，分成五个平行的情报安全机

① Вгений Стригин，КГБ был，есть и будет，От КГБ СССР до МБ РФ（1991 – 1993），Москва，Издательство Эксмо，2004 г，С. 20.

② 列昂尼德·姆列钦：《历届克格勃主席的命运》，北京：新华出版社，2001 年版，第 657 页。

③ 同上，第 738 页。

构。从此，覆盖全国乃至全球的集情报、安全、保卫职能于一身，各单位各司其职，但又高度协调统一的强力机构衰落。广布的线人网络或停止工作，或被暴露身份，情报与行动专家多被解散。苏联末期至俄罗斯前期向“民主化”过渡的漫长时期政权对社会的控制力被严重削弱了。俄罗斯恐怖主义正是在这一时期得到了良好的滋生环境。

第二节　俄罗斯反恐体系构建的背景

一、情报安全机关体系的动荡变革

1990 年 6 月 12 日，俄罗斯联邦第一次人民代表大会通过了国家主权宣言，一年后，叶利钦当选俄总统。1991 年 12 月 25 日，苏联解体。成立之初的俄罗斯联邦与邻国之间尚不存在经条约确认的国界线，俄罗斯联邦也没有海关和边境部门。直到 1992 年 5 月 7 日，叶利钦才签署了建立俄联邦武装力量的命令。[①] 盖达尔（Е. Д. Гедар）[②] 回忆说，1992 年“没有正常的、有效能的政权机构（军队、海关、民警机构），——由于 90 年代初的政权危机，这些机构已经被损害”。[③]

1992 年 1 月 24 日，叶利钦将苏联跨加盟共和国安全局、俄联邦国家安全局合并，成立了俄联邦安全部。俄联邦安全部接管了前克格勃第二总局（反间谍）、三局（军事反间谍）、四局（运

---

① ［俄］亚·维·菲利波夫：《俄罗斯现代史》，吴恩远等译，北京：中国社会科学院出版社，2009 年版，第 313 页。

② 盖达尔 1992 年 6 月至 12 月担任俄代总理，期间，他竭力推行被称为“休克疗法”的激进经济改革。

③ ［俄］亚·维·菲利波夫：《俄罗斯现代史》，吴恩远等译，北京：中国社会科学院出版社，2009 年版，第 315 页。

输安全局)、宪法制度保卫局(反恐怖与民族问题等)、六局(经济犯罪和官员腐败)及七局(监视和窃听),约有雇员13.7万人,主要负责对内情报搜集和反间谍,并同有组织犯罪、恐怖主义、贩毒、走私和贪污等行为作斗争。[①]

1992年3月5日,俄罗斯通过了《安全法》,规定了俄罗斯安全体系由立法、执法与司法机关,依法参与维护安全的国家、社会及其他组织与个人,以及安全领域的立法部门组成。安全力量包括:军队、联邦安全机关、内务部、对外情报局、立法、执法与司法安全保障机关及负责人;税务总局、消防局、紧急情况局;保障在工业、能源、交通、农村经济领域信息安全工作的单位;通讯与信息安全保障局、海关总局、自然保护机构、居民健康保障及其他立法规定的安全保障单位。

1992年至1993年俄罗斯最高权力机构分立,总统与最高苏维埃权力斗争十分激烈,最高峰是1993年10月叶利钦以"炮打白宫"的方式解散了最高苏维埃和人民代表大会。10月15日,叶利钦举行全民公决通过新宪法。

"炮打白宫"事件中,叶利钦任命的联邦安全部部长巴兰尼科夫(В. Баранников)拒绝支持叶利钦,"阿尔法"小组也没有执行攻击议会大厦的指令,而是与白宫的保卫者谈判,促使几百名议员和普通公民主动撤出白宫。1993年12月12日,俄联邦第一届议会选举中,联邦安全部一半以上的人员支持日里诺夫斯基(В. Жириновский)领导的自由民主党。这促使叶利钦改组联邦安全部,建立一个"支持他任总统的可靠安全机构"。[②] 1993年12月21日,叶利钦签署《关于撤销俄联邦安全部和建立俄联邦

① [美]埃米·奈特:《不披斗篷的间谍——克格勃的继承者》,金进龙、刘宗亚等译,北京:新华出版社,1999年版,第28页。

② 同上,第88页。

反间谍局的命令》，解散了联邦安全部，组建了俄联邦反间谍局。1994 年 1 月 5 日，叶利钦签署命令颁布了《俄联邦反间谍局条例》，规定联邦反间谍局隶属于总统，接受总统直接领导。联邦反间谍局仅保留安全部“最必要的部门”，如反间谍局、军事反间谍局、经济反间谍局、反恐怖局等。[①] 边防军被分离，成立了俄联邦边防总局。这次改组削减反间谍局人员至安全部人员的 46%，管理机构从 3500 人缩减到 1500 人，工作人员削减到 7.5 万人。[②] 联邦反间谍局不再具有打击腐败、有组织犯罪等职能，并且失去了调查和预审的权力，“真正成为了一个关注国内安全威胁并向总统报告的反间谍机构”。[③] 为了使人员更加“忠诚”和“职业化”，反间谍局还建立了审查委员会对原安全部人员逐个审查，削减下来的人员转移到内务部等机构工作。这一改组使反间谍局的工作能力几乎受到了毁灭性打击。苏联遗留下来的情报、决策、行动一体化反恐机制瓦解。

与此同时，俄罗斯的“义务教育水平下降，社会保障系统减弱，全国性青年组织消失，业余活动组织体系崩溃，从而使大量青年加入激进和有组织犯罪团伙。有恐怖主义倾向的有组织犯罪团伙具有一定的政治化趋势，它们力图削弱执法机关的工作，败坏居民的道德风俗，占据立法和行政机关的重要职位。”[④] 在俄罗斯成立的最初三年里，民族问题与宗教复兴开始合流，1991—1994 年间，伊斯兰教在俄罗斯爆发式复兴，许多外国传教士把俄

---

① ［美］埃米·奈特：《不披斗篷的间谍——克格勃的继承者》，金进龙、刘宗亚等译，北京：新华出版社，1999 年版，第 91 页。

② Научно-редакционный совет, *Белая Книга Российских Спецслужб*, Информационно-издательскае агентство “обозреватель” Москва, 1996 г. , С. 76.

③ 同上。

④ Лунеев В. В. Организованная преступность, зтсловный терроризм в условиях # глобализации. //СОЦИС. 2002. №5. СС. 61 – 62.

罗斯伊斯兰教的复兴看作是整个穆斯林世界的共同事务，把北高加索地区划入了他们的版图。① 在俄罗斯全面危机背景下，政治化的伊斯兰教瓦哈比派思想，在北高加索地区成功立足。1991—1995年，上万份瓦哈比派教学宣传文献，以及原教旨主义瓦哈比思想的外国代表作在莫斯科正式出版。② 民族问题最复杂的北高加索，③ 是分裂主义运动与刑事犯罪最突出的地区，分裂主义、民族极端主义逐步演化为威胁俄罗斯国家、社会与个人安全的恐怖主义。

综上所述，在俄罗斯建立之初的过渡时期，反恐力量与恐怖主义此消彼涨，恐怖主义力量迅速壮大。根据俄犯罪学家的评估，在1991—1994年恐怖主义积极发展的时期，俄罗斯莽撞地对安全机关体系以及检察机关与法院进行了未做深思熟虑的不合理的改革，造成恐怖主义与守法力量相比具有极大的优势。1992—1994年内务部和联邦安全局的情报与作战人员缩减（编制人数与仅固定的犯罪组织的数量相当），导致恐怖主义形势恶化。忙于建构国家管理体制的俄罗斯尚未有余暇顾及反恐，国家主要精力放在保障经济安全，在1994年之前的各年度总统国情咨文中从未提及恐怖主义与反恐，然而恐怖活动数量和影响都在迅速增加。

杜达耶夫领导的车臣民族分裂运动就是在此时得到了极大发展。1991年8月28—29日，“8·19”事件激发起杜达耶夫组织暴徒包围车臣最高苏维埃，杀害了车臣最高苏维埃主席，10月27日杜达耶夫通过舞弊当选“总统”，随即宣布车臣独立。1992年5月25日，杜达耶夫与俄联邦代表斯特罗戈夫中将签署了《关于撤军和车臣共和国与俄罗斯联邦财产分配条约》，联邦一切行政

---

① Поляков К. И. «Новая исламизация» в России. М., 2000. С.

② ТА Государственной Думы ФС РФ.

③ 北高加索地区占据了俄罗斯2.1%的国土，人口占全国11.4%。在该地区居住着40余个拥有自己语言的原住民，此外还有100多种方言。

机构全部撤出车臣。车臣具有了事实上的独立国家性质。1992 年 10 月底至 11 月初发生的弗拉季高加索（г. Владикавказ）近郊印古什人和北奥塞梯人的冲突造成 300 多人死亡，7000 多人受伤，是俄联邦境内的第一起大规模民族冲突，遗祸至今。1991 年 10 月 30 日—11 月 1 日，为支持沙普苏格人在索契建立自治地区，杜达耶夫、车臣执行委员会副主席阿斯兰别科夫（X. Асланбеков）宣布车臣准备在一昼夜间在俄罗斯全境发动战争并对核电站和核弹头库实施一系列恐怖活动。①

到 1993 年，车臣司法系统全面崩溃，1992、1993 年车臣凶杀案均超过 600 起，比 1990 年上升 7 倍。1993 年，匪徒抢劫了途经车臣的列车 559 次，4000 多节车厢，俄罗斯因此损失几百亿卢布。杜达耶夫团伙通过伪造银行信用证书骗取了 5 万亿卢布，车臣制造的假币流通全国。车臣逐渐沦为俄罗斯最严重的犯罪策源地。1994 年受到联邦通缉的罪犯有 1900 人来自车臣。至第一次车臣战争前，车臣人民的生命与生活权利得不到保障，俄罗斯族人受到了大规模镇压、抢劫与谋杀，逃离车臣的人达到 20 万，占车臣总人口的 20%，其中一半是俄罗斯族。但在当时，俄联邦反间谍局出现严重的情报失误，向总统报告车臣武装匪徒不超过 250 名，② 对敌情的轻视是第一次车臣战争贸然发动并给俄军带来重大损失的重要原因。

1994 年 12 月，第一次车臣战争爆发，俄国内安全战略进行调整，犯罪问题日益严峻，而情报机构工作效率低下，迫使叶利钦再次考虑改组联邦反间谍局，建立适应当时形势需要的情报安全机构。1995 年 4 月 3 日，叶利钦下令将反间谍局改组为俄联邦

---

① ТА Администрации Краснодарского края.

② Причины первой войны в Чечне 1994 – 1996，http：//tchest. org/war_ in_ chechnya/427-prichiny-vojny-v-chechne. html.

安全局，并签署了《俄联邦安全局机关法》，确定了联邦安全局的使命是在其职责范围内保障国家、社会和个人的安全，授权联邦安全局进行反间谍、情报活动以及同犯罪行为（间谍活动、恐怖活动、有组织犯罪、贪污、非法倒卖武器和毒品、走私及其他犯罪活动）进行斗争。[①] 经过此次改组，联邦安全局又拥有了调查和预审权力，并且加强了对内专政职能。该法规定联邦安全局可采取侦讯措施，重新拥有了14座监狱，[②] 扩大了对机关、企业和公民住宅的搜查权，并新增了对外情报搜集任务。至此，联邦安全局的名称与职权大致固定下来，与对外情报局、总参情报总局（главное разведное урправление/ГРУ，格鲁乌）共同构成俄联邦情报界支柱性单位。联邦安全局在其中处于核心地位，是最主要的反恐情报搜集和分析机构。这种情报格局奠定了俄罗斯情报体系的基础，一直延续至今。

二、第一次车臣战争的爆发及其后果

1994年12月8日，俄联邦议会通过《关于车臣共和国的局势》，决定采取恢复车臣正常秩序的措施，[③] 11日，俄罗斯对车臣采取军事行动，俄军受到极其顽强的抵抗。在人员方面，杜达耶夫军队总人数达1.3万人，还拥有2500名雇佣军和来自俄罗斯各地与独联体的志愿军。[④] 在武器方面，杜达耶夫军队得到了俄联邦军队撤出后留下的武器。1992年5月，国防部长格拉乔夫命令

---

① Федеральный закон “Об органах Федеральной службы безопасности в Росийской Федерации”, Глава 2, статья 9, 03. 04. 1995г.

② ［美］埃米·奈特：《不披斗篷的间谍——克格勃的继承者》，金进龙、刘宗亚等译，北京：新华出版社，1999年版，第253页。

③ Постановление СФ ФС РФ от 08. 12. 1994 n 291 - 1 СФ о положении в чеченской республике, http: //www. law mix. ru/pprf/83179.

④ 同上。

将北高加索军区一半（实际则是95%）的武器移交给了车臣武装，其中甚至包括最先进的T－80坦克。俄联邦武装力量总共留下的是4万多件射击武器、大约15万枚手榴弹、不少于150架的教练机以及其他的包括“月亮－8”导弹装置和“冰雹”火力发射系统在内的大量军事装备。扬达尔比耶夫（З. А. Яндарбиев）[①]在其回忆录中写道，车臣人得到了4万件以上的射击武器，仅格罗兹尼俄军驻地就留下了3.7万件射击武器。在民众支持方面，车臣居民将俄军视为“入侵者”，杜达耶夫的反对派转而支持他，数十个民族暴力组织发展起来，并积极建立非法武装。达吉斯坦

① 扬达尔比耶夫·泽利姆汗（Яндарбиев Зелимхан，1952－2004）——国际恐怖主义分子。1952年9月12日出生于哈萨克斯坦。1981年毕业于车臣—印古什国立大学。1990年5月组建了瓦伊那赫民主党，其目标是建立独立国家。1993年4月17日，被杜达耶夫任命为车臣副总统，主要研究意识形态问题。1995年1月中旬，在格罗兹尼中心区领导抵御俄联邦军队的行动。杜达耶夫死后，担任了九个月的非法车臣总统。1996年5月，他作为车臣代表团的首脑，与俄罗斯总统叶利钦和总理切尔诺梅尔金在莫斯科举行会谈。1996年10月，他代表车臣与俄罗斯达成了和平协议，即后来著名的哈萨维尤尔特和平协议。1997年1月27日，在车臣总统选举中，他获得略超10%的选票，远远落后于马斯哈托夫和巴萨耶夫，居第三位。1997年至1998年他与乌杜果夫一起住在阿富汗，并在坎大哈郊外与奥马尔和本·拉登会面。2000年1月，在与扬达尔比耶夫会面后，奥马尔做出了“塔利班”承认车臣“独立”的决定，宣布与马斯哈托夫政府建立外交关系。扬达尔比耶夫是1999年车臣叛匪进攻达吉斯坦的组织者之一。1999年10月，他被任命为车臣总统的私人代表——穆斯林国家的全权代表，2000年，作为车臣代表派驻阿富汗。有一段时间，扬达尔比耶夫携全家住在阿拉伯联合酋长国，但随后因当地政府不再延长他的居留证，于是他去了土耳其。2000年后，他以“没有政治活动权力的难民”身份与全家住在卡塔尔的多哈。俄罗斯一直在追踪扬达尔比耶夫，2001年10月起他受到国际通缉。此外，俄罗斯总检察院在调查莫斯科剧院人质事件时，指控他组织了这次恐怖活动。当时恐怖分子头目巴拉耶夫从被占领的剧院多次与扬达尔比耶夫通电话。一些著名的车臣分离分子在逃到国外后向卡塔尔埃米尔哈马德提出请求，试图推翻俄罗斯方面对扬达尔耶夫参与莫斯科大剧院人质绑架事件等恐怖活动的指控。2002年至2003年，俄罗斯总检察院在提交了必要的调查和证据材料后，多次向卡塔尔政权要求引渡扬达尔比耶夫。2003年6月，扬达尔比耶夫被联合国安理会列入恐怖分子名单。2004年12月13日，扬达尔比耶夫在卡塔尔遭遇汽车爆炸，受重伤，当天死在医院。参见刘肖岩主编：《反恐怖主义手册》，古籍出版社，2010年版，第121页。

许多瓦哈比派年轻人避开俄军征召，参加抵抗联邦军队的战斗。[①] 1995 年 2 月 16 日，叶利钦在《国情咨文》中首次将车臣匪徒的行为称为恐怖主义，“在俄罗斯部分领土上破坏宪法制度的活动已发展为针对俄罗斯公民的恐怖活动，也因此给予了为消除匪帮和恐怖主义使用国家军队的道德与法律依据”，提到独联体国家合作的优先方向是反恐。[②]

战争也使北高加索其他地区的民族极端主义复苏，民族矛盾进一步尖锐。据统计，到 1996 年底，在 90 年代的民族冲突中，北高加索死亡人数约为 15 万人。[③] 车臣战争进行的同时，俄罗斯其他地区也触发了针对车臣人的仇恨，如克拉斯纳达尔和斯塔夫罗波尔边疆区多地发生了针对车臣人的自发暴力活动。[④] 战争也使俄罗斯恐怖主义与国际恐怖主义连为整体。在俄联邦境内，成立并活动着一些总部设在阿塞拜疆、亚美尼亚和格鲁吉亚的极端民族政党。[⑤] 然而在当时的俄罗斯，反恐仍然没有上升到国家安全的高度。直到第一次车臣战争持续到 1996 年 2 月，总统《国情咨文》才将民族分裂主义、恐怖主义视为国家安全重大威胁，指出“俄罗斯的稳定、完整及其安全的最大威胁是分裂主义，车臣—印古什共和国发生了武装叛乱，大规模的战斗已经结束，杜达耶夫的部队在战术上选择了‘彻头彻尾的恐怖主义’”。[⑥]

---

① ТА Правительства Республики Дагестан.

② Послание Президента РФ Федеральному Собранию от 16. 02. 1995 “О действенности государственной власти в России”, http: //www. lawmix. ru/expertlaw/251156.

③ Российские вести. 1996. 4 декабр.

④ ТА Правительства Ставропольского края.

⑤ Милиция. 1996. №9. С. 38 – 39.

⑥ Послание Президента РФ Федеральному Собранию, http: //artlibrary2007. narod. ru/poslanii_ prez. html.

迫于叶利钦连任总统的竞选需要，也是在布琼诺夫斯克[①]与基兹利亚尔恐怖事件[②]的压力下，在战场形势开始向俄联邦军队好转时，1996 年 3 月 31 日，叶利钦突然宣布结束战争。8 月 31 日，列别德与马斯哈托夫签署了哈萨维尤尔特协议，战争戛然而止。协议规定俄车相互关系应以国际法准则为基础，车臣地位问题推迟至 2001 年 12 月 31 日以后解决，俄军从车臣全部撤出等。该协议事实上默认了车臣的“独立”地位。1997 年 5 月，俄联邦与车臣签署《和平与相互关系原则条约》，车臣领导人始终未放弃其“独立”主张。第一次车臣战争的意外结局客观上加强了车臣民族分裂势力的地位。此后，车臣公开宣布寻求在高加索地区各民族共和国中的主导地位并要求北高加索从俄罗斯独立，车臣问题成为俄罗斯国家安全的最主要威胁。

第三节　别斯兰事件前的俄罗斯反恐体系

1996 年俄罗斯着手构建反恐体系，1998 年颁布了第一部《反恐法》。依据该法，俄反恐体系以打击恐怖主义为核心，反恐最高权力机构是联邦反恐委员会，领导权由总统与总理分担，联邦安全局局长与内务部长分任副主席。在第二次车臣战争后，由于这一反恐体系自身存在着严重缺陷，虽然消灭了大股匪帮，但反恐总体效果并不好，导致后来别斯兰事件等一系列重大恐怖活

---

① 1995 年 6 月 14 日车臣独立运动武装领导人之一的沙米尔·巴萨耶夫（Шамиль Басаев）在布琼诺夫斯克发动袭击，劫持了 1400 余名人质，迫使俄军在车臣实现停火。参见 http：//zh. wikipedia. org/wiki/布琼诺夫斯克。

② 1996 年 1 月 9 日凌晨，以拉杜耶夫为首的车臣恐怖分子将达吉斯坦共和国基兹利亚尔市两所医院千余名医务人员和病人劫为人质，要求俄联邦军立即撤离车臣和北高加索地区。经过谈判与进攻，俄政府军于 1 月 19 日解决人质事件。参见 http：//baike. baidu. com/view/502649. htm？ fr = aladdin.

动发生。

一、别斯兰事件前俄罗斯反恐法律体系的建设

（一）宪法是建立反恐法律体系的依据

1993 年通过的俄罗斯宪法为保障国家安全、打击恐怖主义提供了核心法律基础，亦是日后形成俄反恐法律体系的基础。宪法禁止有以下目的的社会组织设立及活动：一是企图以暴力改变俄罗斯宪法规定的政体和国家主权完整；二是破坏国家安全；三是建立武装力量；四是激化社会矛盾；五是推行种族歧视；六是导致政教不和；七是鼓动以激化社会矛盾、导致政教冲突和敌视为目的的示威和游行。俄 1993 年宪法虽然并不直接涉及反恐问题，但是它确定了国家权力机关的权限基础，预先确定了它们反恐的任务、职能和权限（宪法第 4—7 章）。[①] 1993 年宪法在俄罗斯是比较稳定、成熟的法律，至今未予大的改动。正是在宪法基础上，俄罗斯的反恐法律体系才得以逐渐完善。

（二）基础性反恐法律文件

别斯兰事件前，俄罗斯已经出台了大量与反恐有关的法律文件，这些文件的大部分或延续至今，或经过修订，是当前俄罗斯反恐法律体系的来源之一。俄罗斯基础性反恐法律文件是在宪法指导下制订的重要文件，其中最核心的包括：1998 年 7 月 25 日发布的《反恐法》（2006 年 3 月 6 日失效）、1996 年 3 月 7 日发布的第 338 号总统令《关于加强反恐的措施》、1997 年 2 月 16 日发布的第 45 号政府令《关于建立俄联邦跨部门反恐怖委员会》。在俄反恐法律体系中，这三部法律文件最为重要，因为它们规定

---

① “КОНСТИТУЦИЯ РОССИЙСКОЙ ФЕДЕРАЦИИ”，http：//www. consultant. ru/popular/cons/.

了俄罗斯反恐体系、主体框架与职权，建立了反恐的基本概念与原则。1998 年《反恐法》是俄罗斯反恐体系的宪法性法律，也是第一部反恐专门法，对俄反恐的法律基础、恐怖主义定义、反恐基本原则、组织原则、反恐行动等作出了明确规定。该法的颁布标志着俄反恐核心法律的成熟，也使俄反恐有了基本的法律依据。《关于加强反恐的措施》首次国家权力机构在对反恐中的职责进行了分工，这一命令可以看作是创建反恐体系的开始。该命令规定由政府总体负责反恐工作，并规定了联邦安全局、内务部、边防局、海关委员会、最高检察院、国防部、外交部的反恐职责。《关于建立俄联邦跨部门反恐委员会》① 决定组建跨部门反恐委员会，以保障反恐协调，提高反恐效率，同时建议在各联邦主体也建立反恐委员会，以协调地区反恐。

（三）配套性反恐法律文件

别斯兰事件前，俄罗斯已经出台了大量调节反恐工作的配套性法律文件，这些法律文件中的大多数经过修订延用至今，仍是俄反恐工作重要的法律依据。依据其法律效力的不同层次，这些法律文件包括：

联邦法律主要有：1992 年 3 月 5 日颁布的《安全法》（2008 年 6 月 26 日修订，2010 年 12 月 28 日失效）、1992 年 5 月 5 日颁布的《大众媒体法》（2013 年 5 月 4 日最新修订）；1993 年 4 月 1 日颁布的《俄联邦国家边界法》（最新 2014 年 6 月 28 日最新修订）、1995 年 4 月 3 日颁布的《联邦安全局法》（2014 年 9 月 30 日最新修订并补充）、1995 年 8 月 12 日颁布的《侦查法》（2008 年 12 月 26 日最新修订并补充，2010 年 1 月 1 日起生效）、1995

---

① “Постановление Правительства РФ от 16. 01. 1997 n 45 （ред. от 21. 02. 1998） « О создании Межведомстве ной антитеррористической комиссии Российской Федерации »”, http：//www. lawmix. ru/expertlaw/218581.

年11月21日颁布的《使用原子能法》（2013年7月2日最新修订）、1996年1月9日颁布的《居民防辐射法》（2011年7月19日最新修订）、1996年1月10日颁布的《对外侦察法》（2014年6月23日最新修订）、1996年6月13日颁布的《刑法》（2014年11月24日最新修订）、1997年2月6日颁布《内务部内卫部队法》（2013年7月2日最新修订）、1997年9月19日颁布的《信仰自由与宗教团体法》（2013年7月2日最新修订）、1997年12月17日颁布的《俄联邦政府法》（2014年3月12日最新修订）、1998年2月12日颁布的《民防法》（2013年12月28日最新修订）、1998年7月19日颁布《俄联邦与外国军事技术合作法》（2014年7月21日最新修订）、1999年1月4日颁布的《俄联邦主体协调国际及对外经济关系法》、1999年10月6日颁布的《俄联邦主体国家权力立法（代表）及执行机关的共同组织原则法》（2014年11月4日最新修订）、2001年5月30日颁布的《紧急情况法》（2014年3月12日最新修订）、2001年8月7日颁布的《反非法收入合法化（洗钱）与恐怖主义融资法》（2014年7月21日最新修订）、2001年12月30日颁布的《行政处罚法》（2014年11月24日最新修订）、2002年1月30日颁布的《战时状态法》（2014年3月12日最新修订）、2002年7月25日颁布的《反极端主义活动法》（2014年7月21日最新修订）等法。在这些法律中，《刑法》《俄联邦政府法》与《反极端主义活动法》中与反恐相关的条文最重要。《刑法》涉及恐怖活动犯罪的法条有20余条，认定范围很广泛，只要具备恐怖特征，就有可能构成恐怖主义犯罪。《刑法》的出台为打击恐怖主义提供了刑法依据。别斯兰事件前，俄罗斯反恐体系的组织与协调单位是政府，因此《俄联邦政府法》规定了政府在保障法制、公民的权利与自由、打击犯罪、国防和国家安全领域的职权。《反极端主义活动法》定义了极端主义活动和极端主义组织，明确了俄罗斯抵制极端主义的基本原则和方向，确定了政府在反极端主义中的地位与实施秩序，规定了政府公职人员、公民、社会团体和媒体抵制极端主义的责任等。

总统令主要有：1997 年 12 月 17 日颁布的《俄联邦国家安全构想》（2000 年 1 月发布第 2 版，2009 年 5 月 13 日发布第 3 版）、2001 年 1 月 22 日颁布的《关于俄联邦北高加索地区反恐措施》、2001 年 11 月 1 日颁布的《关于反非法收入合法化（洗钱）与恐怖主义融资全权机关》、2003 年 6 月 30 日颁布的《关于俄联邦北高加索地区反恐的补充措施》、2003 年 6 月 17 日颁布的《关于负责落实〈打击恐怖主义、分裂主义和极端主义上海公约〉的俄联邦中央全权机关》、2004 年 7 月 5 日颁布的《关于反非法收入合法化（洗钱）与恐怖主义融资跨部门工作组法令》、2004 年 9 月 13 日颁布的《关于提高打击恐怖主义效率的紧急措施》、2004 年 11 月 13 日颁布的《关于成立协调南联邦区联邦行政机关活动的委员会》、2005 年 2 月 18 日颁布的《关于在南联邦区协调联邦行政机关活动的委员会》。

政府令主要有：1997 年 1 月 22 日颁布的《关于对参与执行反恐措施有关任务的人员的社会保护措施》、2004 年 2 月 9 日颁布的《关于对在俄联邦北高加索地区参加反恐作战与维护社会治安的军人与行政机关工作人员的追加保障与赔偿》。

国际条约主要有：1999 年 6 月 4 日签署的《独联体国家反恐合作条约》、2000 年 11 月 8 日签署的《内务部反恐合作协议》、2001 年 6 月 15 日签署的《打击恐怖主义、分裂主义与极端主义上海公约》、2002 年 6 月 7 日签署的《地区反恐机构协议》、2002 年 10 月 7 日签署的《集体安全条约组织章程》、2005 年 4 月 21 日签署的《俄罗斯与白俄罗斯联盟国家部长委员会决议〈关于在联盟国家境内抵制恐怖主义的共同措施〉》、2005 年 8 月 26 日签署的《打击恐怖主义及其他暴力极端主义的独联体国家合作公约》。

《宪法》《反恐法》，加上同期生效的与反恐相关的一系列国际公约、总统令、政府令，以及各部委出台的落实性文件，形成了俄罗斯最初的反恐法律体系。这些法律为反恐主体体系的建立与运行提供了法律依据。

二、别斯兰事件前俄罗斯反恐体系中的联邦反恐委员会

1998 年《反恐法》指出，总统或总理可决定成立联邦和地方反恐委员会，以协调反恐部门的活动。[①] 联邦反恐委员会的基本职责是提供反恐情报、政策建议，组织与协调反恐及演习，领导反恐行动，开展反恐国际合作等。在现实运行中，它在以下方面开展反恐工作：提供完善反恐立法的建议；搜集并分析有关恐怖主义现状与趋势的情报；协调各级行政机关的反恐活动与组织；与国家权力机关、社会团体、宗教组织、媒体及公民开展反恐合作；监控国内外影响反恐局势的政治、社会、经济等因素的发展；制订并监督预防恐怖活动、重要目标反恐防护措施的实施；监督各级行政机关、地方自治机关、责任人、法人及公民执行反恐法律法规，评估联邦行政机关反恐行动的成效；组织、协调与保障国内反恐行动，及时将危机局势与控制措施通知总统、政府；监控恐怖融资；参与国际合作，包括准备反恐领域的国际条约；确定反恐科研与政策建议的优先方向，参与研制与开发反恐新技术；研究恐怖活动受害者与反恐人员的社会保护与康复。

联邦反恐委员会主席由政府总理兼任，副主席是内务部部长与联邦安全局局长，联邦主体也成立了相应的反恐委员会，主席

---

① Федеральный закон “О борьбе с терроризмом”, http://www.scrf.gov.ru/documents/17/30.html.

由联邦主体最高脑兼任。联邦一级与联邦主体一级成立行动指挥部，以直接指挥反恐行动。总理依据恐怖袭击威胁的范围、程度与危害性质任命反恐行动的领导人。总统也可任命行动指挥部领导人。如果恐怖活动追求的是政治目的，行动指挥部的司令由联邦安全局地方局局长担任，如果恐怖活动的目的是勒索钱财，行动指挥部司令则由内务部地方局局长担任。俄罗斯是总统制国家，这种含糊的组织规定造成事实上是总统才有行动指挥部领导人的任命权、反恐重大事务的决策权，但总理要承担反恐责任，却只有执行权，别斯兰事件的延沓处理与此有直接关系。

当时，联邦反恐委员会的成员有联邦安全局局长、内务部长、政府各部部长、对外情报局局长、禁毒局局长、联邦警卫局局长、总统特别规划署署长、武装力量总参谋长、联邦安全局宪法保卫与反恐局副局长（担任联邦反恐委员会责任秘书）。联邦反恐委员会没有常设机关，通过 3 个月一次的例会维持其运行。联邦反恐委员会实质上是一个由相关部门组成的联系性组织，没有主导性机构；担任主席的总理既没有最终决策权，又不能直接领导联邦安全局、内务部等反恐核心单位。这种反恐机构的设置和组织关系注定难以发挥预期功效。俄联邦反恐委员会组织结构图如下（图 1—1）：①

在联邦反恐委员会系统中，直接采取反恐措施的单位有联邦安全局、内务部、对外情报局、联邦警卫局、国防部、边防局（后并入联邦安全局）。它们的反恐功能延续至今。

1. 联邦安全局。联邦安全局前身是苏联时期的克格勃，是俄最主要的情报机构，也是承担反恐任务的主要部门之一。其基本

---

① Вишняков Я. Д. , Бондаренко Г. А. , Васин С. Г. , Грацианский Е. В. *Основы противодействия терроризму*. Под ред. Вишнякова Я. Д. Учеб. Пособие. М. : Издат. Центр « Академия » . С. 249.

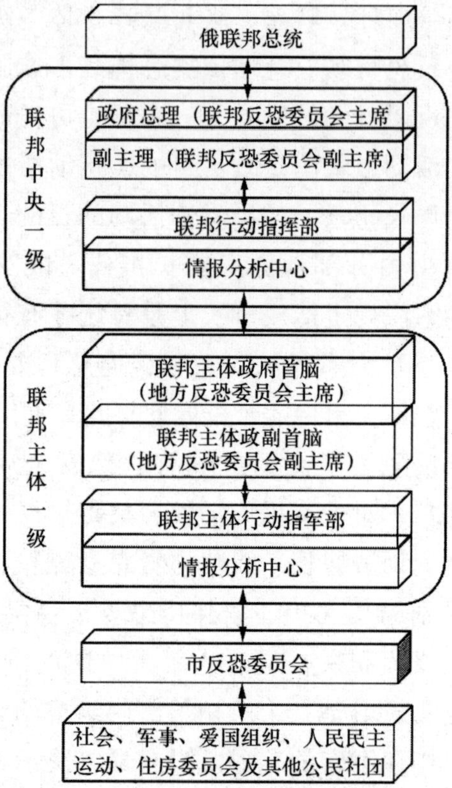

图 1—1 俄联邦反恐委员会组织结构图

的反恐职责有：通过情报、反间谍、搜查和其他特种手段，进行反恐行动，参与消除恐怖活动的后果，调查有政治目的的恐怖主义倾向犯罪；协调联邦行政机关的反恐行动，组织与其他强力部门和国际组织的反恐合作；向总统提交年度反恐报告，向总统和政府及时通报恐怖威胁情况等。在北高加索地区，起主要情报作用的是联邦安全局下属的北高加索作战协调局，它直接隶属于联邦安全局宪法保卫和反恐局局长，负责北高加索关于恐怖分子的预警性情报工作。联邦安全局下属反恐、反情报单位在南联邦区都有派驻人员。2003 年 3 月，普京签署《关于完善俄联邦安全部门结构的措施》总统令，对俄所有强力部门进行重大改组，把边防局划归到联邦安全局，并在联邦安全局内成立宪法保卫与反恐局。联邦安全局接收了边防局约 21 万人和所有的军事装备，其部队人数由 8 万人增长到 29 万，实力大增。①

2. 内务部。内务部及其地方机构负责预防、调查恐怖活动，参与消除恐怖袭击后果，调查追求钱财的恐怖主义倾向犯罪。主要手段是搜捕、特种行动、反恐行动、重要目标反恐防护等。"9·11"事件后，俄罗斯仿效美国设立国土安全部的做法，突出内务部在反恐中的主导地位。2003 年 8 月，内务部在打击有组织犯罪及恐怖主义局的基础上成立了"反刑事恐怖主义中心"（"T"中心），并在地方组建分局。"T"中心主要负责预先发现、查明和制止刑事恐怖活动，协调内务部系统打击刑事恐怖活动，与联邦安全局保持密切关系。同年，北高加索反恐联合武装力量指挥权由联邦安全局转交到内务部，内务部及内卫部队成为北高加索地区最主要的反恐单位，但携带重武器的内卫部队并不擅长发现并摧毁隐秘的恐怖巢穴，侦察部队擅长的是战术侦察，没有对恐怖组织"打进去、拉出来"的经验，不具备特情侦查的能力。这成为俄罗斯在北高加索地区反恐的短板。

3. 对外情报局。负责搜集外国和国际恐怖组织的有关情报，保障俄驻外机构工作人员和家属的安全。

4. 联邦警卫局。负责易成为恐怖袭击目标的国家领导人、重要设施和机构等国家警卫目标的安全。

5. 国防部。国防部下属的总参情报总局（格鲁乌）是重要的反恐情报单位。此外，国防部没有日常反恐职能，只在特殊领域承担相应反恐任务，在反恐中居于支援地位，主要负责国家空域安全，为国家重点目标和国家警卫目标（目标名录由总统批准）

① Пограничная служба ФСБ России，www. fsb. ru.

部署防空力量；打击在内海、领海和大陆架水域实施的恐怖行动，为保障俄海上船只安全提供支援；保障军事目标、武器装备和弹药的安全；遂行情报和特种行动，为其他部门打击恐怖活动提供支援。在特殊情况下，俄武装力量可根据有关法律参加境外反恐行动。

6. 边防局。负责预防、调查和打击偷越国边境的恐怖分子，打击非法走私、运送武器、爆炸物、毒药、放射性物资和其他可能用于恐怖活动的物品。在反恐行动中，边防局在领海和专属经济区参与保障国家海运。边防情报是俄反恐情报的重要来源。2003 年边防局并入联邦安全局后，这些功能依旧保留。

以上各行动主体的任务分工如图 1—2 所示：[①]

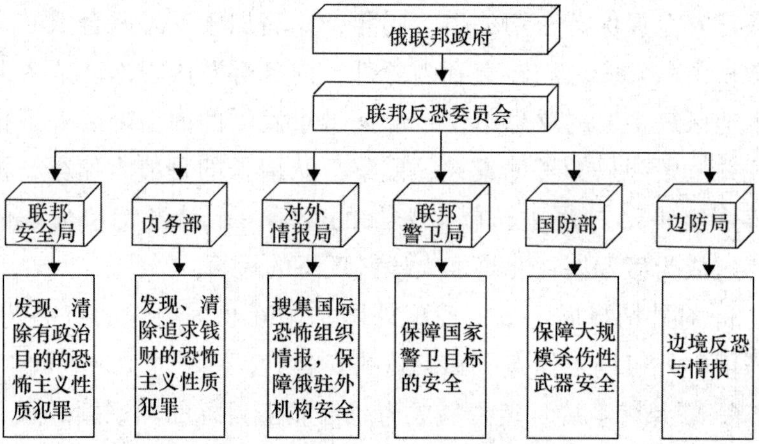

图 1—2　俄联邦反恐委员会各行动主体的反恐任务分工

俄罗斯联邦反恐委员会存在的问题是：（1）最高决策权分

① Вишняков Я. Д. Бондаренко Г. А., Васин С. Г., Грацианский Е. В. *Основы противодействия терроризму*. Под ред. ВишняковаЯ. Д., Учеб. Пособие. М.: Издат. Центр «Академия». С. 243.

立，总统与总理都有权决定反恐事务，任命行动指挥部司令。由于宪法赋予总统的权力极大，反恐事务的决策权还是落在总统手里，但总统并没有义务参加反恐委员会会议，他在对现实情况的掌握方面迟滞于总理，决策相应也会滞后；（2）俄联邦政府并不掌管强力部门，这些单位直属总统领导，政府只能通过联邦反恐委员会来协调这七个强力部门的反恐事务；（3）联邦反恐委员会每3个月才召开一次会议，这必然造成战略性情报无法跟踪，战术性情报不能及时汇总分析，政府没有能实时应对恐怖事件的行动部队，结果是对反恐形势不能及时分析，反恐快速反应能力差；（4）联邦反恐委员会只是形式上出台一些反恐文件，不能发挥实质性作用，只有嘴上功夫，没有执行权力；（5）联邦安全局与内务部在反恐事务上有任务交叉，任命行动指挥部司令时，只能根据现实情况在联邦安全局与内务部领导人之间变动，造成反恐应急反应速度下降，指挥、行动不顺畅；（6）实际运行中，联邦反恐委员会没有常设机构，相应地也就没有日常事务的主要管理者。可见，联邦反恐委员会领导下的反恐体系是很难正常运行并实现设计者初衷的。

三、对别斯兰事件前俄罗斯反恐体系的总体评价

总体来说，别斯兰事件前，俄罗斯经过多年的实践，已经构建了初步的反恐体系，这一体系具有一些优点，也存在着一些不足。

（一）别斯兰事件前俄罗斯反恐体系建设取得的成绩

1. 确立了反恐体系的基本框架

俄罗斯依据1998年《反恐法》和第45号政府令《关于建立俄联邦跨部门反恐委员会》建立了反恐体系，首次在中央和地方集中政府部门和护法机关力量共同反恐，确立了联邦中央、联邦

主体和市政一级反恐委员会与行动指挥部的基本框架。这一基本框架在别斯兰事件后经过调整优化，沿用至今，逐步发展成当前情报—决策—打击三位一体的反恐机制。旧反恐体系经过实践检验暴露出的问题也为新反恐体系的构建提供了有益的经验。

2. 在一定程度上削弱了恐怖主义势力

在反恐战争中，俄罗斯不断增强反恐武装力量，打击恐怖势力，恐怖分子的嚣张气焰得到了一定程度的遏制。第二次车臣战争爆发前，车臣成了俄罗斯的国中之国。① 普京于 1998 年 7 月至 1999 年 8 月担任联邦安全局局长。他回忆说，当时联邦安全局截获了哈塔甫（Амир ибн аль-Хаттаб）发给境外同伙的情报，其中写道："现在，俄罗斯前所未有地虚弱，这是天赐的从俄罗斯人手中夺回北高加索的良机。"② 1999 年 8 月 7 日，巴萨耶夫（Ш. С. Басаев）与哈塔甫组织 5000 多名以外国雇佣军及受"基地"组织支持的"伊斯兰国际和平缔造旅"为核心的武装分子进攻达吉斯坦（Республика Дагестан），企图在车臣、达吉斯坦建立独立的伊斯兰原教旨主义国家。③ 为镇压恐怖分子的嚣张气焰，8 月 9 日，普京被任命为俄联邦第一副总理，8 月 16 日，普京正式出任总理。在视察达吉斯坦时，普京说，"在机场抓到恐怖分子就在机场击毙，在厕所抓到就溺死在马桶里。"④ "国家所有地区都形成了无

① "Оситуации в Республике Дагестане, первоочередных мерах по обеспечению национальной безопас ности Российской Федерации и борьбе с терроризмом", Постановление №4293-11ГД от 15 сентября 1999 г.

② 贝文力、阎德学、程国平、张德广、闵永年、冯绍雷、王焰编：《普京文集》，世界知识出版社，2014 年版，第 9 页。

③ 侯艾君：《车臣危机：历史根源与政治现实》，中国社会科学院研究生院世界史系 2002 年博士学位论文，第 146 页。

④ "Когда боевики напали на Дагестан, Путиннехотел « жеватьсопли »", http://piter.tv/event/V_ 1999_ godu_ Putin_ ne_ mo/.

法无天的状态，这是任何一个现代文明人都无法想象的状态。”[①]为了采取更加严厉的措施，打击恐怖主义活动，俄任命内卫部队司令沃夫琴尼科夫（В. В. Овчинников）为行动指挥部司令。9 月 23 日，叶利钦总统签署《关于提高俄联邦北高加索地区反恐行动效率的措施》总统令，专门成立北高加索联合武装力量。联合武装力量成为车臣反恐的主力，至今仍是俄罗斯在北高加索地区执行反恐任务的主要武装力量。此后，大批武装匪徒被消灭，匪帮头目被斩首。如，2002 年 10 月消灭巴拉耶夫[②]，2003 年 3 月消灭哈塔甫[③]，

---

① *Российская газета*. 25июня，2002.

② 巴拉耶夫·莫夫萨尔（Бараев Мовсар）（1979—2002），车臣人，阿尔比·巴拉耶夫的侄子，巴拉耶夫死后他取了死者的姓为名，接管了他的残余匪帮。情报显示哈塔甫亲自为他授过课，其特点是极端残忍（保存有他亲自处决俄罗斯妇女的砍头录像）。哈塔甫曾通过他给恐怖分子拨款 60 万美元，但被他吞没。2002 年 10 月 23 日，巴拉耶夫组织了莫斯科杜布罗夫卡剧院恐怖事件，被击毙。参见刘肖岩主编：《反恐怖主义手册》，上海：古籍出版社，2010 年版，第 34 页。

③ 哈塔甫（ХАТАБ）（1963—2003）（绰号：“独臂艾哈迈德”、“黑阿拉伯人”），沙特阿拉伯人，出生于约旦，与车臣人属同一民族。为了响应诸如谢赫·阿卜杜拉·阿萨姆（1989 年被击毙）、谢赫·塔米姆·阿德纳尼（1988 年死亡）和奥萨玛·本·拉登等伊斯兰宗教领袖的号召，哈塔甫于 1988 年到了阿富汗。在贾拉拉巴德训练中心完成准备后，于 1988 年至 1993 年间参加了阿富汗圣战者的所有主要战役。1993 年，他和一个圣战者小组前往塔吉克斯坦，其后与俄罗斯军队进行了两年的战斗。1995 年春季到达车臣，并马上领导了“伊斯兰扎马特”分队，该分队骨干主要是来自阿拉伯国家的人员。哈塔甫将其来到高加索的原因说成是“俄罗斯异教徒的攻击和应对挑战的圣战”。哈塔甫在车臣境内建立了培养恐怖分子的营地网，包括“萨义德·伊本·阿布·瓦卡斯”、“阿布德扎弗尔营地”、“雅库布营地”、“阿布巴卡尔营地”和“达弗卡特营地”。哈塔甫以对待俘虏，其中包括伤员特别残酷而著称，其照片与录像用来吸引境外穆斯林组织、沙特阿拉伯、阿拉伯联合酋长国、卡塔尔、约旦、土耳其等国的资金，以扩大恐怖活动。哈塔甫匪帮参加了布琼诺夫斯克恐怖事件，护卫拉杜耶夫撤出五一镇，在雅累斯玛尔德居民点摧毁俄罗斯 245 摩步团，进攻布伊纳克斯克俄罗斯军队的战斗。据称，1996 年夏天，哈塔甫准备向车臣领导人德·格·扎夫卡耶夫实施恐怖活动或绑架的极端行动。此外，为了向马斯哈托夫施加压力，他还在车臣代表团经过的路上实施了爆炸。哈塔甫与巴萨耶夫十分熟悉并定期联系，教他山地作战的特点以及爆炸等恐怖主义颠覆活动的方式方法。哈塔甫是车臣武装分子于 1999 年 8 月至 9 月间对达吉斯坦采取进攻行动的组织者，于 2003 年 3 月被击毙。参见刘肖岩主编：《反恐怖主义手册》，上海：古籍出版社，2010 年版，第 94 页。

2004年1月消灭格拉耶夫[①]，2004年4月消灭阿里—瓦里德·阿布[②]等。

在旧反恐体系下，联邦安全局与内务部开展了联合调查，取得了良好效果。从2001年起，法庭审判了许多武装分子，比较著名的有2001年11月对拉杜耶夫（С. Радуев）的公开审判。2001年3月，斯塔夫罗波尔区法院审判了卡拉恰伊—切尔克西共和国（Республика Карачаево－Черкесия）试图武装颠覆政权的17人团伙。这些审判起到了很好的震慑效果。联邦安全局还收缴了大量极端主义、恐怖主义宣传品，如“圣战者的舞台”，内容包括

① 格拉耶夫·鲁斯兰（Руслан Гелаев）（1964—2004），车臣人，因其残酷自称“黑天使”。杜达耶夫上台后负责其警卫队。1992—1993年阿布哈兹武装事件后为世人所知。从杜达耶夫手中接管特种团“波尔斯”（狼）。1995年参与占领车臣乌鲁斯—马尔坦镇事件，1996年3月和8月指挥占领格罗兹尼，曾任马斯哈托夫政府国防部长。2000年3月他带领1000多名武装分子占领了共青团镇，并控制三周时间。2004年2月28日在达吉斯坦的红扎赫斯克边防地段在与边防军对射中被击毙。参见刘肖岩主编：《反恐怖主义手册》，上海：古籍出版社，2010年版，第79页。

② 阿里—瓦里德·阿布（Абу аль－Валид）（1966—2004），车臣匪徒中最有影响力的头目之一，沙特阿拉伯人。1995年他出现在车臣并创办了恐怖分子训练营。军事行动前他在哈塔甫的训练营进行恐怖破坏培训，担任哈塔甫的副手，负责资金问题，并且与本·拉登和“基地”组织保持密切联系，从“穆斯林兄弟会”组织驻阿塞拜疆、格鲁吉亚和科威特代表处获得经济援助。在“穆斯林亲兄弟”高级咨询委员会的倡议下，被提升为车臣共和国境内破坏活动领导，接替哈塔甫的工作，因为哈塔甫承认将几千万美元的圣战战士经费据为已有。阿布·阿里—瓦里德的部队直接参加了攻入达吉斯坦共和国博特利赫区（1999年8月）的行动，被怀疑参加组织多次恐怖活动，包括莫斯科和伏尔加顿斯克（1999年）的居民楼爆炸案。他还是莫斯科杜布罗夫卡剧院劫持人质案（2002年10月）的策划者之一。2003年12月12日，阿布·阿里—瓦里德在阿拉伯语杂志《阿拉伯国家》上声称，“目前，伊斯兰圣战者要炸俄罗斯的妇女和儿童了”，而恐怖行动也会从车臣转入整个俄罗斯。2000年初，他指挥着约300名恐怖分子队伍。他被推选为车臣和达吉斯坦最高军事委员会“舒拉”的领袖。2004年4月14日，他在车臣一个村庄附近被俄罗斯特种部队击毙。参见刘肖岩主编：《反恐怖主义手册》，上海：古籍出版社，2010年版，第6页。

攻击警察哨所的规划图，组织爆炸等。[①]

（二）别斯兰事件前俄罗斯反恐体系存在的问题

2007 年 10 月 27 日，国家反恐委员会副主席伊里因（Е. П. Ильин）在第三届安全与反恐国际学术研讨会上指出，对别斯兰事件和之前的反恐行动的分析表明，俄罗斯的反恐工作存在下列典型问题：没有系统的国家反恐战略，没有长期规划；反恐体系缺乏强有力的法律调节；反恐任务和职权不分明；没有统一的指挥中心，反恐行动不协调；没有完善的执法监督和管理体系；没有充足的物资和装备保障反恐工作。[②] 具体而言，表现如下：

1. 权责分配不分明，导致指挥混乱

别斯兰事件前反恐体系最大的问题是权责不明。根据 1998 年《反恐法》，“为直接指挥反恐行动，根据政府决议成立行动指挥部，指挥部司令由联邦安全局局长或内务部长担任，哪个部门在反恐行动中占主导，就由哪个部门负责”。“联邦主体行动指挥部的人数与编制由恐怖活动的性质（是政治目的还是金钱目的）和当地条件来决定；据具体反恐战斗的单位来确定其司令。当恐怖活动的性质改变时，由所在反恐委员会主席决定行动指挥部的司令。”[③] 这种看似灵活的安排为实际操作中部门之间的权责不清，相互推诿埋下了隐患。联邦反恐委员会主席是政府总理，但总理既不能领导和指挥军队，也无权插手联邦安全局事务，无法有效

---

① Семенякин Игорь Андреевич, *Государственная политика Российской Федерации в сфере борьбы с политическим экстремизмом и терроризмом на материалах Северного Кавказа* (1991 – 2004 *гг.*), Диссертация на соискание ученой степени кандидата исторических наук, Краснодарская академия МВД России. Москва – 2005. С. 45.

② Ильин Е. П. “О современной ситуации в сфере противодействия терроризму в России”. http: //nac. ru/nac/ structure. html［2007 – 10 – 27］.

③ “Закон Российской Федерации, О борьбе с терроризмом”, *Российская газета*. 1998. 4 августа.

协调反恐强力机构。权责分配失当还将总统置于冲突的最顶端，因为事实上只有他能够在反恐行动中调集部队、人员和资源，这样必然导致反应迟缓。正是由于缺乏统一决断的领导小组，在别斯兰事件中，恐怖分子在僵持阶段提出的谈判需求没有得到回应，冲突爆发后，特种部队、警察和家属出现群龙无首的混乱状态，导致平民和部队伤亡惨重。正如别斯兰事件调查委员会报告中指出的，如果危机发生时大家不是都忙于给总统打电话，等待总统下令，那么后果可能会好很多。

2. 反恐委员会流于形式，整体协调功能差

更为严重的问题是，俄罗斯的反恐事务还存在实质上没有总体领导的问题。虽然联邦反恐委员会是反恐工作落实的最具体的领导单位，但它长达3个月才开一次会，也没有常设机构，这就导致反恐机构不仅存在权责不明的问题，甚至在某种程度上形同虚设。结果是反恐部门没有统一的领导与组织，情报、决策与行动脱节，部门之间、部门上下无法协调行动，严重影响工作效率。

3. 反恐情报人才流失严重，情报分析受限

联邦安全局是最主要的反恐情报搜集、分析单位，也是主要的反恐行动单位。但是，俄罗斯独立后，由于经济持续下滑，情报人员收入低、待遇差的状况长期得不到改善，联邦安全局情报人才大量流失。前国家杜马委员会主席格里尚科夫（М. И. Гришанков）指出，“联邦安全局缺乏有经验、有才能的专业技术人才的状况是令人担忧的，富有经验的专业人才逐渐离职或是退休，而他们的替补者都是缺乏专业技能和经验的人员。联邦安全局在一些地区的人员缺编状况已经达到了危急的程度。2000年，马格尼特哥尔斯克市（г. Магнитогорск）的人员缺编率甚至达到了50%”。[①] 这一状况导

① Cited from Gordon Bennett, “Vladimir Putin & Russia's Special Services, (Conflict Studies Research Centre, August 2002)”, *Izvestiya*, 12. October 2000, FBIS.

致的后果就是反恐情报工作严重不力。例如，在 2002 年 10 月发生的莫斯科人质事件中，50 多名手持武器的恐怖分子进入了莫斯科杜布罗夫卡剧院，但联邦安全局却没有获得这次恐怖活动的情报。在别斯兰事件中，武装分子准备充分，借学校装修之机，把武器和炸药秘密地运抵事发现场，并准备了防毒面具、收音机、摄像机和其他观察器材，而且胡奇巴罗夫（Р. Т. Хучбаров）率领的恐怖分子实施别斯兰事件之前在马尔卡别克斯基区（Малгобекский район）住了几天，但印古什共和国该区的联邦安全局却没有获得任何情报。① 恐怖分子从集结完毕到发起行动的近一周时间都住在距公路 70 米的营地，没有采取任何伪装措施，一些村民已将可疑情况报告警方，但警方却没有反恐情报意识，可见俄当时反恐情报人才的短缺。

4. 情报融合、共享欠缺，预警机制不灵活

情报是反恐的关键要素，是反恐决策与行动的依据，是反恐实现快速反应的前提，也是防止恐怖灾难发生的最主要因素。反恐情报工作中最需要的是全源情报的汇总分析，相关单位相互交流情报以达成行动部门的实时反应，实现反恐预警，才能防止恐怖活动发生。俄罗斯从事反恐情报单位各自为战，只对垂直领导的上级单位负责，缺乏相互交流、协作的平台。例如，在北高加索从事反恐情报工作的单位有联邦安全局、总参情报总局与内务部的下属部门，这些单位各自独立工作，不进行情报汇总。联邦安全局驻北高加索地方分局不仅搜集情报，还要分析从其他单位获得的情报，但它的情报交流只限于联邦安全局系统内部，与其他部门没有建立交流情报的机制。国家杜马安全委员会副主席佳

① *Доклад парламентской комиссии по расследованию причин и обстоятельств совершения террористического акта в городе Беслане республики Северная Асетия – Алания* 1 – 3 *сентября* 2004 *года*, http://www.rg.ru/2005/12/28/tezis.html. ［2005 – 12 – 28］.

特连科（В. В. Дятленко）说，2005 年以前俄罗斯没有处理反恐日常事务的中心，联邦安全局有类似单位，但 90% 只处理自己的情报，情报交流仅限于部长或副部长级别，日常情报、战术性情报没有交流与协作。别斯兰事件发生时，正是由于没有预防恐怖袭击的协调中心，没有有效的情报搜集和交流系统，才导致反恐预警机制失灵，给恐怖分子以可乘之机。

5. 重打击，轻防范，群众基础差，难以达到预期效果

旧反恐体系的着眼点是打击恐怖组织与恐怖分子，以此削减恐怖势力。1998 年的《反恐法》主要强调了对恐怖主义的武力打击，对预防恐怖活动的措施没有进行详细规定。俄罗斯的恐怖主义产生的原因、目标、形式是多种多样的，因此，通过侦查、作战等手段发现、消除恐怖分子，只能扼制恐怖活动的发生，减弱恐怖活动形势，并不能根除恐怖主义。有效打击，乃至根除恐怖主义的方法是系统的政治策略，要在国家层面上组织反恐工作，充分发挥护法机关的作用，吸纳各种国家权力机关、公民社团、公民个人广泛参与反恐，形成全民反恐氛围，提高民众反恐、防恐意识，形成牢固的反恐的群众基础。在别斯兰事件之前，俄罗斯强于打击，疏于防范，没有发动群众的反恐政策和措施，不仅没有形成反恐的群众基础，甚至由于反恐的暴力性过于突出，部分民众对政府反恐有抵触情绪。例如，情报部门多次提供巴萨耶夫在车臣活动的情报，搜寻部队逾千人，但恐怖分子的反情报能力更为有效。车臣很多人对俄军队侵犯人权的问题非常不满，暗中支持巴萨耶夫，乐于帮助巴萨耶夫逃脱追捕。抓捕巴萨耶夫的车队一出动，就有妇女或儿童向巴萨耶夫通风报信，致使俄军常常无功而返。

（三）别斯兰事件前俄反恐体系不能阻止恐怖主义形势恶化，迫使俄全面改革反恐体系

两次车臣战争之后，大规模非法武装力量被打垮，恐怖分子

分散到各地，由正面武装冲突转化为实施恐怖袭击，造成俄境内恐怖活动数量增加。1994—1997 年是俄罗斯恐怖活动最为猖獗的时期，劫持人质与航空器的恐怖活动迅猛上升，到 1997 年达到顶峰。自 1998 年俄罗斯反恐体系建立起来后，1998—2003 年俄罗斯劫持人质和劫持航空器的恐怖活动有所下降，但大型恐怖主义活动则在这段时间飙升，其犯罪目的多为造成大量人员伤亡，引起国内外强烈的轰动效应。恐怖组织劫持人质与航空器的目的从与政府谈判，以实现政治与经济目的，转为单纯以致人死伤为目的。这说明反恐体系建立后，随着俄当局对恐怖组织的态度更加强硬，对其要求不予让步，恐怖分子更加追求恐怖活动的轰动效应，通过亡人、伤人，媒体轰动，社会紧张，以达到利用国内外社会反应向俄政府施压的目的（见表 1—1）。

表 1—1 1991—2002 年俄罗斯恐怖主义犯罪数量①

年份	劫持人质	劫持航空器	恐怖主义	谎报恐怖活动	盗窃放射性材料
1991 年	0	7	—	—	3
1992 年	3	1	—	—	70
1993 年	51	3	—	—	27
1994 年	118	5	18	331	16
1995 年	113	4	46	1035	11
1996 年	99	2	36	1118	7
1997 年	114	20	32	1386	61
1998 年	69	18	21	2002	39
1999 年	64	10	20	3462	15
2000 年	49	12	135	4035	23
2001 年	32	14	327	—	15
2002 年	39	10	360	6762	27

① В. Н. Лопатин. *Терроризм и безопасность на транспорте в России.* Санк – петербург. 2004. С. 16. 转引自许桂敏：《俄罗斯恐怖主义犯罪问题研究》，法律出版社，2009 年版，第 25 页。

总之，别斯兰事件前的反恐体系没能有效解决反恐的主要问题，没有建立起全面抵制恐怖主义的体系。2004年9月4日，别斯兰事件后一天，普京痛苦地指出：“我们的国家曾经拥有最强大的保卫外部边界的系统，现在突然变得连东、西方都不能保护了。”① 同年9月13日，他说，“国家政权不仅要能够处理紧急事件，还必须从防止危机出现的目的出发，从根本上改变工作体系。”② 当日，俄发布第1167号总统令《关于提高反恐效率的紧急措施》，要求强力部门在两周内拟定组建北高加索地区强力部门协作机制以及在俄联邦领土预防与消除紧急情况机制的建议书，以全力打击北高加索地区的非法武装分子，建立适应现代反恐战争需要的国家反恐体系。俄罗斯开始了对反恐体系的全面改革。2005年春，内务部与联邦安全局基本完成改革，内务部与联邦安全局在反恐方面承担的职责进一步明确，确定了联邦安全局在反恐中的最重要地位，当年，俄罗斯爆发的恐怖事件开始下降。③ 2006年2月15日，俄罗斯发布第116号总统令《反恐措施》，在改革后的联邦安全局内组建国家反恐委员会，新反恐体系建立起来。2006年3月6日，经过一年半的酝酿与激烈争论，《反恐法》终于通过议会决议正式发布，俄罗斯新反恐体系有了运行的宪法性法律依据。

① “Выступление президента России Владимира Путина”, http: //www. pravda. ru/article/static/66901. html.

② “Выступление президента России Владимира Путина на расширенном заседании правительства с участием глав субъектов РФ”, http: //www. ng. ru/politics/2004-09-14/1_speech. html. [2004 – 9 – 14]

③ “Российская система борьбы с терроризмом”, http: //studies. agentura. ru/tr/russia/servicesreforms/.

第二章　俄罗斯反恐法律体系

反恐法律体系是俄罗斯建立反恐体系的基础，是构建反恐体系及保障反恐体系运行的依据。《反恐法》第一条“反恐怖主义的法律基础”明确规定，“反恐怖主义的法律基础由俄罗斯联邦宪法、公认的国际法原则和准则、俄罗斯联邦缔结的国际条约、本联邦法和其他联邦法、俄罗斯联邦总统颁布的规范性法律文件、俄罗斯联邦政府颁布的规范性法律文件，以及联邦国家其他权力机关依据上述法律文件制定的规范性法律文件组成”。近20年来，俄罗斯形成了以宪法为轴心，由基础性与配套性法律文件构成的全方位反恐法律体系，这些法律文件使国家权力机关的反恐行动有了充足的法律依据，又让俄全体公民逐渐形成了反恐法律意识。这个时期新建的法律体系的结构如图2—1所示。图2—1是按俄反恐体系中各种法律文件不同的效力与发挥的作用这一逻辑而设计，分宪法、国际法、联邦法、总统令、政府令、联邦主体法、联邦国家权力机关法7个层次，与第一章所列法律一起，共同构成俄罗斯反恐法律体系。囿于篇幅，本章不可能对所有反恐法律一一论析，仅选取其中最重要的法律文件进行分析。

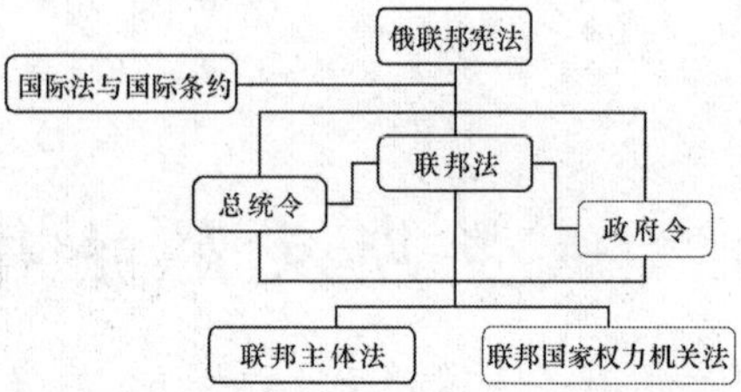

国际公约与条约	《打击恐怖主义的独联体成员国合作条约》《打击三股势力上海公约》《内务部反恐合作协议》《地区反恐机构协议》《独联体国家反非法收入合法化（洗钱）与恐怖主义融资条约》《在上合组织成员国领土内组织与开展联合反恐措施的秩序的协议》《发现与截断三股势力成员偷渡进入上合组织成员国的通道的协议》《上合组织反恐部队干部培训协议》等
联邦法	《反恐法》《刑法》《刑事诉讼法 《国家秘密法》《紧急状态法》《反极端主义活动法》《交通安全法》《大众媒体法》《行政违法法典》《公民参与维护公共秩序法》《燃料与他源综合体设施安全法》《信息、信息技术、信息防护法》《关于对参加反恐的人员遭受的财产与物资损失进行赔偿》《社会团体法》《政党法》《关于制止通过犯罪途径获得的非法收入（洗钱）及对恐怖主义的拨款》《战时状态法》《俄联邦主体协调国际及对外经济关系法》《信仰自由与宗教团体法》《俄联邦与外国军事技术合作法》《民防法》《俄联邦政府法》等
总统令	《反恐措施》《俄联邦反恐构想》《关于抵制极端主义活动》《关于俄联邦侦查委员会的问题》《2020年前俄联邦国家安全战略》《2025年前俄联邦国家民族政策战略》《俄联邦对外政策构想》《俄联邦军事学说》《2025年前俄联邦抵制极端主义战略》《关于组建居民交通安全保障体系》《关于内务部的一些问题》《关于确定恐怖主义威胁等级以采取保障个人、社会与国家安全的追加措施》《关于金融监管局的问题》《2008—2012年信息反恐综合计划》《2013—2018年俄联邦抵制恐怖主义思想综合计划》等
政府令	《关于实施反恐法的措施》《政府领导的联邦行政机关在反恐领域的职权》《关于对参加反恐的人员遭受的财产与物资损失进行赔偿》《关于对恐怖活动受害者及参加反恐行动受伤者实施社会康复的规定》《关于从政府储备基金中拨出预算款用于预防与消除紧急情况与自然灾害后果》《为预防与消除紧急情况及其自然灾害后果从俄联邦政府储备金中拨出预算款的程序》《对在反恐怖战斗中使用的属于组织或个人的交通工具的损耗进行补偿》《关于通信与传媒监督局》《关于批准对金融业务（不包括投资）内部监控的制度要求，以及一些政府文件的失效》等
联邦主体法	《在达吉斯坦共和国禁止瓦哈比与其他极端主义活动》《批准萨拉托夫地区政府反恐预防、预警与组织的地区局条例》等
联邦国家权力机关法	《联邦安全局法》《内务部法》 等

图 2—1　俄罗斯反恐法律体系图

第一节　基础性反恐法律文件

俄罗斯反恐的基础性法律文件是2006年公布的《反恐法》、[①]《反恐措施》总统令与2009年发布的《俄联邦反恐构想》。以《反恐法》为依据，俄罗斯修订了大量法律文件，构建了预防恐怖主义、防止恐怖活动发生、削减恐怖力量的法律体系。基础性法律文件是俄罗斯反恐的法律根基。

一、重新确定反恐基本问题，《反恐法》与《反恐措施》总统令奠定了新反恐体系的法律基础

2006年2月15日普京签署了第116号《反恐措施》[②] 总统令，该法令确定了国家反恐委员会与作战指挥部的编制、职责、人员组成。当年3月《反恐法》公布。《反恐法》是俄罗斯反恐法律体系的核心法律文件。新《反恐法》总结了1998年《反恐法》的成功与不足之处，重新确定了反恐的基本问题，确立了反恐的基本原则、基本概念，为预防和打击恐怖主义、反恐救援及在反恐中使用武装力量明确了法律依据，规定了反恐主体体系建立和运作的法律基础。它还详细规定了对参与反恐人员与恐怖活动受害人的康复和补偿措施，明确了实施、参与实施恐怖犯罪的法律责任。自颁布至2014年6月，《反恐法》共进行了16次修改，累计修订条款35条次，涉及恐怖主义行为的概念、反恐主体

① Федеральный закон от 6 марта 2006 г. N35 – ФЗ “О противодействии терроризму”（в редакции Федерального закона от 28 июня 2014 г. № 179 – ФЗ），http：//nac. gov. ru/taxonomy/term/609. html.

② Указ Президента РФ от 15 февраля 2006 г. N116 “О мерах по противодействию терроризму”（в редакции Указа Президента Российской Федерации от 27 июня 2014 г. № 479），http：//nac. gov. ru/taxonomy/term/610. html.

的权限、反恐行动的组织、恐怖犯罪范围、赔偿和社会保护、社会福利的优惠计算等。该法既宏观规划了反恐的全面工作，又具体到操作细节，有很强的实践性。

《反恐法》是俄罗斯国家反恐体系建立的基础和主要依据。该法规定了俄罗斯广泛的反恐主体，明确总统与政府的不同分工，总统是反恐最高领导人，政府负责反恐保障，联邦安全局是基本领导机关，为使反恐措施落实到位，严格规定了反恐领导个人追责制度。《反恐法》清晰、明确地构建了俄罗斯反恐组织体系，同时也为法律进一步完善，形成更加有力的反恐法律体系奠定了良好基础。

在《反恐法》的基础上，俄通过对《联邦主体立法与行政机关的组织总原则法》（1999 年 10 月 6 日）、《联邦地方自治组织的总原则法》（2003 年 10 月 6 日）的修订，确定了联邦主体、国家权力机关与地方自治机关在预防恐怖主义，减轻与（或）消除其后果方面的职责，严格区分了联邦主体反恐委员会、行动指挥部与联邦行政机关领导人的职权。预防恐怖主义是联邦主体领导人的职责，而打击恐怖主义则是联邦安全局地方分局领导人的职责，它们确定了联邦主体在拟订与实施反恐措施，组建反恐机制方面的法律基础。在以上法律文件出台之后，俄各联邦主体相继出台地方法规定本区域反恐主体权限，建立了本地区反恐组织机构，并规定了反恐各项工作开展的程序、方法，建立了自中央至地方的各层级反恐组织体系。

2006 年 7 月 27 日，俄罗斯发布第 153 号法律《鉴于批〈预防恐怖主义欧洲理事会公约〉及〈反恐法〉对部分俄联邦法律文件进行修改》，对 15 部联邦法进行了修改与补充，增补了一些原则性内容，如“在制止恐怖活动时被迫剥夺恐怖分子的生命”不是犯罪，对恐怖分子可以缺席审判，没收资助恐怖主义或极端主义的资产，采用各种方法阻止恐怖事件发生的涉恐人员可以免于刑事处罚等。这些法律的修订使反恐行动有了具体的指南，厘清了反恐权限，是提高反恐效率的有效保障。

二、反恐以预防为主，《俄联邦反恐构想》为进一步完善反恐体系提供了战略指南

新《反恐法》的主要篇幅仍然放在打击与善后上，预防恐怖主义的机制、方法、措施等尚显不足。为弥补这方面内容，2009年10月5日俄罗斯出台了《俄联邦反恐构想》。它分析了俄罗斯恐怖主义产生的原因，定义了国家反恐体系，阐明了反恐法律体系的功能与反恐主体范围，指出了俄罗斯反恐的目标、任务与方向，阐述了从法律、情报、科研、装备、财政和人才方面保障反恐的措施，划定了国际反恐合作开展的领域。《俄联邦反恐构想》重点补充了预防恐怖主义方面的内容，提出从三个方面预防恐怖主义：建立反恐怖主义思想系统；确保重要目标的反恐防护；加强反恐执行监督。以上三个方面为俄罗斯反恐体系的建设与完善指明了方向。《俄联邦反恐构想》作为战略性文件详细规划了反恐事务的整体框架，它虽然不能作为执法的直接依据，但为《反恐法》等法律的进一步修改提供了指南。之后，《反恐法》增补了反恐预警机制、重要目标反恐防护机制、扩大反恐主体至所有自然人和法人、在国家反恐委员会设预防恐怖主义协商机构等条款，俄罗斯反恐体系得到进一步完善。

第二节　配套性反恐法律文件

俄反恐基础性法律文件确定了反恐领域的重要概念，确定了反恐组织体系，但是要实现反恐目标，还需要有一系列配套性法律文件。目前，俄罗斯反恐法律框架下的配套性法律文件主要有

《刑法》《行政处罚法》《刑事诉讼法》《反非法收入合法化（洗钱）与恐怖主义融资法》《反极端主义活动法》《大众媒体法》《信息、信息技术、信息防护法》《国家秘密法》《关于对参加反恐的人员遭受的财产与物资损失进行赔偿》《公民维护社会秩序法》等，这些法律是俄罗斯反恐法的具体细化。通过这些具体细化的法律，俄罗斯的反恐目标才真正落到了实处。

一、细化并规定了恐怖主义犯罪的类型，为打击恐怖主义犯罪提供依据

俄罗斯对恐怖主义犯罪进行处罚的最重要的法律是《刑法》。[①] 1997 年的《刑法》关于恐怖活动犯罪法条有 20 余条，明确规定了恐怖主义活动的范畴，主要有如下罪名：实施恐怖主义行为（第 205 条），协助恐怖活动（第 205. 1 条），公开挑唆进行恐怖活动和公开宣传恐怖主义无罪（第 205. 2 条），劫持人质（第 206 条），参加或组织非法武装团体（第 208 条），劫持航空器、船舶或火车（第 211 条），谋杀政治家或知名人士（第 277 条），暴力夺取政权或暴力维护权力（第 278 条），武装叛乱（第 279 条），攻击受国际保护的人或机关（第 360 条），种族灭绝（第 357 条）等。2002 年《反极端主义活动法》通过后，刑法增加了第 282. 1 与 282. 2 条，确定了组织极端主义活动的责任。2003 年 12 月再次进行修改，扩大了第 282 条“煽动仇恨，侮辱人的尊严”犯罪组成的客观认定，其刑事特征补充了性别、肤色、语言、出身、社会群体属性。

① Уголовный кодекс（УК РФ），http：//base. garant. ru/10108000/.

二、对间接支持恐怖主义的行为作出定罪，截断恐怖组织的生存保障

资金是恐怖组织策划与开展恐怖活动的血液，为切断恐怖分子的资金链，2002 年 7 月 24 日，俄罗斯修订《刑法》第 103 条，规定为恐怖主义或恐怖集团提供资金支持将负刑事责任。2006 年 7 月 27 日，第 153 号联邦法律文件“对恐怖主义的资金支持”进行了新的解释。为恐怖主义提供资金支持包括：为恐怖主义提供、搜集资金，或为恐怖组织准备资金或完成恐怖活动提供服务，或帮助完成《刑法》第 205、206、208、211、277、278、279、360 条中提到的犯罪行为，或是为犯罪组织、非法武装集团、犯罪集团提供保障都要受到法律制裁。以上行为要剥夺政治自由 4—8 年，如果以上行为由个人独立完成则剥夺政治自由 7—15 年。

《反非法收入合法化（洗钱）与恐怖主义融资法》规范了资金运行的程序及对其监控的程序，目的在于防范、揭露、制止洗钱与恐怖主义融资。该法规定，金融信贷组织必须：认证客户的身份，确定和登记客户个人信息；采取适当措施对收款人进行身份认证；对客户和收款人的信息进行全面系统更新；登记造册，并向全权机关提交相关监控情况。[①] 2012 年 12 月，普京签署了《俄罗斯、白俄罗斯、哈萨克斯坦海关联盟反洗钱协议》，该协议涉及恐怖主义融资问题。协议规定，协约国在必要时，如发现有洗钱嫌疑时，海关可以冻结其资金流动，以扼制海外对俄罗斯恐

---

① Федеральный закон от 7 августа 2001 г. N 115 – ФЗ “О противодействии легализации（отмыванию）доходов, полученных преступным путем, и финансированию терроризма”（с изменениями и дополнениями）, http：//base. garant. ru/12123862/#ixzz3dJFtWdDA.

怖活动的支持。①

这些法律实施的目的，在于切断恐怖组织的资金、物资等生存保障，减轻恐怖主义风险。

三、加大了对恐怖主义的处罚力度，强化震慑效果

《反恐法》通过后，《刑法》增补了条款，包括：为使恐怖犯罪嫌疑人无论身在何处，都会被追责，规定对恐怖犯罪嫌疑人可采取缺席审判制度，如对在英国获得难民身份的艾哈迈德·扎卡耶夫（А. Х. Закаев）的缺席审判；减轻或免予刑事处罚的条件是，参与准备恐怖活动，但后来向政府机关报告或以其他方式防止恐怖活动发生的人员可免予刑事处罚。2008 年《刑法》据《反恐法》中的恐怖主义定义对相关章节进行了修改与增补，包括：如果罪行的动机是政治、意识形态、种族、民族或宗教仇恨与敌意，或对任何社会团体的仇恨或敌视，或《刑法》认为是极端主义表现的，将加大惩罚力度。如《刑法》第 116 条，如果殴打的动机是极端主义，那么惩罚将增强 8 倍；《刑法》第 214 条，如果破坏的动机是极端主义，惩罚将增强 12 倍；《刑法》第 244 条，如果滥用尸体或埋葬地点的动机是极端主义，惩罚将增强 20 倍；一般的流氓行为是行政犯罪，但如果其动机是极端主义，则判 7 年徒刑。2010 年 7 月 27 日，莫斯科地铁事件 3 个月后，全社会要求加大对恐怖主义的打击力度，《反恐法》随即进行修订，在刑法第 220、221 条中增加了涉嫌参与恐怖活动的行为。当年 11 月 26 日，《刑法》将实施恐怖活动的监禁年限从 12 年增加到 15 年，将唆使从事恐怖活动或招募恐怖分子的监禁年限增加到 10 年。同时，增加了“支持恐怖主义”（пособничество терроризму）

① “Ратифицирован договор о противодействии легализации доходов, полученных преступным путем”, http: //muob. ru/inform/first/81797/.

的罪名，其最长刑期达20年。2011年7月6日，杜马通过三读对《刑法》第280条（公开呼吁实施极端主义活动）、282.1条款（组织极端主义团体）、282.2条款（组织极端主义团体活动）进行了修改，延长了监禁期限。同年8月8日，杜马通过了有关资助极端主义条款的《刑法》修正案。但是该法也规定了赦免责任的条件，即“如果及时向权力机关通报或是以其他方式协助预防或阻止了其资助的犯罪”。2012年12月25日，俄发布《行政处罚法》与《反极端主义活动法》修订案，增补在公共场合展示极端组织标志的处罚条例。2013年12月，《刑法》对第280条、第282条（煽动仇恨、怨愤或者诋辱人格尊严）进行了修改，加重了罚款力度，延长了监禁时限。2014年1月起，杜马着手修订《刑法》部分条款，以加大对恐怖主义的打击力度。2014年2月，《刑法》加大了对极端主义倾向犯罪的惩罚力度，增加了罚款，延长了监禁时间。2014年5月5日，俄出台了第130号《修改俄联邦部分立法》① 联邦法规定，资助恐师主义（第15章27条1款），以及不执行反恐行动协调机关的决议的、可对其责任人判处最高6000万卢布罚款的行政处罚；取消了实施恐怖主义犯罪（协助恐怖活动、劫持人质等）责任追究的时间界限，实行永久追责；对恐怖主义犯罪的判决不得比《刑法》第64条更轻，因怀孕或有小孩而推迟惩罚不适用于恐怖主义犯罪（《刑法》第82条）；实施恐怖主义犯罪的监禁时限最长可达35年，而其他犯罪最长不超过30年；为恐怖主义提供宣传、辩护及支持将被视作加重社会紧张局势；为实施恐怖活动（《刑法》第205.3条）而进行讨论，组织恐怖主义团体与参加恐怖主义团体（《刑法》第205.4条）可

---

① Федеральный закон от 05.05.2014 N 130 – ФЗ " О внесении изменений в отдельные законодательные акты Российской Федерации" (05 мая 2014 г.), http://www.consultant.ru/document/cons_doc_LAW_162576/© Консультант Плюс, 1992 – 2015.

判处终身监禁；《刑法》第212条增补了讨论组织大规模骚乱的惩罚，最高可判处10年徒刑。

四、在法律上严控媒体，使其为反恐服务

媒体宣传是一把双刃剑：一方面政府渴望通过媒体宣传，让普通民众及时了解反恐情况；另一方面恐怖组织借助媒体，扩大自己的影响，宣传恐怖行为，制造恐怖效应，吸引激进分子支持或加入恐怖组织。俄罗斯认为，抵制恐怖主义最重要的任务是在媒体上公示护法机关的反恐成就，以彰显违法必究的原则。因此，媒体有责任协助形成社会反恐氛围，《大众媒体法》在俄反恐中具有十分重要的配套性。《大众媒体法》规定禁止在媒体上挑唆进行恐怖活动或为恐怖主义辩护。2002年10月，在莫斯科杜布罗夫卡剧院恐怖事件中，因媒体的不当报道，反恐行动方案遭曝光。随后俄罗斯对《大众媒体法》进行了修改，增加了不允许在媒体上传播制造武器、弹药、爆炸物及爆炸装置的信息。《反极端主义活动法》通过后，《大众媒体法》增加了“禁止使用大众媒体呼吁夺取政权、以暴力改变宪法秩序与国家完整，挑起民族、阶层、社会、宗教不宽容或分歧，宣传战争”，“当通过媒体散布极端主义材料，或是有证据显示它有以极端主义为标志的活动时，该媒体的负责人或总编将收到不允许此类活动的书面警告”等条款。2006年，《大众媒体法》增加了一项条款规定俄反恐部门在进行反恐行动时，记者获取新闻的程序应由行动指挥部的领导确定。2007年，《大众媒体法》禁止登载有关法院认定的恐怖组织或极端组织的消息。[①] 2013年，俄开始对宣传极端主义，售卖、散发极端主义材料等罪行进行刑事与行政处罚。2006年发

① Закон “О СМИ”, http://base. garant. ru/10164247/.

布的《信息、信息技术、信息防护法》于2013年12月28日进行了修改，增补条款，规定据“散布消息以挑起大规模骚乱，呼吁进行极端主义活动，号召参加群体性事件”的行为可关闭相关互联网站。[①] 该法于2014年2月1日生效，首批关闭了4家网站。2014年4月，俄修改《行政处罚法》，对发布挑唆民族分裂言论的媒体处以罚款。2014年6月，《刑法》增补条款，规定资助极端主义活动、在互联网上宣传极端主义的人将被处以5年以下监禁。2014年5月，杜马通过三读，赋予联邦安全局互联网侦查权。

五、确保反恐情报与行动的秘密性，提高反恐效率

反恐行动的特殊性决定了反恐情报与行动必须加强保密，目的是保障参与任务者的安全，保障反恐行动顺利进行。为保护反恐中必要的秘密信息，2010年11月16日俄罗斯以总统令形式发布了对《国家秘密法》的修订，增补列举了“在反恐领域侦查、反侦查、侦查业务活动中属国家秘密的信息”，将国家反恐拨款、恐怖主义融资监控结果信息定为国家秘密。它同时指出，有关恐怖活动的成因、计划、组织、形式的信息不再是秘密。[②] 此举一方面确保了反恐重要事务的秘密性，另一方面也使民众有渠道了解恐怖活动的特征，便于民众发现恐怖活动线索，提供情报，从而提高反恐效率。

① Федеральный закон Об информации, информационных технологиях и о защите информации, http://docs.cntd.ru/document/901990051.

② “Медведев засекретил противодействие терроризму”, http://pravo.ru/news/view/42279/.

六、确定反恐关注重点，确保公共基础设施的安全

公共基础设施是恐怖分子袭击的重要目标之一。为了保障交通设施稳定、安全运行，免受非法干扰，2007 年普京签署了《俄联邦交通安全法》。该法共十三条，确定了保障交通安全的目的、任务、原则，对交通工具和交通基础设施进行了分类，规定对交通设施受攻击的脆弱性进行评估。该法对与交通安全有直接关系的工作岗位人员招聘进行了限制，还规定了交通设施法人和承运人保障安全的责任和义务。[①] 2011 年，梅德韦杰夫签署了《俄联邦燃料与能源综合体设施安全法》，该法共十八条，确定了保障燃料与能源综合体设施安全的目标、任务与原则，对燃料与能源综合体进行了分类；要求在联邦主体内成立该领域专门的联合防恐机构，该机构对本领域相关目标安全脆弱性进行调查，拟定级别清单给联邦主体最高领导人批准，以进行不同级别的反恐防护。每个燃料与能源综合体都要据受威胁程度颁发安全证，并发布其受到威胁或受到非法干涉的信息。[②] 这两部法律是俄罗斯开展重要目标反恐防护的样板性法律文件。

七、具体规定了民众反恐的责任和权利，动员全民参与反恐

民众是反恐最主要、最能见成效的力量，俄罗斯一直希望通过立法确定民众参与反恐的权利与义务。2014 年 4 月 2 日，《公

---

① Федеральный закон от 9 февраля 2007 г. N 16 – ФЗ “О транспортной безопасности”（с изменениями и допол – нениями），http：//base. garant. ru/12151931/#help #ixzz3dJWbhZsH.

② Федеральный закон Российской Федерации от 21 июля 2011 г. N 256 – ФЗ “О безопасности объектов топливно-энергетического комплекса”，http：//www. rg. ru/2011/07/26/tek-dok. html.

民参与维护公共秩序法》正式颁布，主要内容是：确定了公民参与维护公共秩序的原则与限制，参与搜索失踪人员的原则和主要方式，参与维护社会秩序的社会团体的创建及其活动，民兵队的创建及其活动，民兵的法律地位。[①] 俄罗斯以法律形式规定公民参与反恐的责任与义务，不仅促进了公民参与的积极性，而且使公民知道如何参与，从而避免类似别斯兰事件中因公民盲目参与反恐行动而带来的失误。《信仰自由与宗教团体法》在反极端主义方面发挥着重要作用。该法第 6.4 条禁止建立目标和行动与该法相抵触的宗教团体，禁止其开展活动。该法第 14 条规定了当宗教团体破坏公共安全和秩序，实施旨在进行极端主义活动的行为时，暂缓、消除和禁止宗教团体活动的办法。《社会团体法》第 16 条禁止组建其目标或行动旨在开展极端主义活动的社会团体，禁止社会团体开展极端主义活动。[②] 2001 年出台的联邦《政党法》要求政党禁止使用侮辱种族、民族或宗教感情的标志与名称，国家亦可据此拒绝登记有关政党。[③] 除了对公民及政党组织规定了明确的反恐责任外，俄罗斯还对公民反恐受损作出了明确的赔偿规定，从而激发了公民反恐的决心。2008 年 3 月 13 日，俄联邦第 167 号政府令《关于对参加反恐人员遭受的财产与物资损失进行赔偿》是对《反恐法》第 21 条赔偿部分的补充，具体

① Федеральный закон от 2 апреля 2014 г. N 44 – ФЗ "Об участии граждан в охране общественного порядка", http://base.garant.ru/70627294/#help#ixzz3dJaQ2M00.

② Федеральный закон "Об общественных обьединениях" от 19.05.1995 N 82 – ФЗ, http://www.consultant.ru/popu lar/obob//.

③ Федеральный закон от 11 июля 2001 г. N 95 – ФЗ "О политических партиях" (с изменениями и дополнениями), http://base.garant.ru/183523/#ixzz3dJhVfazn.

规定了赔偿的适用情况、对象、范围、执行程序。[①] 2009 年 12 月 31 日修订的《关于对在俄联邦北高加索地区参加反恐战斗与保障社会治安的军人与行政机关工作人员的追加保障与赔偿》[②] 是对反恐法律体系的重要补充。

第三节 俄罗斯反恐立法的指导思想

俄罗斯加强反恐立法工作的目的是使反恐所有方面都有法可依，建立完善的国家反恐体系，这些反恐法律法规的制定体现了如下基本思想。

一、反恐是国家安全战略的重要组成部分

2000 年《俄联邦国家安全构想》指出，国家安全包括个人、社会与国家的安全。俄罗斯国家安全政策应“保障俄罗斯各族人民的安全，无论他们居住在哪里；维护国家的完整性，包括它在宪法—法律、经济和社会空间的统一性；以及保障俄罗斯整体上

① Постановление Правительства РФ от 13.03.2008 N 167 “О возмещении лицу принимавшему участие в осуществлении мероприятия по борьбе с терроризмом, стоимасти утраченного или поврежденного имущества”, http://www.zakonprost.ru/content/base/117216.

② Постановление Правительства РФ от 9 февраля 2004 г. N 65 “О дополнительных гарантиях и компенсациях военнослужащим и сотрудникам федеральных органов исполнительной власти, участвующим в контртеррористических операциях и обеспечивающим правопорядок и общественную безопасность на территории Северо-Кавказского региона Российской Федерации” (с изменениями и дополнениями) http://base.garant.ru/186742/#ixzz3dJmMc-beB.

的地理战略和地缘政治利益”。[①]《2020年前俄联邦国家安全战略》将恐怖主义视为国家重要威胁，反恐在一定历史时期内都将是俄罗斯重要的国家安全方向，反恐是俄罗斯国家安全战略的重要组成部分。[②]

二、反恐重在预防和战略预警

俄罗斯的各类反恐纲领性文件都认为，最重要的是从源头上清除产生恐怖主义的土壤，预防恐怖主义的产生。保障国家安全包括：认清威胁来源；防止威胁实现；清除可能产生威胁的环境。俄反恐法律体系首先是要消除可能滋生恐怖主义的经济、文化与社会基础，阻断可能产生恐怖主义的新媒介（如互联网）。《2020年前俄联邦国家安全战略》认为民族、宗教等组织的极端主义活动是国家安全威胁的来源之一，将完善预防恐怖主义立法作为保障国家安全的方向之一。该战略确定了反恐方向，要求建立国家犯罪预警制度。2014年11月20日出台的《2025年前反极端主义战略》对恐怖主义产生的根源——极端主义进行了分析，规划了抵制极端主义、形成俄罗斯宽容的社会氛围与民族宗教和谐的全国战略。[③]《俄联邦反恐构想》重点补充了预防恐怖主义方面的内容。俄罗斯大量的法律文件都强调了预防、预警恐怖主义的重要性，制定了具体措施，力图使恐怖主义消解在萌芽状态，

---

① Васецкий Н. А., Попов В. Г., КоношенкоВ. А. *Проблемы законодательного о беспечен ия национальной безопасности РФ, Борьба с терроризмом: актуальные проблемы законодательного обеспечения: Сборникнаучных статей*, Ростов-на-Дону, РЮИМВД России, 2003. С. 3 –4.

② Указ Президента РФ от 12 мая 2009 г. N 537 “О Стратегии национальной безопасности Российской Федерации до 2020 года”（с изменениями и дополнениями）, http: //base. garant. ru/195521/#ixzz3dIsfS8VM.

③ Стратегия противодействия экстремизму в Российской Федерации до 2025 года, http: //sartraccc. ru/i. php? oper = readfile&filename = Law_ ex/other/0041. htm.

这是阻止恐怖主义产生恶果的有效途径，也是根除恐怖主义的必然选择。

三、反恐要全民参与

俄罗斯反恐法律体系要求整合国家所有力量参与反恐，建立国家反恐体系。这是将恐怖主义定性为国家安全主要威胁所决定的。俄罗斯认为，国家安全政策应恰当选择、引导国家所有力量维护国家安全。国家安全防卫体系是“为了维护个人、社会、国家重要利益的安全水平而使用的一切国家和非国家工具”，[①] 包括军事或非军事的政治、法律、外交、经济、科技、文化、情报、信息、道德规范等多种手段。反恐要求动用国家所有力量，运行反恐系统工程，以上各方面手段都是反恐不可或缺的重要力量。《俄联邦军事学说》规定武装力量和其他部队在和平时期的主要任务之一是打击恐怖主义。此外，反恐成功的重要保障是公民参与。[②]《反恐法》制定以来，立法界一直在讨论如何激发公民参与反恐的积极性。2009 年，内务部曾拟定《俄联邦公民参与保障公共安全与法律秩序法》草案，并提交总统与议会讨论。这一法律在2014 年正式出台，加之2013 年 7 月《反恐法》修订，使反恐主体范围扩大到法人与自然人，俄罗斯全体公民有了反恐的责任与义务。

四、国内反恐和国际反恐应整合为一体

面对国际恐怖主义和极端主义组织把恐怖装备调往俄罗斯境

---

① Прохожева А. А. *Общая теория национальной безопасности*, Учебник, Издание 2 – е. Доп. -М. : Изд-воРАГС, 2005. С. 212.

② Военная доктрина Российской Федерации, http: //www. rg. ru/2014/12/30/doktrina-dok. html.

内，组织破坏活动，并经俄罗斯走私毒品、涉恐偷渡等情况，《2020 年前俄联邦国家安全战略》指出，要进一步完善高技术与多功能边境综合管理系统，以加强俄边防，把国内反恐和国际反恐有机地结合起来。《俄联邦军事学说》把国际恐怖主义的蔓延看作是俄罗斯的主要外部军事威胁，强调要高度关注俄联邦及盟国非法武装团体的威胁。在国际反恐合作方面，俄罗斯主要加强了与邻国反恐协议的签署，以保证俄罗斯在独联体反恐领域的领导地位，以及与中国等国在反恐领域的共同利益。

五、实施民族政策铲除恐怖主义滋生的土壤

俄罗斯的恐怖主义源于民族分裂主义与极端宗教的结合，解决好民族问题对根除恐怖主义有至关重要的作用。《2025 年前俄联邦国家民族政策战略》[①]（下文简称“《民族战略》”）阐释了俄联邦民族间（种族间）的关系状况，规定了俄联邦国家民族政策的目标、原则、优先方向与任务，并构建了实施俄联邦国家民族政策的体系，是俄治理恐怖主义根源的努力之一。为实现多民族团结，俄罗斯《民族战略》提出了“俄国民族”[②] 的概念，该战略还认为各民族最优秀的部分形成了共同的俄罗斯文化，以俄国民族与俄罗斯文化来建立各民族对俄罗斯的国家认同感。《民族战略》强调在维护俄罗斯领土完整、国家体制稳定、民族团结的

---

① Указ Президента РФ от 19 декабря 2012 г. N 1666 “О Стратегии государственной национальной политики Российской Федерации на период до 2025 года”, http: //base. garant. ru/70284810/#ixzz3dJpsu9s8.

② 莫斯科人文大学校长伊利英斯基（И. Ильинский）对“俄国民族”有过这样的表述：“这是几个世纪以来居住在俄罗斯境内的所有民族和部族，他们因共同的俄语和俄罗斯文化而联接在一起，但也没减少自己的民族语言和文化，他们的共性还有国家和经济利益，具有共同的历史和对未来的美好向往。俄国民族不是一般的、单纯的，而是复杂的、独一无二的，这是很多民族构成的一个民族。”摘引自 Ильинский. И. М. “О российской нации. Знание. Понимание”, *Умение*, 2009, №3. http: //www. rikmosgu. ru/publications/3559/4825/.

基础上，实现公民的平等权利并相互尊重，以形成俄罗斯民族宽容的氛围。事实上，早在 1996 年，俄罗斯当时的《民族战略》已经提出，不强化民族特征，不要求公民确定民族归属，取消登记居民民族成分。新版《民族战略》进一步延伸，公民可以自由决定民族属性，希望以此来促进不同族群的和谐相处。该战略对完善民族政策管理制度，解决境内迁徙移民带来的问题，发展少数民族经济、文化等方面提出了更加具体的措施。这些努力都与俄国反对恐怖主义有密切联系，是消除恐怖主义生成土壤的重要举措。

总之，俄罗斯在预防、打击、保障和监督反恐方面建立了严格的法律体系。它们是国家权力机关、地方自治机关以及全体公民反恐行动的法律基础。正因为有这一完整的法律体系，俄罗斯实现了对恐怖主义行为的清晰界定和准确及时的打击，在一定程度上防止了恐怖主义的产生，从而使俄罗斯恐怖活动呈现下降趋势。

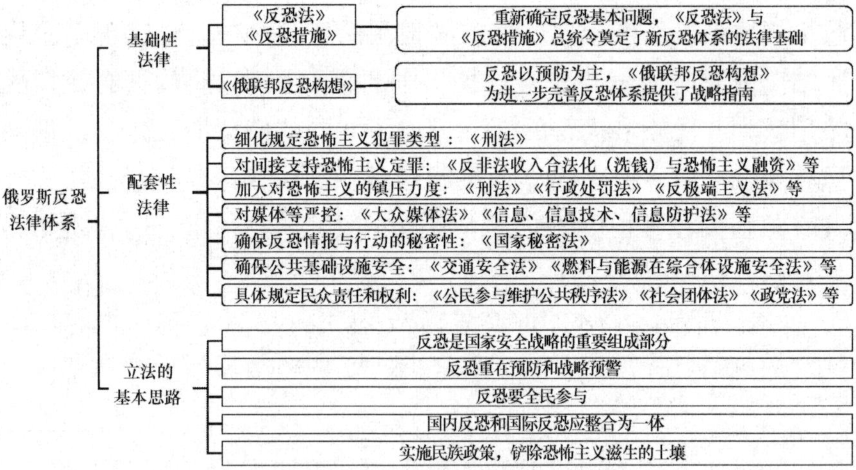

图 2—2　本章结构图

第三章　俄罗斯反恐主体体系

俄罗斯的反恐体系由反恐法律体系与反恐主体体系两部分构成。本章主要研究俄罗斯反恐的主体构成，即组织基础。

俄罗斯反恐的最高决策者是俄罗斯总统，实际负责人是出任国家反恐委员会主席的联邦安全局局长。联邦安全局是俄罗斯最大的情报机构，国家反恐委员会依托联邦安全局建立，由此可见俄罗斯强调以情报引导反恐的基本思路。经过多年的改革与完善，俄罗斯构建了以反恐委员会为核心的国家反恐体系，这一反恐体系集情报、决策、行动、保障、监督于一体，为预防、打击恐怖主义，最大程度减轻和（或）消除恐怖活动后果的运行目标奠定了较为坚实的组织基础。

在反恐主体体系中，有一部分对反恐工作发挥着直接的关系。图3—1展示了俄罗斯与反恐直接相关的反恐主体及其在国家管理体系中的位置。与反恐直接相关的首先是国家反恐委员会三级体系，由联邦安全局局长直接负责，总统是这一体系的最高决策人。担负反恐职责的行政单位中，直属总统管理的有：内务部、外交部、司法部、禁毒局、紧急情况部、对外情报局、金融监管局、侦查委员会、警卫局、国防部；直属总理管理的有：卫生部、交通部、教育与科学部、财政部、经济发展部、能源部、航空局、通信与传媒部、工业与贸易部、劳动与社会保障部、北高加索事务部、建设和住房公共事业部、航空局、大地测量与制图局、资源利用监督局、动植物卫生监督局、水文气象与环境监测局、生态、技术和原子能监督局。总统负责的主要是打击与善后部门，总理负责的主要是预防部门，这些部门在国家反恐委员会的领导下全方位开展反恐工作。政党、俄联邦社会院、社会团体协助反恐，监督反恐进程；人民既是反恐情报的来源，有义务协助反恐，也是反恐进程的监督者。

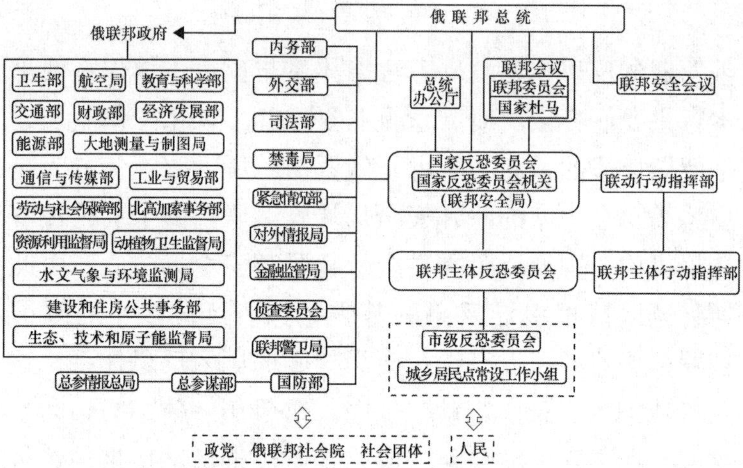

图 3—1　俄罗斯反恐主体关系图①

为了对俄反恐主体体系全貌有一个扼要的把握，笔者通过阅读分析大量原文文献，认为俄罗斯的反恐主体体系包含四个子系统：（1）组织与协调；（2）情报；（3）行动；（4）保障与监督系统。下面笔者将逐一分析这四个系统。

第一节　反恐组织协调系统

恐怖主义是当今世界的主要威胁之一，情报是反恐的核心要

① Федеральные органы исполнительной власти Российской Федерации, www. gov. ru.

素，是牵引反恐各项工作开展的主线，因此世界主要大国都以情报部门来组织协调反恐工作。目前，美国、英国等国均将反恐怖工作的组织协调放到情报单位。美国设立了情报界领导单位——国家情报总监（DNI，Director of National Intelligence）办公室，国家反恐中心（National Counterterrorism Center）是其中最大的组织。它在整合全国16家情报单位的反恐情报基础上，统一组织协调全国反恐工作。英国由军情五局负责反恐组织与协调。

俄罗斯据第116号总统令《反恐措施》和《反恐法》成立了国家反恐委员会体系，它以国内最大的情报部门——联邦安全局为主导，整合国家安全保障体系中具有反恐功能的单位，以实现情报引导反恐，使庞大的反恐体系在精确情报的指引下有机运转（见图3—2）。

总统是国家反恐事务的最高决策者。俄罗斯是总统制国家，宪法第80条规定："俄联邦总统是国家元首，是俄联邦宪法、人和公民权利与自由的保障。总统按俄联邦宪法规定的程序采取措施，捍卫俄联邦的主权、独立与国家完整，保障国家权力机关协调地行使职能并相互协作。"[①]《反恐法》规定，总统确定反恐怖主义领域国家政策的基本路线；确定联邦行政机关反恐怖主义的职权范围，领导其开展反恐工作；总统还有动用武装力量打击恐怖主义的权力。依照俄罗斯联邦规范性法律文件的规定，在反恐行动中，如果要使用兵团以上的联邦武装力量，需要由总统决定和批准；而如果要使用武装力量执行境外反恐任务，也需要由总统依照联邦会议联邦委员会决议采取决定。[②]

国家反恐委员会主席只对总统负责，国家反恐委员会在联邦安

① "Конституция российской федерации", http：//www. consultant. ru/popular/cons/.

② Федеральный закон "О противодействии терроризму", http：//base. garant. ru/12145408/#block_ 3.

全局编制内设机关，主要任务是情报分析，预防、打击恐怖主义以及保障和监督反恐执行。国家反恐委员会、行动指挥部在联邦主体一级都设立了对口机构；而在联邦主体反恐委员会建议、联邦主体国家权力机关批准的情况下，市一级又可以组建市级反恐委员会，并在市一级下面设有城乡居民点常设工作小组，负责反恐工作，组织发动群众，收集情报，由此布建起覆盖全境的反恐大网。

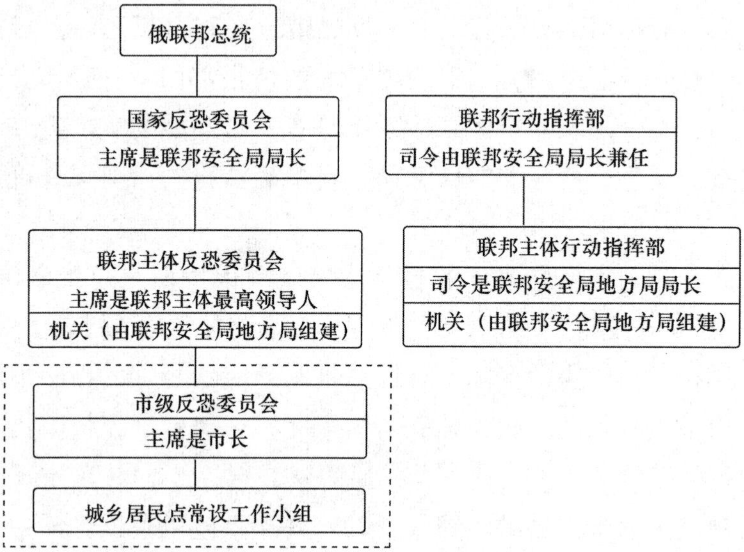

图 3—2　三级反恐委员会结构图

一、成立国家反恐委员会，全面领导反恐工作

（一）国家反恐委员会的组织构成

俄罗斯反恐的核心机构是国家反恐委员会，该委员会组织与协调联邦行政机关、联邦主体行政机关和地方自治机关的反恐工作。其下设常设机关，机关由 300 名联邦安全局人员和 7 名联邦警卫局人员组成，并设立专门的反恐行动机构——联邦行动指挥部。联邦行动指挥部受国家反恐委员会领导，机构均设在联邦安全局内。

随着俄罗斯反恐形势的变化与反恐经验的总结，国家反恐委员会不断进行调整。2012 年 9 月 2 日，第 1258 号总统令修订了国家反恐委员会条例，新条例规定国家反恐委员会由下列 22 名成员组成：联邦安全局局长（主席）、内务部部长（副主席）、联邦安全局副局长（机关主任，副主席）、政府副总理（总统驻北高加索联邦区全权代表）、总统办公厅第一副主任、联邦委员会第一副主席、杜马第一副主席、紧急情况部部长、外交部部长、国防部部长、司法部部长、卫生部部长、工业与贸易部部长、通信与传媒部部长、交通部部长、能源部部长、对外情报局局长、禁毒局局长、警卫局局长、金融监管局局长、俄联邦武装力量总参谋长（国防部第一副部长）、俄联邦安全会议第一副秘书长。侦查委员会主席此后也加入国家反恐委员会。比较别斯兰事件前联邦反恐委员会主席由总理担任的设置，由联邦安全局局长任职的国家反恐委员会主席显然在反恐决策上更专业、有实权。国家反恐委员会集合了国家所有强力部门、情报与安全机关，以及与反恐关系最为密切的单位，并且基本上都是这些单位的一把手参加会议，他们共同制定反恐政策措施。反恐委员会条例规定所有成员必须执行委员会决议，可以想见，国家反恐委员会权力巨大，执行力很强，建立了真正意义上的反恐集体决策机制。俄罗斯通过此次重组，整个反恐指挥与控制系统更加完善，责任更加明确。

据 2008 年 8 月 8 日修订的第 116 号总统令，联邦行动指挥部由国家反恐委员会主席任司令，内务部部长和反恐委员会机关主任任行动指挥部副司令。其他成员为：国防部长、内务部内卫部队司令、紧急情况部部长、外交部长、对外情报局局长、禁毒局局长、警卫局局长、金融监管局局长、俄联邦武装力量总参谋长——国防部第一副部长、联邦安全会议第一副秘书长。[①] 从联

① 其中成员未参加国家反恐委员会的仅有内务部内卫部队司令。

邦行动指挥部的成员可以看出，它主要涵盖：国家反恐委员会决策人；国家主要情报部门、外交、金融、禁毒等反恐情报来源；警察、军队最主要的打击力量；反恐救援单位。可以看出，这是一套集情报、决策、行动于一体的组织构成系统，如果领导协调得当，可以实现对恐怖活动的迅速反应与打击。

（二）国家反恐委员会的职权与任务

按照相关条例，国家反恐委员会的主要任务是：向总统提供国家反恐政策与立法建议；协调、组织联邦机构和联邦主体反恐委员会的反恐行动；拟定反恐措施，设法消除滋生恐怖主义的条件；参加国际反恐合作，包括起草俄罗斯倡议的国际反恐条约；拟定保障反恐人员的建议等。从任务中，我们可以看出，国家反恐委员会是反恐怖工作的战略性领导单位，负责战略层次的反恐计划、领导、组织、协调等工作。

国家反恐委员会为了完成上述任务享有下述权力：

一是获取情报信息，实现情报共享。按照《反恐法》，国家反恐委员会按规定程序，可以从所有国家单位、社会团体和公职人员处获取必要的情报信息。国家反恐委员会有权向其成员颁布联合法令，确保情报渠道畅通。委员会主席按规定每周一次面见总统汇报情报。这构建了国家反恐委员会全源反恐情报工作流程。反恐情报要求实现全源情报的搜集、分析，这样的结果才能是科学的、有预警性的。主席每周一次面见总统汇报情报也确保了总统对反恐事务的全面掌握。法律文件对反恐情报流程的具体规定保证了情报从搜集、分析、传递至决策的环节通畅，保证了情报的时效性、科学性。

二是制定反恐战略和具体措施，全面指导反恐怖工作。反恐涉及多个部门，这需要主导方制定相关的战略计划。在制定计划方面，国家反恐委员会应组建研究反恐问题和起草决定的工作机构，起草总统和总理决议草案。

三是监督执行，使反恐政策与措施得到落实。俄罗斯历年反恐经验证明，没有监督，再好的政策、措施也有可能流于形式。为此，国家反恐委员会条例规定，委员会有权就组织、协调、完善和评估联邦各机构反恐行动做出决定，并监督其执行。

四是借助各方力量，加强协作交流。国家反恐委员会最主要的活动是召开会议，两个月不少于一次，必要时据主席的决定召开非例行会议。会议及闭会期间，国家反恐委员会都有权吸收国家机关、联邦主体国家权力机关公职人员、专家以及社会团体的代表参加反恐委员会工作，这保证了委员会的决策可以得到充分的咨询，避免盲目、莽撞决策。

国家反恐委员会机关是常设机构，在预防、打击恐怖主义和情报分析管理方面发挥着更加实际的作用，与各组成单位的关系也更加密切。其职能分工如表3—1所示：

表3—1　国家反恐委员会机关职能

预防恐怖主义协调局	打击恐怖活动协调局	情报分析局	国家反恐委员会信息中心
1. 制定全国预防恐怖主义的措施 ·预防恐怖主义立法 ·居民和重要目标反恐防护 ·反恐怖主义融资 ·最大程度减小与（或）消除恐怖活动后果 ·恐怖活动受害者的康复 2. 协调与监督联邦主体反恐委员会的活动 3. 国际反恐合作	·组织反恐作战 ·制定反恐作战时使用兵力与武器的计划 ·组织战役战术和司令部演习 ·联邦作战指挥部的组织保障	·分析反恐情报 ·开发并使用反恐领域的自动化信息系统 ·联邦反恐目标规划	·保障在发生恐怖活动（或威胁实施恐怖活动）及其他恐怖倾向犯罪时能通过媒体通知居民 ·与媒体协作开展反恐信息宣传 ·防止有虚假反恐信息传播 ·向反恐委员会跨部门小组提供信息分析服务，保障其功能发挥

此外，为履行职责，国家反恐委员会机关组建了多个常设小组，跟踪、落实不同方向的反恐工作。如，2014 年 11 月 2 日《反恐法》修订增补了第 5 条“反恐的组织基础”第 4 款，在国家反恐委员会成立一个协调各级权力机关与地方自治机构预防恐怖主义的合议机构，使国家反恐委员会预防功能得到强化。国家反恐委员会机关建立了负责检查重要目标反恐防护工作的跨部门委员会。它是合议机构，负责监控重要目标和人员密集场所反恐防护的组织情况。其主要任务：一是组织防护；二是提出建议，在确保领土和重要目标免遭恐怖袭击方面，为所有等级的领导提供决策咨询。2007 年，机关成立反恐怖主义思想工作组，这个工作组受反恐委员会主席的直接领导，开展有针对性的反恐宣传，防止恐怖主义思想扩散。

（三）强化联邦行动指挥部的职权，提高其指挥职能

联邦行动指挥部由多个部门的人员组成，包括具有情报、决策和打击能力的强力部门和相关单位人员，特别加入了内务部内卫部队司令，进一步增强行动指挥部的打击能力。第 116 号《反恐措施》总统令规定：“所有加入到联邦行动指挥部编制及联邦主体行动指挥部编制的国家机关必须执行指挥部职权范围内的决定”，这一规定赋予了行动指挥部较大权力，整个部门是一个集情报、决策和行动于一体，担负预防、打击恐怖主义及消除恐怖活动影响的组织机构。

联邦行动指挥部的任务包括：一是提供情报，搜集、汇总与分析情报，评估局势，为行动指挥部司令提供建议；二是指挥与组织，拟定文件，向下属下达任务，拟定使用部队的计划，组织和实施各种保障措施，组织与支持指挥体系的工作，组织执行司令下达的命令，直接指挥部队完成任务，协调部队行动；援助下属及附属部队；三是监督，所有任务的执行亦由行动指挥部监

督。据2009年11月10日第1267号总统令对第116号《反恐措施》总统令的修改，在反恐行动中，赋予俄联邦主体行动指挥部直接领导特种力量与设备的功能，车臣联合武装力量也接受车臣行动指挥部领导，联邦主体行动指挥部有了更大的灵活处置权。行动指挥部是实战性单位，有很强的应急反应能力，是清剿恐怖力量，打击恐怖主义的领导单位。

二、组建联邦主体反恐委员会，预防恐怖主义犯罪，减轻、消除恐怖主义危害

（一）联邦主体反恐委员会的机构组成

联邦主体反恐委员会隶属于地方最高权力机关和国家反恐委员会。俄罗斯85个联邦主体均设有反恐委员会，是联邦主体反恐决定的拟定者与监督者，也是对当地恐怖威胁最直接的反应单位。

据2008年修订的第116号总统令，联邦主体反恐委员会主席是联邦主体最高领导人，副主席是联邦安全局地方局局长，其他成员是：联邦主体立法机关代表、联邦主体副领导人、内务部地方局局长、紧急情况部地方局局长、禁毒局地方局局长、警卫局机要通信中心地方中心主任。这些机构承担着不同的任务与使命，形成系统的指挥组织体系。

（二）明确联邦主体反恐委员会的职能，设立下级职能机构

联邦主体反恐委员会是指导下级反恐工作的重要机构。2011年10月，修订后的联邦主体反恐委员会条例规定，该委员会的任务是：预防恐怖主义，最大程度减轻和（或）消除其后果，制定预防恐怖主义的措施方案，并监督实施；参与俄反恐政策在联邦主体的实施，并为完善反恐立法提供建议；监控影响反恐的因素；监督联邦行政机关地方局、地方自治机关在预防恐怖主义与

减轻其危害方面的效率，拟定改进决议，组织其与社会团体的反恐合作；协调委员会机关工作；在反恐人员的社会保障，恐怖活动受害者社会康复方面拟定建议等。

联邦主体反恐委员会机关是联邦主体反恐委员会常设机构，主要工作是制定反恐计划；保障会议召开；监督决议执行；搜集分析影响反恐形势的社会信息，拟定预防恐怖主义的建议；保障联邦主体反恐委员会与国家反恐委员会的协作；保障委员会协调与监督市级反恐委员会的工作。联邦主体反恐委员会条例还特别指出委员会的情报分析工作由联邦安全局地方局与联邦主体行政机关联合进行。

现以莫斯科为例说明问题：

莫斯科市在2006年10月12日出台了《莫斯科市反恐委员会的组成》① 市长令，该命令规定：市长是该主体反恐委员会的主席，副主席是联邦安全局莫斯科局局长。联邦安全局莫斯科局反恐怖主义与极端主义分局组建反恐委员会机关，由该机关保障反恐委员会工作。莫斯科市反恐委员会成员包括：所有联邦行政机关莫斯科分局局长、区长与村（镇）长。打击恐怖主义不是莫斯科市反恐委员会的直接任务。市反恐委员会拟订市长决议，工作有以下几个方面：制订市政府保障作战规划；制订参与保障反恐作战的区长与区政府的任务；组织协作；组织指挥，确定市长指挥的程序与指挥所地点。

在莫斯科市打击恐怖主义行动中，发挥主要作用的是市行动指挥部，它的司令是市联邦安全局局长。它使用联邦安全局及其分局的部队打击恐怖主义，指挥当地反恐怖战斗。行动指挥部的组织与装备保障由行动指挥部机关提供，该机关由市联邦安全局局长直接领导。

---

① *Информационный вестник Правительства Московской области.* N 11. 27. 11. 2006.

三、设立市级反恐委员会，指导普通公民参与反恐

恐怖分子的行动有强烈的隐蔽性，平时有可能隐藏于普通人群中。为了发动普通群众参与到反恐中，俄罗斯设立了市级反恐委员会。在1998年成立的反恐委员会中，市级（市区及其他城区）反恐委员会明确存在于联邦主体反恐委员会和社会反恐力量之间。在2006年改组后的反恐体系中，市级反恐委员会不在总统令规定的编制内，只在反恐委员会条例中提及，该条例第7条第3款指出："联邦主体反恐委员会有权建议地方自治机关领导人成立市级反恐委员会，其职能是预防恐怖主义与最大程度减轻和（或）消除恐怖活动后果。"据该条例，市级反恐委员会只有在联邦主体反恐委员会建议，联邦主体国家权力机关批准的情况下才能够成立，其编制和组织结构并没有明确的法律法规予以规定。

（一）市级反恐委员会的组成

依照反恐体系纵向结构形式，市级反恐委员会参照联邦主体反恐委员会结构组建。据所在联邦主体反恐委员会制定的市反恐委员会条例，在所有市级单位确定相关条例，组建市级反恐委员会机关，市长负责组建市级反恐委员会，依照国家反恐委员会与联邦主体反恐委员会命令工作。此外，城乡居民点在市长领导下要建立常设工作小组，直接执行预防、减轻或消除恐怖活动后果的措施。

（二）市级反恐委员会的职能任务与作用

市级反恐委员会需要完成以下任务：监督联邦主体反恐委员会与市反恐委员会决议的执行；为预防本市恐怖活动对所有单位进行检查；向居民解释并执行反恐防护要求；拟定并发布本市居民反恐防护措施。

作为落实反恐政策最基层的单位，近年来的实践表明，市级

反恐委员会的重要性不亚于中央和联邦主体两级。

首先，市级反恐委员会发挥了前沿性作用，使全社会形成了反恐氛围。从2008年开始，俄罗斯建立了全国抵制恐怖主义思想系统，其主要工作由联邦主体反恐委员会来完成，落实到市级则由市反恐委员会完成。国家反恐委员会机关第一副主席 Е. П. 伊里因（Евгений Ильин）指出，市反恐委员会至少在两方面发挥了预防恐怖主义的重要作用：一是在教育、文化机构建立反恐信息分析中心，开展恐怖主义形势预测性分析，并制定教育、文化机构的反恐怖主义思想宣传、教育的措施；二是市反恐委员会的代表与居民频繁接触，有针对性地对受到激进思想影响的公民开展工作。①

其次，市反恐委员会在反恐行动时虽然没有直接参与打击恐怖分子的职能，但在开展保障性工作和消除恐怖活动紧急情况中发挥了不可替代的作用。在俄罗斯紧急情况部全俄人员密集场所综合信息通告系统（ОКСИОН）中，一个地区级信息中心链接到多个市信息系统，市信息系统是播报信息和发布警告的终端系统。市反恐委员会组织重要目标反恐防护，必要时疏散恐怖活动发生地点的居民；采取措施减轻恐怖活动危害。② 此外，在反恐干部培训和反恐演习中，市政机构也是重要的组织和参加力量。

---

① "Доклад первого заместителя руководителя аппарата НАК генерал-лейтенантаЕвгения ПетровичаИльинана III Всероссийской научно-практическойкон ференции «Концепция противодействия терроризму в Российской Федерации. Комплексный подход к формированию и функционированию системы противодействия распространению идеологии терроризма»", http：//nac. gov. ru/content/4118. html.

② "Антитеррористическая комиссия Ростова призвала горожан к бдительности", http：//rnd. spravker. ru/news/antiterroristicheskaia-komissiia-rostova-prizvala-gorozhan-k. htm［2013 - 12 - 30］

第二节 反恐情报系统

反恐工作，情报先行。反恐决策、行动和保障系统都需要反恐情报保障本系统的有效运转。在俄罗斯反恐体系中，反恐情报工作是连接各个系统的纽带。国家反恐委员会吸收全国所有情报单位，以及能搜集到反恐情报的重要单位（如金融、外交等）参加工作，完成特定领域的情报搜集、整理、分析、评估，所有情报最终汇于国家反恐委员会。别斯兰事件以前，出于保密原因，俄罗斯各部门的情报交流存在许多不足，特别是在情报交流机制上，形成了信息孤岛，无法共享与交流。别斯兰事件之后，国家反恐委员会机关的情报分析局是完成情报保密与交流的枢纽，很好地解决了这二者的平衡问题。2007 年，联邦安全局开始建设反恐统一数据库，逐渐在俄罗斯形成统一的反恐情报空间。俄罗斯反恐情报系统主要包括联邦安全局、对外情报局、总参情报总局、侦查委员会、内务部，以及能够提供重要情报的联邦金融监管局、通信与传媒监督局、外交部危机管理中心，以及担负重要反情报任务的联邦警卫局等单位。

由于篇幅有限，本节仅对最主要的反恐情报机构进行阐述。

一、整合多家情报机构，形成完整的反恐情报组织体系

联邦安全局。2003 年到 2005 年期间，反恐主导机构一直在内务部和联邦安全局之间摇摆，导致在反恐行动中相互牵制，严重影响了反恐效率。北高加索地区的反恐经验表明：情报在反恐斗争中发挥着决定性作用，是预防和打击恐怖主义的先决条件。因此，尽管内务部依靠重型装备在反恐战场发挥较大作用，但在

反恐情报工作中作用有限。2006年，俄反恐体系的改革首先便是把领导职能交给了一直发挥实际作用的联邦安全局，以便进一步发挥它的情报职能，把恐怖主义消灭在危机的潜伏期。俄联邦规定联邦安全局在反恐情报工作中担负主要职责，其职责包括：一是揭露恐怖组织和恐怖分子，预防其活动；二是侦查和阻止非法武装组织头目的活动，逮捕非法武装成员，消除非法武装组织，阻止其活动；三是侦查和捣毁非法武装组织基地及保障其活动的地下企业。联邦安全局机关有9个业务局，2004—2005年的改革将保障宪法秩序与反恐司单列为二局，是反恐主要单位，其下增加反国际恐怖主义司。反国际恐怖主义司负责与外国同行交换反恐情报，其余各局都承担有反恐情报任务。将国家反恐委员会机关设在联邦安全局内，凸显了情报单位在反恐中的核心位置，继承了苏联克格勃衣钵的联邦安全局拥有反恐的最高权限，使反恐情报的搜集、整合与分析能力迅速加强，以最雄厚的情报分析力量为反恐决策提供支持，为遏制恐怖活动于酝酿阶段提供了保障。

对外情报局。对外情报局前身为克格勃一局，是俄罗斯对外情报系统的主要单位，该组织直接对总统负责。俄罗斯的恐怖组织与国际恐怖组织有密切联系，需要全面的境外反恐情报支持，对外情报局在这方面发挥了巨大作用。其承担的主要职能可以概括为以下二点：一是保护境外重要人员的安全，对外情报局与其他对外侦察机关一道保障俄驻外机关、工作人员及其家人安全；二是搜集国际恐怖组织活动的情报，获取俄恐怖分子情报。① 对外情报局按规定程序向总统，议会，政府，由总统指定的国家单位与企业、组织提供情报。2007年7月，普京在与强力部门领导

① “Путин призвал наращивать возможности СВР и перевооружать армию и флот”, http: //www. antiterror. ru/library/smi/155955305. html.

的会面中，总结了国家反恐委员会成立一年的成就，指出情报部门在保卫俄罗斯国家利益中发挥了重要作用，并提议增强对外情报局的力量。①

总参情报总局。俄罗斯总参谋部军事情报局（简称格鲁乌）是俄对外情报侦察，特别是军事情报侦察的重要力量。该局局长由总统直接任免，是俄罗斯唯一一家没有经过苏联末期与俄联邦初期动荡变革的情报机构，情报能力没有受到大的损伤，一度是俄罗斯最大的对外情报侦察机构，拥有数倍于对外情报局的对外情报侦察力量。它隶属于俄国防部下属的总参谋部，只接受其领导，总统外的政治家不能与它直接接触，以保护其情报来源，顺利开展情报工作。它拥有强大的技侦、人力情报能力，在反恐情报保障方面做出过重要贡献。例如，在第一次车臣战争中，锁定杜达耶夫的手机，最终以精确定位导弹击毙杜达耶夫，便是总参情报总局无线电侦察的杰作。2006 年，剿杀巴萨耶夫使用的是该局海外经营多年的特工。然而，2008 年俄格冲突中，总参情报总局情报侦察失利，给俄军带来重大损失，导致该机构几乎被肢解，旗下三个军事侦察旅被分散到各军兵种，总参情报总局失去了近 90% 的行动力量。但至今为止，总参情报总局的核心机构依然发挥着重要的情报作用，其反恐和反极端主义情报活动的比重日益增大。

侦查委员会。侦查委员会成立很晚，2010 年 12 月 28 日据《俄联邦侦查委员会法》才从最高检察院独立出来。它是进行诉讼前侦查的独立全权机关，对恐怖主义犯罪展开侦查，并随后对罪行提起诉讼，其任务不仅是侦查已发生的罪行，还包括及时发现酝酿中的恐怖活动。2011 年 1 月 14 日，第 38 号总统令《俄联

① “Путин призвал наращивать возможности СВР и перевооружать армию и флот”, http：//www. antiterror. ru/library/smi/155955305. html.

邦侦查委员会的工作问题》明确了侦查委员会的领导与编制组成。侦查委员会主席的任命与解职都由总统来直接决定，不需立法机关同意，侦查委员会每年向总统提交工作报告。侦查委员会不属于任何一个国家权力机关或行政单位。[①] 事实上，它是总统权力的延伸，可以看作是对其他权力机关的一种制衡力量。近年来，侦查委员会侦破的案件在恐怖主义倾向犯罪案件中所占比重越来越大。

内务部。俄罗斯内务部警察分为公安警察（当地警察）和刑事警察。其中，刑事警察的任务是预警、中止和侦破犯罪案件；对犯罪嫌疑人实施侦查。而公安警察的任务是预防和中止犯罪和行政违法，侦破案件等。内务部下设自己的侦查委员会，它承担分析、综合犯罪情报与侦查结果，安排侦查工作等职责。[②] 内务部与侦查委员会、联邦安全局同为恐怖犯罪案件的侦查单位，三方处于有益的竞争关系。

内务部侦搜局及其下属单位是内务部搜集反恐情报的主要部门。该机构极为保密，机关与人员使用伪装身份，享有车辆、人员的免检特权。他们的工作范围相当广泛：监视刑事案件嫌疑人，获取公民私人信息，协助其他情报单位的工作。这样的伪装侦查对于发现酝酿中的恐怖活动很有效果。[③] 内务部技术侦查局负责电话监听，安放窃听器，协助开展内务部系统内的反恐技术情报侦查。内务部内卫部队情报局也开展反恐情报工作。据《内

---

① Указ президента Российской Федерации « Вопросы деятельности Следственного комитета Российской Федерации », http: //www. consultant. ru/document/cons_ doc_ LAW_ 167983/ ［2011 -01 -14］.

② «Милиция РФ（структура, численность, объем финансирования）. Справка», http: //ria. ru/spravka/20100923/27 8584999. html ［2010 -09 -23］.

③ " Бойцы невидимого фронта ", http: //www. pravda. ru/sport/cupper/01-10-2003/38694-special-0/2003-10-01.

务部内卫部队法》，内卫部队有权在任务区开展情报活动。内卫部队副司令兼任情报局局长。[①]

二、建立相关情报来源，拓展情报渠道

俄罗斯通过加强对金融机构的管理与监测，强化反情报措施，开展信息监控，以及在多个专业领域采用专门的情报手段等措施，拓展了反恐情报来源，从源头上控制与监测恐怖分子的行动。

（一）联邦金融监管局监测恐怖分子的资金流向，发现恐怖组织踪迹

通过对涉恐资金流动的监测，可以发现恐怖活动迹向，发现恐怖组织与恐怖分子踪迹。2004 年 3 月，第 314 号《关于联邦行政机关体系与机构》总统令将财政部金融监察委员会改组为直属总统的联邦金融监管局，并与当时的联邦反恐委员会合作建立了专门的反恐怖主义融资程序。[②] 2004 年 7 月，据第 301 号总统令，俄罗斯组建了“关于反非法收入合法化与恐怖主义融资国家战略方案跨部门工作小组”，组长由时任总统助理的伊万诺夫担任，副组长是金融监管局局长与俄联邦安全会议副秘书长。为加强与相关机构的合作，2005 年 10 月 25 日，据财政部第 132 号命令，俄成立了“反非法收入合法化（洗钱）与恐怖主义融资跨部门委员会”，该委员会是交流恐怖主义融资信息，会商金融反恐情报，协调政策与措施的机构。[③] 2009 年 12 月 8 日，金融监管局第 336

---

① “Разведывательное управление Внутренних войск”, http://www.agentura.ru/dossier/russia/mvd/vv/razvedka.

② “Росфинмониторинг ответил Agentura.ru”, 23.09.2009, http://www.agentura.ru.

③ Приказ Минфина РФ от 25.10.2005 No.132 «О создании межведомственной комиссии по противодействию лекализации (отмывания) доходов, полученных преступным путем, и финансированию терроризма», http://www.zakonprost.ru/content/base/85288.

号命令确定了该委员会是协调银行与相关国家行政部门的反洗钱与恐怖主义融资单位，秘书长是金融监管局司法局副局长，成员包括内务部、外交部、通信与传媒部、财政部、司法部、对外情报局、联邦安全局、禁毒局、金融监管局、税务总局、海关局、金融市场总局、监狱管理局、保险监管总局、通信与传媒监督局、相关银行的代表。以下单位有权对该委员会进行质询：杜马安全委员会、杜马金融市场委员会、政府办公厅、联邦安全会议办公厅、财政部下属国家检验局、最高检察长、副最高检察长及其指定检察官。① 2012 年 6 月 13 日，普京签署第 808 号总统令《关于金融监管局的问题》，详细规定了金融监管局的职权、组织形式。② 金融监管局还通过参加反洗钱金融行动特别工作组（FATF）③ 和欧亚反洗钱与反恐融资工作小组（EAG）④ 等组织开展国际合作，获取恐怖组织国际融资情报。2012 年 6 月，金融监

---

① Приказ Федеральной службы по финансовому мониторингу от 8 декабря 2009г. №336 « О Межведом-ственной комиссии по противодействию легализации（отмывания）доходов，полученных преступным путем，и финансированию терроризма »，http：//www. garant. ru/products/ipo/prime/doc/12072923/#ixzz3DXUfZoCf.

② Указ Президента Российской Федерации от 13 июня 2012 года№ 808（ред. от 21 декабря 2013 года）« Вопро сы Федеральной службы по финансовому мониторингу »，http：//www. fedsfm. ru/about/legal/752.

③ 反洗钱金融行动特别工作组是西方七国为专门研究洗钱的危害，预防洗钱并协调反洗钱国际行动而于 1989 年在巴黎成立的政府间国际组织，其成员国遍布各大洲主要金融中心。该机构是反洗钱和反恐融资领域最具权威性的国际组织之一，其关于反洗钱的《40 + 9 项建议》是国际反洗钱领域中的重要文件。作为重要的全球性的反洗钱组织，先后制订了反洗钱 40 条建议及反恐融资 9 条特别建议，并为促进这些建议的广泛实施做了大量工作，得到国际社会的广泛认可。

④ 欧亚反洗钱与反恐融资小组于 2004 年 10 月在莫斯科成立，是目前世界上覆盖面积最大、涉及人口最多的地区性反洗钱和反恐融资国际组织，包括俄罗斯、中国、哈萨克斯坦、吉尔吉斯斯坦、塔吉克斯坦、白俄罗斯 6 个成员国，以及意、法、英、美、日、德等国和金融行动特别工作组、世界银行、国际货币基金组织、上海合作组织、国际刑警组织等 19 个观察员。该小组是金融行动特别工作组确认的 7 个地区性反洗钱与反恐融资国际组织之一。

管局成立了国家安全威胁评估中心，该中心的主要职责是搜集分析包括恐怖组织洗钱在内的情报，拟定应对措施，整合反恐怖主义融资信息，在本领域开展预测性情报分析工作，向国家反恐委员会提供本领域恐怖活动动向。① 国家安全威胁评估中心的建立与逐渐完善，也使俄罗斯在国内、国际开展金融反恐有了有效的平台。

（二）加强反情报措施，强化联邦警卫局的反恐责任

联邦警卫局负责总统等国家领导人的安全，负有在权限范围内与恐怖主义做斗争的责任。据2004年8月7日普京签署的《关于俄联邦警卫局》命令，机要通信局并入联邦警卫局。该局有以下任务：进行国家层级的机要通信；在国家安全保卫部门的领导下开展工作；保障通信安全；无论战时或平时（包括紧急情况），无论用户处于何地，保障良好的、机动的通信效能；反技术侦察，反窃听，防止泄密等反情报工作。②

普京对机要通信的工作有过高度赞誉，认为该工作保障了反恐等国家事务。他说，机要通信具有战略意义，如果没有准确、有效、充足、可靠的通信，就不可能有效率地指挥国家安全工作，在巩固俄罗斯垂直政权和国家统一的时期，需要加强机要通信工作。③ 俄罗斯恐怖组织把国家重要领导人视为袭击的重要目标，加强该领域的情报与反情报工作至关重要。

---

① “Президент РФ В. В. Путин провел в Росфинмониторинге совещание по вопросам противодействия незаконным финансовым операциям”, http://fedsfm.ru/releases/993.

② “Нормативные правовые акты в отношении деятельности органов государственной охраны”, http://www.fso.gov.ru/pir/p1.html.

③ “Служба специальной связи и информации”, http://www.fso.gov.ru/struktura.html.

（三）改组通信与传媒监督局，强化对通信、传媒工具的监控

通信、传媒工具是恐怖分子联络、发布信息、宣传恐怖主义思想的载体，载有大量恐怖活动的信息，加强对其监控可以获取大量反恐情报。2008 年 12 月 3 日，政府对通信与传媒部下属通信与传媒监督局进行改组，设定其功能是监控大众媒体，包括对电子、传媒和通信技术进行监控；监督个人发布的信息合法性；监管无线电业务；配合安全部门获取传媒领域的反恐情报。2009 年 7 月，通信与传媒部宣布，允许护法机关检查公民信件、包裹、印刷品和其他邮件的法令开始生效。据法令，邮政工作人员必须保证有授权的检查机构可查看邮件，向检查机构提交寄件人、收件人以及所提供的邮政服务等信息。如果邮件在发送中加密，那么应当把信息解密后提供给检查机构。除了可查看邮件外，强力部门还可以进入邮政运营商的数据库，以获取邮政服务使用者的信息、邮政地址及所接受的服务。[①] 2014 年 2 月 1 日，俄罗斯对《信息、信息技术、信息防护法》进行修订，规定封锁那些散布挑起骚乱信息、进行极端主义活动、鼓动进行极端主义活动的互联网站，要求在通信与传媒监督局公开网站上发布监察结果，为网络信息监管提供了依据。

（四）设立外交部危机管理中心，获取国际反恐情报，提高危机处理能力

外交部是俄罗斯反恐情报系统中国际反恐情报的重要来源，俄政府规定外交部要积极参加并倡议形成国际反恐的多边与双边国际法；在国际舞台上就反恐问题积极推行俄联邦领导人的观念；与所有国家一道评估国际反恐的优先方向；动员所有政治外

① “俄通信部将配合护法机关检查邮件”，http：//rusnews. cn.

交资源解决反恐“双重标准”问题；分析境外俄罗斯人的恐怖威胁状况，通知他们危险所在，救助受到威胁的俄罗斯人等。在上述职能中，重点是加强国际反恐合作及保障俄罗斯海外人员的安全。

由于针对俄罗斯在国外公民、机构和设施的恐怖事件不断增多，2007 年 7 月俄罗斯决定在外交部成立危机管理中心，在俄罗斯驻外使馆成立大使全权领导的危机安全中心。[①] 该中心的首要任务是搜集必要的情报，进行分析并拿出解决方案。此外，中心还负责协调俄罗斯驻外机构危机指挥部的行动，预防和处置针对俄罗斯驻外公民和驻外机构的恐怖行动。中心将与各部委合作解决危机，各部的快速反应部队也与中心保持经常性联系。一旦出现各种涉外恐怖危机，危机管理中心负责外交部的协调工作，包括应对恐怖威胁，配合军事行动，疏散紧急情况地区的俄罗斯公民等。外交部危机管理中心是俄罗斯反恐的重要部门，是外交部国际反恐情报工作的主要单位，在反恐行动中承担了多种责任。

第三节　反恐行动系统

俄反恐体系中的行动系统是反映俄反恐成效的最直接环节。反恐决策的执行，是反恐决策机构通过建立反恐行动组织机构，运用各种资源，采取各种行动，将决策的观念转化为实际效果，从而实现决策目标的过程。与反恐决策部门的决策制定相比，行动系统的决策执行工作具有持续时间长、涉及范围广和直接具体性强的特点。反恐决策的执行过程不仅要面对恐怖主义的直接威胁，还要做到合法合理，谨慎细心，任何一个细节处理不好，都

① “МИД создал кризисный центр”, Российская газета, 4 июля 2007 г. http: // www. rg. ru/2007/07/04/centr. html.

可能引发连锁反应。俄反恐行动中的各主体按照预防、打击和救援的职责分工开展行动。以下对最主要的行动机构进行阐述。

一、联邦安全局

作为执法机构的联邦安全局是打击恐怖主义的主要单位，总局与地方分局通过侦查、反侦查、作战搜索和特种措施、消除恐怖活动影响以及侦查恐怖主义倾向犯罪来打击恐怖主义，并实施其他反恐措施。

在打击恐怖主义活动中，联邦安全局担负下列任务：解除非法组织武装，阻止其活动；侦查和捣毁非法武装组织的基地及保障恐怖组织活动的地下企业；扣留和销毁恐怖团体和组织的武器、装备和资金；在职权范围内参加战略设施防护和制止恐怖行动；解救被恐怖分子劫持的人质，保卫国家权力机关、社会团体、外国和国际组织驻俄机构；参与保护重要公职人员安全；保障反恐作战人员及其家属安全，保障线人及其家属安全，保障恐怖主义倾向犯罪案件证人安全。[①] 2014 年 1 月 16 日，国家杜马提交《联邦安全局法》第 13 条修改草案，赋予联邦安全局工作人员对公民及其所属物品，以及对私人交通工具与货物进行检查的权力，进一步扩大了联邦安全局在反恐行动中的权限。联邦安全局的行动职能保障了国家反恐委员会情报—决策—行动一体化的实现，联邦安全局局长同时担任国家反恐委员会主席与行动指挥部司令，在掌握充分情报的基础上，本单位拥有的行动部队保证了反恐行动的最及时有效开展，这也是将反恐决策与指挥权置于其手上的主要目的。联邦安全局反恐部队代号“阿尔法”和“信号旗”，是反恐行动开展时反应最迅速、反恐战斗力最强的部队。

---

① Журавель В. П. , Шевченко В. Г. , *О терроризме, террорологии и антитеррористической деятельности. Энциклопедический словарь*, Издательство: ТОМ, 2007 г. р. 4.

此外，联邦安全局的边防局还在防止国际恐怖分子渗透，防止用于恐怖目的的物资走私，保障俄领水与经济区内船只安全，以及反恐行动方面，发挥着重要作用。

二、内务部

《警察法》第 10. 32 条规定，警察应该参与反恐活动，参加维护反恐行动法律管制。[①] 俄内务部制定和落实了一整套侦查—作战、预防及调动资源应对恐怖主义威胁的措施。作为旧反恐体系中打击恐怖主义的主力，内务部依然是北高加索地区打击恐怖势力的主要力量。2011 年 3 月 1 日出台的第 248 号总统令《俄联邦内务部问题》规定，内务部机关与内卫部队要参加反恐措施的实施，保障反恐行动的法律秩序，保障恐怖袭击潜在目标与大型人员密集场所的安全，组织重要目标反恐防护及目标安全评估。[②] 在发生极端主义和恐怖主义活动时，为实施特种行动，内务机关可采取如下措施：搜寻、抓捕或消灭武装分子和特别危险的团伙与罪犯；防止大规模投毒（饮用水、空气、食物等）；查明和拆除爆炸装置；平定宗派团体伤害他人的暴力活动及其他措施。

2008 年，内务部打击有组织犯罪与恐怖主义司扩建为反极端主义局。2011 年 3 月，该局升级为反极端主义总局。该局在打击极端主义和恐怖主义方面任务广泛，它参加国家反恐委员会和行动指挥部的工作；查明并消除恐怖主义诱因；组织和实施预防性措施，切断犯罪团伙获取资金、武器、弹药、爆炸装置和其他凶

① Закон РФ «О милиции» от 18. 04. 1991N1026-1, http: //www. consultant. ru/popular/militia/39_ 3. html#p165.

② Указ Президента РФ от 1 марта 2011 г. N248 «Вопросы Министерства внутренних дел Российской Федерации» (с изменениями и дополнениями), http: //base. garant. ru/12183346/.

器的途径；在情报显示将有恐怖主义犯罪与极端主义活动时组织下属机构协调行动；协调内务机关的行动；组织协调联邦主体内务机关交流预防恐怖主义和极端主义犯罪的信息；组织侦查在逃犯罪嫌疑人；分析内务机关预防犯罪的行动；组织向居民和媒体通报关于预防犯罪的情况；提高内务机关预防犯罪的工作人员的专业技能。该局把打击恐怖主义的重点放到了预防恐怖活动发生上，反恐前置的理念是俄罗斯近年来恐怖活动得到有效扼制的重要原因。

2011 年，内务部组建行动局。它是内务部中央机关的分支，主要承担内务部系统内反恐行动的组织与协调，包括：在职权范围内制定和实施国家政策，调整法规以保证对内务部机关和分局兵力的管理；在联邦主体内搜集有助于行动的情况信息；在特殊执法行动（如封闭的行政地区或特别重要需严格保密的目标内）中组织部门间协作；在国家反恐委员会、联邦行动指挥部、联邦主体反恐委员会和行动指挥部的活动框架内，组织和协调内务部系统的行动。

三、国防部

据《反恐法》规定，在反恐行动中可以动用军队。《反恐法》明确规定俄罗斯武装力量能够以如下方式参与反恐行动：一是使用防空或空军部队，保护国家空域安全；二是保护经《总统法》认定的国家重要设施和设备的安全；三是阻止俄罗斯领海和领土内的恐怖活动；四是确保领海内的航行安全；五是保护军事行动中需要的（或储备的）军事设施、武器装备与各类军需品和爆炸物的安全；六是执行侦察和特别行动任务，支援其他联邦政府部门的反恐行动。在俄国防部之下，总参情报总局拥有一支特种部队 SPETSNAZ，它是历史最为久远的特种部队，直接参与过多次反恐行动。2010 年，俄军事改革将这支特种部队解散，人员划归俄武装力量地面部队。2013 年，部分 SPETSNAZ 人员被重新召回总参情报总局。但是，军队反恐只有在内务部、联邦安全局能力不足的特殊情况下才使用，因此国防部特种部队在反恐行动中处于支援地位。

四、紧急情况部

俄罗斯紧急情况部全名为“全民防、紧急情况与消除自然灾害后果事务部”，负责预防与消除紧急情况，救援，防火与灭火，民防等事务，是主要的反恐救援单位，通过监测、通信、救援等手段最大程度减轻和（或）消除恐怖活动后果。2002 年 1 月国家消防局并入紧急情况部，此前紧急情况部人数仅有 7 万，消防局的 27.8 万人并入使紧急情况部权限加大，行动能力更强。紧急情况部组建的全俄人员密集场所综合信息通告系统，负责通知居民可能发生或已经发生紧急情况时的安全行为准则。旗下的国家预防与消除紧急情况系统在反恐救援方面发挥着重要的作用，它整合了从国家单位到地方通信运营商所有的通信力量，以保障居民与地区及时获知恐怖活动消息、自身反恐行为规范等与反恐有关的信息，组织相关力量以最快速度处置恐怖活动现场，减轻人员伤亡、物资损失，保障居民、领土、环境、国家重要物资与文化的安全。

五、其他行动机构

俄联邦政府承担了大量的预防恐怖主义的职责，主要有重要目标的反恐防护，抵制恐怖主义思想，监测恐怖活动发生的风险指标等，由两名副总理总负责。据 2008 年 5 月 4 日第 333 号政府

令《政府领导的联邦行政机关在反恐领域的职权》,[①] 政府下属多个部门是反恐的责任单位:

交通部负责领导领海、内水、铁路、公路、城市交通的反恐安全防护,并管理民航、领空使用及领空导航服务、空中搜寻与救援。

工业与贸易部负责对航空工业、造船工业、医疗制药工业、化学工业、国防工业联合体、汽车制造业等工业设施重要目标开展反恐防护。

能源部负责对电能、石油开采、石油加工、天然气、石油管道等能源重要目标开展反恐防护。

生态、技术和原子能监督局负责监督核设施、放射源及其物资存放地的反恐防护状况,监督国家统计与监控核物资、放射性物资、核废料统一系统,与有关行政机关和地方自治组织共同监督危险度高的工业重要目标的反恐防护。

社会发展部在反恐方面的主要职责是提高居民就业率、生活水平、医疗水平,铲除恐怖分子滋生的土壤,负责医疗、疗养机构的反恐防护。

通信与传媒部负责制订信息技术、电子通信、邮政通信、大众传媒、出版、印刷等方面的国家政策和法规,抵制恐怖主义思想的传播。

教育与科学部负责拟订与执行相关措施,以抵制恐怖主义思想的传播,抵制为恐怖活动正名的材料或信息的传播。

动植物卫生监督局负责监督特别危险生物的来源及物理保护状况,防止生物恐怖袭击事件的发生。

---

① Постановление Правительства РФ от 04. 05. 2008 N 333 (ред. от 06. 06. 2013) “О компетенции федеральных органов исполнительной власти, руководство деятельностью которых осуществляет Правительство Российской Федерации, в области противодействия терроризму”, http: //www. consultant. ru/document/cons_ doc_ LAW_ 147254/.

资源利用监督局监控水利工程设施的保护状况（不包括工业与能源重要目标的水利工程设施），防止被恐怖分子袭击或利用。

联邦航空局组织保障空中交通，在职责范围内实施对航空器的反恐防护。

联邦航天处与相关行政部门一起保障拜科努尔（Байконур）与瓦斯托契内（Восточный）航天发射场的反恐防护。

水文气象与环境监测局在恐怖威胁出现时，为参加反恐的单位提供水文气象信息，监测环境是否受到污染，并采取措施最大程度减轻和消除恐怖活动后果。

大地测量与制图局组织进行大地测量、制图、地形与水文工作以保障反恐。

总之，反恐是一项系统工程，这些部门的共同工作建立起了全面抵制恐怖主义的屏障。

第四节　反恐保障及监督系统

反恐是系统工程，其成效与一系列保障工作的水平和作用密不可分，这与保障工作在传统战争中的基础性地位类似。在俄罗斯，一般来讲，保障和监督是由同一个部门实施的，俄罗斯反恐体系成效显著的重要原因正是对反恐各个环节的保障到位，监督到位，从而使反恐政策、措施得到落实。相关单位通过监督不断发现问题，修正、完善反恐体系与工作方式，加强反恐保障，促进反恐成效的显现。俄反恐保障与监督系统主要由以下几个部分构成。

一、政府保障监督

依据《反恐法》，政府是最主要的后勤保障与协调部门，仅负责保障联邦行政机关、联邦主体行政机关和地方自治机关反恐怖工作所需力量、资金和资源，并监督这些力量、资金与资源的使用。

联邦主体反恐委员会的组织保障与后勤保障由联邦主体最高领导人担任。为此，联邦主体最高领导人在职权范围内建立联邦主体反恐委员会机关，并任命机关领导人作为组织反恐的负责人，以组织与提供委员会的后勤保障。可以看出，俄罗斯政府不仅仅是一个保障单位，也是集保障与指挥于一体的权力机构，在不同的权力范围内行使职责。

二、反恐委员会保障监督

对反恐行动效率的保障与监督是指对反恐政策、措施的执行情况进行保障与监督，避免相关决议成为一纸空文。反恐委员会不仅协调反恐体系运行，同时也监督反恐方案和措施执行，保障与监督反恐有效性。第116号总统令规定，为完成任务，委员会拥有以下权力：组织、协调、完善与评估联邦行政机关反恐工作，并监督其实施；制定预防恐怖主义的计划，消除其诱因，保护恐怖袭击潜在目标，最大程度减轻和（或）消除恐怖活动后果的措施，并监督这些计划与措施的实施。

国家反恐委员会和联邦主体反恐委员会机关是反恐工作重要的保障和监督机构。据国家反恐委员会条例，国家反恐委员会机关负责保障委员会准备与召开会议；保障并监督委员会决议的执行；保障委员会与其组成单位的相互协作；监督联邦主体反恐委员会的工作。相应地，联邦主体反恐委员会机关承担对本级委员会相关工作的保障与监督，并监督市级反恐委员会工作。

此外，俄罗斯还在联邦主体强力部门设置了1700个副职以监督执行决议与地方执法，在州、市和村成立了3078个专门委员会，以监督国家机关、商界和舆论界的工作和维护地方法律秩序。[①] 这些监督机构在一定程度上保障了反恐执行力度。

三、立法、司法、执法保障监督

立法、司法保障和监督的目的是确保反恐工作的合法性，合法性是有效性的基本要求和保障。俄联邦宪法第 15 章第 2 条规定，国家权力机关、地方自治机关、公务人员、公民及其他团体必须遵守俄联邦宪法及法律。合法性原则对反恐主体具有普适性，因而需要对国家机关反恐活动的合法性进行监督。

立法监督首先体现在议会的立法权上。议会通过制定联邦法律，规范一切国家权力机关，包括对联邦安全局、内务部等强力机构的反恐活动程序实施法律调节。立法监督首先确保反恐的最终目的是保障公民的基本权益，其中最主要的是保障并监督限制公民权利与自由的合法性。根据俄联邦宪法第 55 章第 3 条，这些限制只能由联邦法来确定，其宗旨是维护宪法基础、公民的自由权、健康权及其他合法利益，保障国家安全。

议会监督权力还包括财政监督权、议会听证权和议会质询权。财政监督权赋予议会批准联邦国防开支及联邦安全局、内务部等部门经费开支的权力，并对预算开支情况进行审计。议会还有权对所管辖的问题举行听证会，其所通过的建议送交政府、相关部委和组织。此外，议会代表还有权在两院会议上以书面形式向联邦政府、各联邦行政权力机关领导人提出质询。被质询的国家公务员要在收到质询之日起 15 日内以口头或书面的形式予以答复。近年来，一些议会会议决议表述了国家机关在反恐方面的行动任务，并对这些行动做出了评估。

① “Опыт работы по профилактике правонарушений в Республике Башкортостан”, http: //www. mvdrb. ru/files/File/Oput_ Raboty. doc.

司法监督主要由司法部执行，司法部在反恐方面的任务主要是提供反恐法律保障，使恐怖分子受到应有的制裁，保护恐怖案件涉及的证人等。

检察院对反恐执法过程进行监督，每年总检察院都会对反恐执法情况，反恐体系的成效进行评估，评估结果将成为国家反恐委员会进一步完善反恐体系的依据。

四、社会保障监督

（一）俄联邦社会院

俄罗斯社会舆论直达决策中心的联系单位是俄联邦社会院。它是根据2005年出台的《俄联邦社会院法》组建的，是不属于任何国家权力部门的社会监督机构。社会院建立的目的是：促进公民与国家权力机关、地方自治机关的合作，在形成与实施国家政策时考虑公民的需求与利益，保护其自由与权利，以及对权力机关的行为施行社会监督。[①] 社会院在俄联邦主体的分支是社会监督委员会，作用是监督和保障联邦主体法律执行。2009年9月，这些委员会开始在各个联邦主体运行。社会院的反恐保障与监督工作首先体现在反恐及相关法律草案必须在社会院网站公示，广泛征集社会各界意见，召开会议审查草案，以完善反恐立法。《2020年前俄联邦国家安全战略》、《俄联邦军事学说》等草案都曾在社会院网站公示。同时，社会各界对执法部门与人员的意见也可通过热线报告社会院，由社会院转达相关部门，从而对强力部门、行政单位执法情况进行监督，防止滥用职权。2011年，社会院审查《反极端主义活动问题个别法令》修正草案，指

① Федеральный закон от 04. 04. 2005N32-ФЗ “Об Общественной палате Российской Федерации”, https：//www. oprf. ru/ about/1391/law/418/.

出其中存在与宪法保障公民的基本权利和自由相冲突的问题。[①] 2012 年，社会院指出《刑法》修正草案第 5 条对恐怖活动的定义不充分，没有包括信息恐怖主义。[②] 在社会院的督促下，2012 年 12 月 19 日，普京总统签署第 1666 号总统令，公布《2025 年前俄联邦国家民族政策战略》，解决了这项久拖不决的事务。

（二）政党监督

俄罗斯将政党视为公民社会系统的重要组成部分，政党在反恐的社会监督方面也发挥着重要作用。以“自由与人民政权党”创建的联邦监督、打击腐败与恐怖主义委员会[③]为例，它通过向申请者提供免费法律帮助，追求以下几项目标的实现：捍卫俄联邦的统一与完整，反对极端民族主义与分裂主义；维护公民、企业、单位与组织的权益，使其免受权力机关工作人员滥用职权与腐败行为的侵害；对所有权力机关领导的工作进行全方位的群众监督，监督护法、侦查机关工作人员履职的合法性；形成全俄反恐与反暴力体系等。该委员会不仅力求形成社会与权力机关之间法律与公正的平衡机制，还要形成人民对官员的监督机制，以期最终通过联合各种社会力量，抵制腐败，从人民方面监督所有官员及公民遵守法律的状况。委员会特别重视保障青年人参与国家管理的权利，创造一切条件发挥每位青年的潜能，给青年提供实现自我的机会，从而避免他们因无所事事而加入包括恐怖组织在内的非法团体，从事违法活动。

---

① “Необходимо конкретизировать понятие экстремистской деятельности”, https://www.oprf.ru/1449/2133/153 7/2142/newsitem/16126. ［2011－12－16］

② “Кодекс поведения в Интернете”, https://www.oprf.ru/press/832/newsitem/16435, ［2012－01－20］.

③ “Федеральный комитет по борьбе с коррупцией”, http://fkkbkt.ru. ［2014－12－08］

第五节　俄罗斯反恐主体体系的特点

反恐是一项系统工程，俄罗斯反恐主体的体系也是本着系统论的思想来设计的，主要由组织协调系统、情报系统、行动系统、保障与监督系统这四大系统组成。这四大系统形成了从情报依据到反恐决策，以情报为纽带进行有效的组织，后勤、组织保障与反恐行动协调一致，并通过各级各层的监督来确保反恐各项工作落实到位的周密闭环，是集情报、决策、行动于一体的反恐体系。这一闭环又因有预置的监督系统发现问题，强大的情报系统分析问题，权威的决策系统解决问题，因而在运行中能够得到不断调适与优化。具体说来，俄罗斯反恐主体体系有以下几个特点。

一、反恐实行“一长制”负责，确保反恐决策有力

反恐是国家战略行为，只有强有力的组织与指挥体系才能理顺反恐怖工作，形成集指挥、控制、协调、情报、行动为一体的反恐体系。要让反恐委员会发挥实际效能，必须建立严密的组织指挥体系，明确规定职责，并把责任落实到负责人个人身上。因此，在新的反恐体系中，明确规定反恐委员会主席是联邦安全局局长，反恐委员会常设机关设在联邦安全局中，由联邦安全局局长全权负责反恐事务，这一变化也是俄罗斯反恐体系的最重要特点。首任国家反恐委员会主席由普京的亲密战友、接任普京担任联邦安全局局长的帕特鲁舍夫担任，他全面重构了国家反恐委员会体系。经过改组后的反恐委员会在组织效率上更高，决策依据也更坚实，权威性也得到了社会各界的肯定，为国家反恐委员会的良好运行打下了坚实的基础。在联邦主体与市一级领导层，反

恐委员会主席均由当地最高行政首长担任，这一措施确保了反恐决策的权威与反恐保障、监督的有效运行。在国家反恐委员会体系的完善过程中，反恐行动的指挥权也完全归于联邦安全局局长，使反恐事务的“一长制”负责特点更加突出。“一长制”领导使反恐决策权力集中，使反恐事务有了集中、有力的领导。

二、以情报联系反恐主体，实现对反恐事务的精细化管理

依靠联邦安全局的力量来组织与协调所有反恐事务的目的是，以准确的情报为纽带，联系各反恐主体，实现反恐体系的有效、集约化运行。俄罗斯反恐体系十分庞大，组成成员众多，使这些成员能够做到令行禁止，科学的决策是基本前提。科学决策来源于准确的情报，联邦安全局作为国内最大的情报机构，只有它能够承担这一重任。同时，反恐情报来源广泛，只有实现反恐情报的全源融合分析才能达到预警恐怖主义、防止恐怖活动发生的目标。反恐主体体系的各组成单位与国家反恐委员会之间有密切的情报合作，各反恐主体向国家反恐委员会提供情报，国家反恐委员会机关情报分析局将有针对性的情报通报相关单位。情报的交流与协作促使反恐主体体系日常事务的良好运行，情报成为各反恐主体之间重要的联系纽带。准确充足的情报使反恐能够做到准确决策，合理配置反恐力量；也使反恐行动更加灵敏精确，能够集约化使用反恐力量。情报使国家反恐委员会对反恐事务实现了精细化管理。

三、形成全国反恐网络，这一网络既能形成反恐合力，又能灵活机动

反恐工作的特点和需要，要求反恐主体结构设置既要有严密的组织指挥体系，又要有不同机构间密切的配合与联动，还要有

在突发紧急情况时的灵活应变能力、及时处置能力。总结重大反恐失误教训而重组出来的俄罗斯反恐主体体系把这三者有机结合在一起。为保证组织指挥有力，国家反恐委员会体系是垂直领导的三级体系，三级反恐委员会的核心单位都是联邦安全局，使各种指令上行下达通畅。为保证反恐形成合力，明确规定反恐委员会决议对其组成成员有约束力。联邦主体与市级反恐委员会主席是当地最高行政首长，副主席与委员会机关主任是当地联邦安全局局长，这样的职务设计安排使反恐委员会决议的落实得到保障。联邦主体行动指挥部有权直接领导特种力量与设备，使地方突发恐怖事件能够得到当地反恐行动部门的灵活处置。法律详细规定了国家权力机关、地方自治机关、各类社会团体乃至公民个人的反恐、肃恐责任与权力，也赋予了不同主体在自身职权范围内处置涉恐事件的能力。以上反恐机构在不同级别、不同层面的设置，使全国形成牵一发而动全身的反恐网络。既联动又灵活，可因涉恐事件的大小而动用不同层级、不同程度的力量。这样的体系加之精确的情报指导，可以实现既节约警力，又能有效扼制恐怖活动、削减恐怖主义威胁的目标。

四、保障与监督有力，确保反恐高效率

旧反恐体系以政府总理作为联邦反恐委员会的主席，看中的主要是政府的反恐保障能力，总理能够调动政府各种资源保障反恐工作的开展。新反恐体系仍旧规定了政府在保障反恐方面的职责，但更强调了对落实各项反恐工作的监督。俄建立了从国家机关到社会独立监督部门的监督体系，政府为公民开通了监督反恐的各种热线，加之政党将监督反恐效率与合法性视为己任，俄罗斯反恐从立法到执法形成了全社会、全民监督的良好环境。这是新反恐体系形成之后反恐效率得到大幅度提高的重要保障。

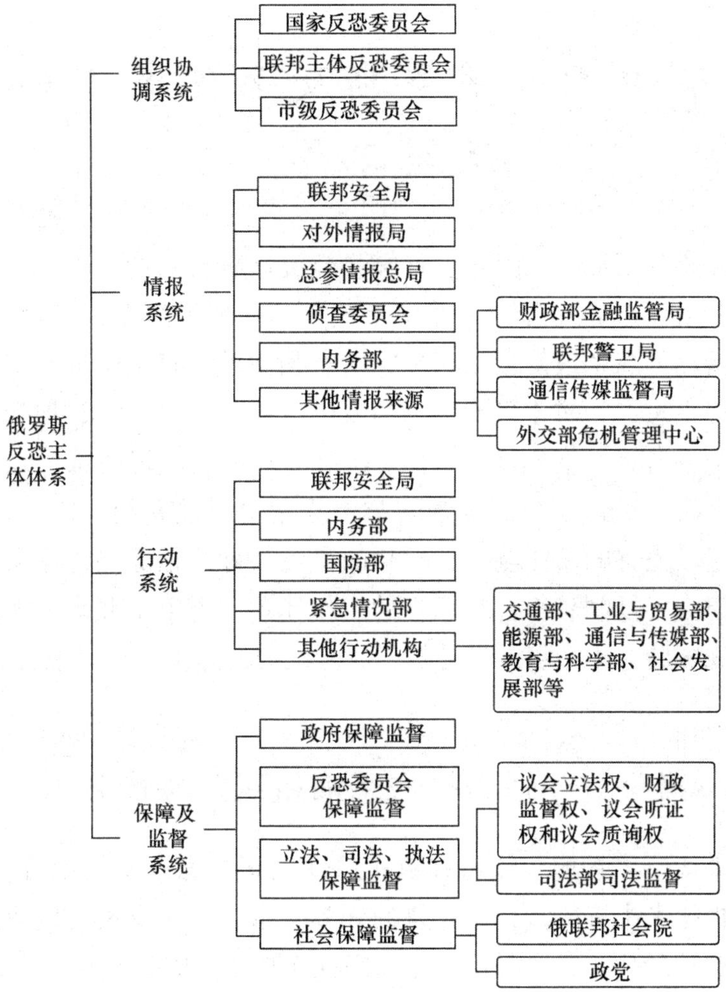

图 3—3　俄罗斯反恐主体体系

第四章　俄罗斯反恐体系下的反恐工作

反恐包括预防、阻止、打击、救援这四方面的工作。从历史来看，俄罗斯的反恐先后经历了侧重不同的发展阶段，过程是：恐怖活动的高企迫使俄动用国家所有强力手段打击恐怖主义，削减恐怖力量；为防止恐怖活动的发生，反恐手段前置，加强了情报、金融监管、重要目标防护、国际合作；为减轻恐怖活动发生后的危害，俄建立了国家预防与消除紧急情况系统、通告系统，建立了较完善的赔偿制度；反恐的最终目标是根除恐怖主义，为此俄建立了抵制恐怖主义思想的工作体系，力争从源头上消减恐怖主义威胁。本章将逐一分析上述方面的反恐工作与效果。

第一节　强力打击恐怖组织与恐怖分子

俄罗斯“铁腕”打击和镇压恐怖主义的态度始终没有改变，正如梅德韦杰夫所言，最重要的任务交给了护法机关，俄罗斯要严密监控局势，必要时可实施控制性作战。[①] 2012 年 10 月 16 日，普京号召情报与安全、护法机关坚决打击恐怖主义。他说，“我们需要不间断地，坚决地，先发制人地，必要时凶狠地”打击恐

---

① “Выступление на расширенном заседании коллегии Федеральной службы безопасности”，http：//kremlin. ru/transcripts/2991，2 августа 2010.

怖主义，对不肯放下武器的恐怖分子必须进行反恐作战。[①] 领导人的话表明，俄罗斯仍然把采用强力措施作为反恐的重要手段。这也是消灭恐怖组织有生力量，震慑恐怖分子，防止恐怖活动的有效手段。

一、完善反恐侦查制度，体现“违法必究”原则

侦查、侦破涉恐犯罪案件体现了“违法必究”原则，起到了打击、震慑恐怖分子及有极端倾向的人员的作用，是对社会治安状况向良好方向发展的推动，在获取反恐情报，预判恐怖活动方面起着重要作用。

（一）反恐侦查主体

俄罗斯进行反恐情报与侦查工作的主要有联邦安全局、侦查委员会、内务部，此外，海关总局、禁毒局、监狱管理局等单位也承担相关责任，各单位在反恐侦查中十分注重协作。在目前恐怖活动最严重的地区，联邦安全局、侦查委员会、内务部建立了协作办案机构。2010 年 5 月，达吉斯坦与印古什共和国侦查局成立了协同联邦安全局与内务部的侦查分析协调小组，其任务不仅是侦查重大犯罪与恐怖主义倾向犯罪，还包括及时发现酝酿中的恐怖活动。[②] 建立正式机构来协调有反恐职能的不同单位联合侦查办案，有利于反恐情报的交流、汇总、串并案分析，集中来自不同领域富有经验的情报侦查人员搜集、分析反恐情报，可以大幅度提高破案率。近年来的侦查成果也因此得到普京总统的高度

---

① “Путин призвал к «дерзкой» борьбе с терроризмом”, http://www.km.ru/v-rossii/2012/10/16/vladimir-putin/694978-vladimir-putin-prizval-k-derzkoi-borbe-s-terrorizmom.［2012-10-16］

② “В России создан отдел по расследованию преступлений террористического характера”, http://fed.sibnovosti.ru/society/102652-v-rossii-sozdan-otdel-po-rassledovaniyu-prestupleniy-terroristicheskogo-haraktera.

肯定。[①]

（二）反恐侦查程序

俄罗斯反恐侦查是一系列情报与侦查行动的相互配合过程，可以将之划分为以下几个阶段：（1）侦查前评估情报；（2）根据侦查结果分析案件证据，提起诉讼；（3）前期侦查，对恐怖分子的诉讼程序进行有效跟踪；（4）停止诉讼程序。[②] 俄罗斯反恐情报侦查程序的设计比较周密，从前期情报工作，情报转入侦查，进入诉讼后的侦查，以及因证据不足中止前期侦查转入情报的过程设计得十分细致，把情报、侦查、诉讼的所有条件列举得清清楚楚，操作性很强。

第一阶段，联邦安全局等情报单位必须获取充足准确的情报，以保证后续侦查的成效，并对情报进行分析，以判断是否符合刑事案件起诉的条件。根据《侦查法》第 11.1、11.2 条，以及2007 年 4 月 17 日内务部、联邦安全局、最高检察院侦查局、海关局、对外情报局、监狱管理局、禁毒局和国防部联合命令批准的《向审讯员、审讯机构、侦查员、检察长或法庭提交侦查结果的程序法》第 368/185/164/481/32/184/97/147 号，按传递情报的特定程序将收集到的情报与情报分析结果提供给侦查员。这些情报必须要素齐全，对侦查对象特征有明确描述，并有在前期侦查中使用情报的建议，以利于情报向证据转换。在此阶段，情报与侦查单位必须相互协作，以及时和有依据地起诉案件。

第二阶段确定是否提起诉讼。如果第一阶段的分析结果缺乏起诉依据，或不允许起诉，侦查员应以书面形式阐述对该问题的

---

① 贝文力、阎德学、程国平、张德广、闵永年、冯绍雷、王焰编：《普京文集》，世界知识出版社，2014 年版，第 149 页。

② Артамонов И. И. “Актуальные проблемы взаимодействия субъектов борьбы с терроризмом при расследовании уголовных дел террористической направленности”, Вестник Национального Антитеррористического Комитета, 2012/1（06）.

看法，提出补充侦查的建议，以使案件起诉条件充足。起诉条件充分时，侦查员应根据情报，正确选择破案时机，制定联合战术行动计划。

第三阶段对恐怖分子的诉讼程序进行有效跟踪。其目的在于：找到所有目击证人；复制证人证词、技侦材料、情报侦查人员报告等物证；找到证据的所有旁证材料。在诉讼过程中，被告及其律师可能会采用贿赂、收买、威胁等方法干扰司法公正，对证人、侦查员、抓捕人员、法庭人员施加不利影响。因此，侦查部门不仅在单独的侦查行动和战术行动（即一次性、不定期的行动）中，而且在整个侦查期间——从情报搜集、前期侦查、起诉案件至判决书生效，都要努力保证侦查主体高水平的协作。为顺利诉讼，检察院要沟通好媒体跟踪报道，否则犯罪嫌疑人律师或其同伙会抢占舆论高地，争取社会同情。为此，检察院一般会组织专门人员进行信息发布，预先取得媒体支持，鼓励媒体参加公开的诉讼程序，监督媒体是否真实报道。

第四阶段，在侦查过程中，如果所有侦查结果都不能确定犯罪嫌疑人是被告，侦查部门在侦查期限结束时应中止侦查。根据俄罗斯《刑事诉讼法》第 208.1 条，中止侦查的理由有：不能确定犯罪嫌疑人是被告；不能确定被告住地；被告没有参加刑事案件的实际能力；被告临时重病，妨碍其参加诉讼活动。对于因无法确定犯罪嫌疑人是被告而中止的案件，侦查部门应确定此人身份，或拘留此人，以进一步搜集情报，确定身份。

（三）反恐侦查成果

别斯兰事件之后，俄罗斯反恐体系的重组和更加科学化管理使恐怖主义犯罪与恐怖主义倾向犯罪逐年下降，而侦破率在 2006 年以后得到很大提高，并维持在高位。表 4—1 为内务部公布的数据①：

表 4—1　俄罗斯反恐侦查成果统计表

年份	犯罪类型	登记	已侦破	侦破往年的恐怖活动	
				共计	团伙作案
2003	恐怖主义倾向	8664	1193		
	恐怖活动	561	86（团伙作案25起）	7	1
	谎报恐怖活动	7788	814		
	极端主义倾向	157	122		
2004	恐怖主义倾向	9523	1689		
	恐怖活动	265	83	6	1
	谎报恐怖活动	9018	1411		
	极端主义倾向	130	103		
2005	恐怖主义倾向	5438	1439		
	恐怖活动	203	83	34	29
	谎报恐怖活动	4840	987		
	极端主义倾向	152	133		
2006	恐怖主义倾向	1781	1068		
	恐怖活动	112	83	18	15
	谎报恐怖活动	3262	767		
	极端主义倾向	263	169		
2007	恐怖主义倾向	759	661		
	恐怖活动	48	54	7	6
	谎报恐怖活动	2299	633		
	极端主义倾向	356	217		
2008	恐怖主义倾向	642	550		
	恐怖活动	10	6	1	0
	谎报恐怖活动	1633	544		
	极端主义倾向	460	430		

① Статистика МВД. http：//mvd. ru/Deljatelnost/statistics/reports/item/804701/.

续表

年份	犯罪类型	登记	已侦破	侦破往年的恐怖活动	
				共计	团伙作案
2009	恐怖主义倾向①	654（侦查委员会发现23起，内务部发现583起）	530（由内务部侦破346起）		
	恐怖活动	15（内务部发现4起）	13	23	0
	谎报恐怖活动	1432（内务部登记1421起）	219		
	极端主义倾向②	548	484		

① 据俄联邦总检察长2009年10月22日发布“关于对反恐法的执行进行检察院监督”的命令，恐怖主义倾向犯罪有以下几类：(1)《刑法》第205条所指恐怖主义行为；(2)《刑法》第205.1条所指协助恐怖活动；(3) 刑法第205.2条所指公开煽动实施恐怖活动或公开为恐怖主义辩护；(4)《刑法》第206条所指劫持人质；(5)《刑法》第208条所指组织非法武装团伙或参加其中；(6)《刑法》第277条所指侵害国家或社会活动家的生命；(7)《刑法》第278条所指暴力夺取政权或暴力维持政权；(8)《刑法》第279条所指武装暴动；(9)《刑法》第360条所指攻击有国际保护的人或机构。

② 据俄联邦总检察长2009年11月19日发布“关于组织对实施反极端活动的立法进行检察院监督”的命令，极端主义倾向犯罪有以下几类：(1)《刑法》第105条，杀人，如果其动机确定为仇恨；(2)《刑法》第111条，有预谋地造成严重伤害，如果其动机确定为仇恨；(3)《刑法》第112条，有预谋地造成中等伤害，如果其动机确定为仇恨；(4)《刑法》第115条，有预谋地造成轻伤，如果其动机确定为仇恨；(5)《刑法》第116条，殴打，如果其动机确定为仇恨；(6)《刑法》第117条，虐待，如果其动机确定为仇恨；(7)《刑法》第119条，威胁杀害或引起严重伤害，如果其动机确定为仇恨；(8)《刑法》第136条，破坏人与公民的平等权利与自由；(9)《刑法》第141条，妨碍选举权的实现或选举委员会的工作；(10)《刑法》第148条，妨碍信仰自由权利的实现；(11)《刑法》第149条，妨碍会议、集会、示威、游行、纠察或参与其中；(12)《刑法》第150条，吸收未成年人进行犯罪，如果其动机确定为仇恨；(13)《刑法》第212条，大规模骚乱；(14)《刑法》第213条，流氓，如果其动机确定为仇恨；(15)《刑法》第214条，故意破坏艺术的行为，如果其动机确定为仇恨；(16)《刑法》第239条，组织侵害个人与公民权利的团伙；(17)《刑法》第244条，污辱死者及其墓地，如果其动机确定为仇恨；(18)《刑法》第277条，侵害国家或社会活动家的生命；(19)《刑法》第278条，暴力夺取政权，或暴力维护政权；(20)《刑法》第280条，公开煽动实施极端活动；(21)《刑法》第282条，挑起仇恨或敌意，以及贬低人的价值；(22)《刑法》第282条，组织极端主义团伙；(23)《刑法》第282.2条，组织极端组织的活动；(24)《刑法》第357条，种族灭绝。其中所涉及的《刑法》第277条与第278条与恐怖主义倾向犯罪一致。

续表

年份	犯罪类型	登记	已侦破	侦破往年的恐怖活动	
				共计	团伙作案
2010	恐怖主义倾向	581（侦查委员会发现35起，内务部发现484起，监狱管理局发现1起）	410（侦查委员会侦破161起，内务部侦破214起）		
	恐怖活动	31（内务部机关发现14起）	8	0	0
	谎报恐怖活动	1556（内务部机关发现1536起）			
	极端主义倾向	656	632		
2011	恐怖主义倾向	622	428（侦查委员会侦破224起，内务部机关侦破179起）		
	恐怖活动	29（内务部机关发现20起）	22	1	0
	谎报恐怖活动	1878（内务部机关发现1860起）			
	极端主义倾向	622	503		
2012	恐怖主义倾向	637（侦查委员会发现28起，内务部机关发现530起，海关发现1起）	478（侦查委员会侦破296起，内务部机关侦破153起）		
	恐怖活动	24（内务部机关发现19起）	18	4	1
	谎报恐怖活动	1252（内务部机关登记1227起）	619		
	极端主义倾向	696	611		

续表

年份	犯罪类型	登记	已侦破	侦破往年的恐怖活动	
				共计	团伙作案
2013	恐怖主义倾向	661（侦查委员会发现43起，内务部发现539起）	454（侦查委员会侦破324起，内务部侦破88起）		
	恐怖活动	31（内务部机关发现19起）	11	4	0
	谎报恐怖活动	1250（内务部机关发现1221起）			
	极端主义倾向	896	743		
2014	恐怖主义倾向	1128	579		
	恐怖活动	33	26	2	
	谎报恐怖活动	1328			
	极端主义倾向	1024	879		

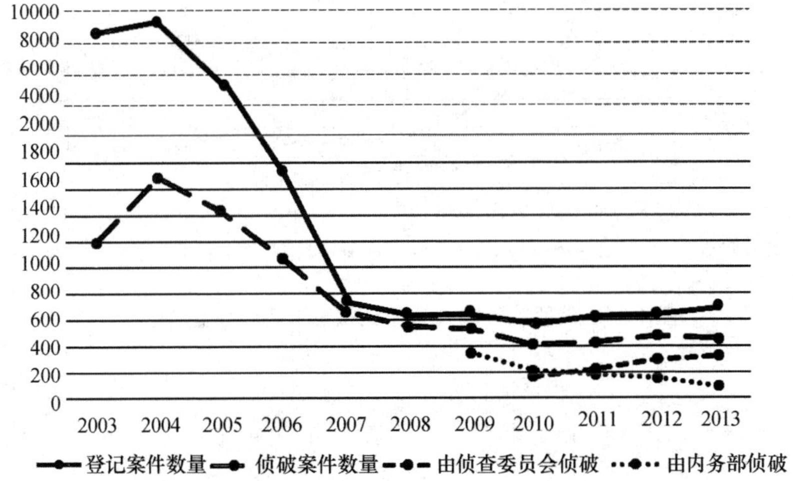

图 4—1　俄罗斯 2003 年以来恐怖主义倾向犯罪数量走势图

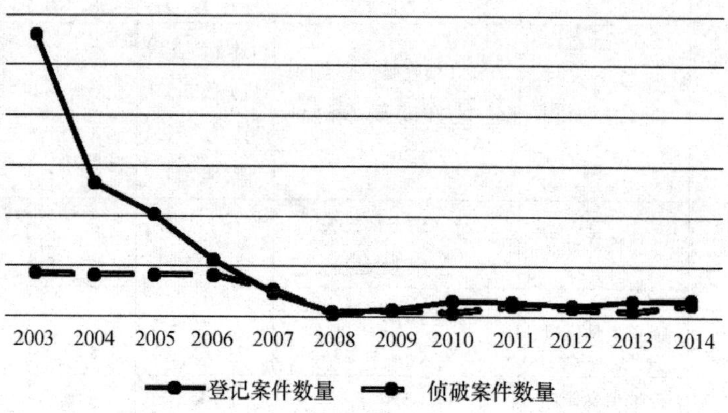

图 4—2　俄罗斯 2003 年以来恐怖活动数量走势图

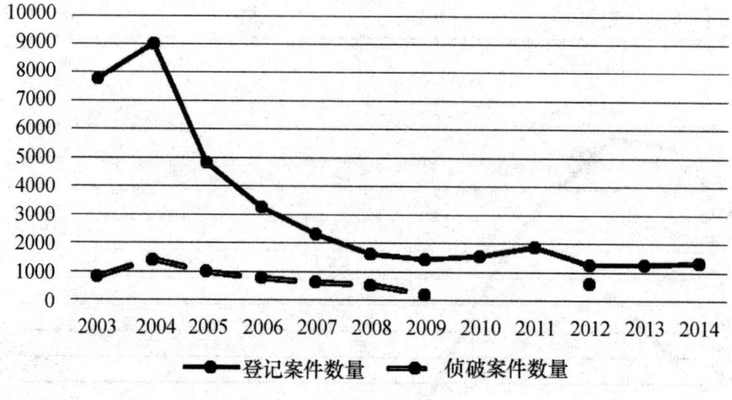

图 4—3　俄罗斯 2003 年以来谎报恐怖活动数量走势图

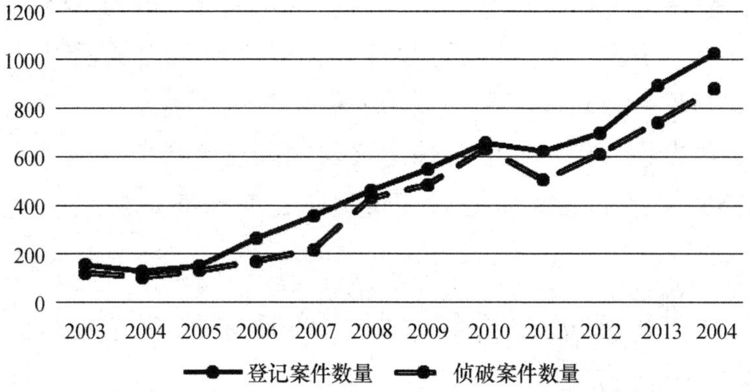

图 4—4　俄罗斯 2003 年以来极端主义倾向犯罪数量走势图

以上四张图显示了俄罗斯 2003 年以来涉恐犯罪与极端主义倾向犯罪的走势。在严厉的打击与多方防范下，2005 年后，俄罗斯涉恐犯罪数量大幅减少，并在近年维持在较少范围内。

但是，极端主义倾向犯罪呈现出大幅上升的趋势，这说明俄罗斯产生恐怖主义的根源问题没有得到较好解决，极端主义倾向犯罪的环境仍然存在，俄罗斯反恐体系在预防恐怖主义产生方面的建设还需要加强，这需要从立法、打击、消除恐怖主义思想、加强民生建设等方面做起。

近年来俄罗斯各类涉恐案件都处于较低水平，2014 年是俄罗斯内外交困的一年，恐怖主义倾向犯罪与极端主义倾向犯罪都有所上升，这与俄罗斯所处国际环境、自身经济恶化有关。全俄舆论调查中心 2014 年 10 月的调查显示，俄罗斯人目前认为俄恐怖主义的主要来源发生了变化，分别是美国、伊斯兰教徒与乌克兰。2013 年 11 月认为美国是俄罗斯恐怖威胁来源的人数占受调查人数的 4%，而 2014 年底增长到 22%，占第一位。认为北高加索是恐怖威胁来源的俄罗斯人人数在一年间从20%下降到3%。[①]这说明在西方制裁俄罗斯的背景下，俄罗斯国内的团结得到加强，将目标一致对准了外来压力。但是，这也显示了俄罗斯反恐斗争的复杂性，俄罗斯的恐怖主义与国际反俄势力的活动有着较为紧密的关系，俄罗斯反恐任重道远，还需要进一步完善反恐体系。

二、建立反恐预警机制，实现应对现实恐怖威胁的整体快速反应

在俄罗斯的反恐体系中，预警体系是其反恐的重要组成部分。反恐预警机制是应对恐怖威胁最有效的工具。俄罗斯反恐预警机制最早试点是在2007年。2007年1月16日晚，俄罗斯新闻社、国家电视台等权威媒体几乎同时发布了俄罗斯可能遭受大规模恐怖袭击的警报。据俄媒体报道，16日当天，俄罗斯国家反恐委员会宣布，俄罗斯联邦安全局从境外合作伙伴处获悉，最近一段时间俄罗斯城市交通面临着严重的恐怖袭击威胁，恐怖袭击者与“基地”组织有关。全俄人员密集场所综合信息通告系统发布通知，要求公众如发现放在交通工具或公共场所的可疑包裹，要及时与相关部门联系，并公布了俄联邦安全局的电话和报警电话。时任俄联邦安全局局长兼国家反恐委员会主席帕特鲁舍夫下达命令，要求各部门做好反恐行动的战备。随后莫斯科公路、铁路交通枢纽高度戒备，各部门领导人开始在自己的岗位上值班。预警发布后，工作人员在人员密集场所对500多个可疑物品进行了排查。国家反恐委员会表示，根据公民热线电话举报的线索进行了150多次积极检查。1月19日，国家反恐委员会宣布取消高

① “Главными источниками террористической угрозы россияне считают США, исламистов и Украину”, http://www.ng.ru/news/482883.html.［2014－10－21］

度戒备状态。[1] 通过这一行动，俄罗斯向恐怖分子发出了强烈的信号，表明相关部门已经做好战斗准备，随时迎接挑战，这在一定程度上警示了恐怖分子。

实践证明，反恐预警机制能够有效提高俄罗斯的反恐能力，扼制恐怖活动。为此，2011 年 5 月 3 日，梅德韦杰夫总统签署命令，确定了要建立反恐预警机制。2012 年 6 月 14 日，普京总统签署《关于确定恐怖主义威胁等级以采取保障个人、社会与国家安全的追加措施》总统令，以制定不同等级恐怖威胁下，保障个人、社会与国家安全的预案。[2]

目前，俄罗斯将恐怖威胁划分成不同的等级：

第一，蓝色（较高等级）——当出现需要证实可能性的恐怖袭击情报；

第二，黄色（很高等级）——当出现已经证实可能性的恐怖袭击情报；

第三，红色（危机等级）——当出现恐怖袭击或恐怖袭击已直接威胁的情报。

当出现可能有恐怖活动发生的情报后，联邦主体反恐委员会主席与联邦安全局地方局局长首先对情报进行初判，确定威胁等级，如果是较高或者很高等级，则直接发布蓝色或者黄色预警，采取对应预警措施；如果判断属于危机等级，须立即上报国家反恐委员会主席，由他确定红色预警实施的时间、范围。威胁等级

---

① “Комментарий к информации об угрозе совершения диверсионно-террористического акта в РФ, распространенной 16. 01. 2007г. Национальным антитеррористическим комитетом (НАК)”, http://www. volges. rushydro. ru/press/news/27281. html.

② Указ Президента РФ от 14. 06. 2012N851 “О порядке установления уровней террористической опасности, предусматривающих принятие дополнительных мер по обеспечению безопасности личности, общества и государства”, http://www. psj. ru/saver_people/detail. php? ID = 71511. [2012 - 06 - 26]

的变更、解除也根据威胁程度的不同由地方和中央反恐委员会分别决定。国家反恐委员会主席有权确定、更改或废止一个或多个联邦主体的任何等级的反恐预警等级。联邦安全局地方局是反恐情报获取的主要部门，同时也与反恐委员会主席有直接联系，因此联邦安全局地方局局长在威胁判定中占据主导地位，他在发布威胁和预警实施阶段将动员尽可能多的资源，确保预警制度有效运行。

在预警机制中，为了不引起大众的恐慌及节约资源，俄实施反恐预警的期限不超过 15 天。整个反恐预警等级的确定、变更、取消，以及其期限、地域都应通过媒体即时宣布，让大众了解政府的意图。具体的措施由《反恐法》规定的各级权力机关、地方自治机关在职权范围内实施，不应当限制人与公民的权利与自由。

蓝、黄、红三级威胁预警情况对应有不同的应对恐怖威胁预案，其具体内容如下：

（1）蓝色等级预警情况下的主要措施：

评估发生恐怖袭击可能性的情报；

据情报评估，向在紧急情况地区执行任务的警察局和军人，受恐怖威胁的潜在目标的人员与单位下达命令；

据情报评估，在街道、广场、体育场馆、公园、公路、车站、港口、人员密集场所等公共场所加强巡逻；

采用特种技术，对机场、港口检查站、地铁、火车站与公交站加强监控；

对基础设施、暖气管道、煤气管道、配气站、能源系统进行仔细检查；

为发现和消除爆炸物，对公共场所、主要交通路段进行技术检查，对受恐怖威胁的目标与人员密集场所进行检查；

及时通知居民出现恐怖威胁时的行为规范。

（2）黄色等级预警情况下的主要措施：

搜查各种交通工具，搜查准备与实施恐怖活动的嫌疑目标；

检查公民的守法情况，包括对预警区域内停留与居住的公民登记，监控临时或长期停留在俄罗斯，在俄罗斯进出，或途经俄罗斯的外国公民、无国籍人士的守法情况；

核算用于消除恐怖活动后果的行政机关、救援力量与装备的花费；

对发生恐怖活动时要使用的力量与设备进行专门训练；

检查反恐与救援单位、人员，完善其反恐防护与救援的能力；

确定适合临时安置人员的地点，该地点应远离实施反恐行动的地点，并确定其饮食与衣物的来源；

保持相关医疗单位的高度准备状态；

评估医疗单位提供紧急救助。组织医疗受害者的能力。

（3）红色等级预警情况下的主要措施：

反恐作战部队进入战备状态；

使相关医疗单位处于紧急准备状态；

加强最可能遭遇恐怖袭击的目标的警卫；

在远离实施反恐行动的地点设立临时人员安置所，保障其饮食与衣物；

采取紧急措施救人，保护无人看管的财物，协助受救援单位不中断工作。

使下列单位处于战备状态：交通设施（用于人员疏散），医疗单位（用于受害者的接收），紧急心理救助中心（用于帮助受害者及其亲属）；

对途经预警地域的交通工具加强检查，采用特殊仪器以发现武器与爆炸物。

上述的预警等级及措施的主要依据是准确的情报，三级预警机制制定了三种应对不同程度恐怖威胁的预案。这样的预案日常会进行演练，以检验反恐部门和各机关、企业、学校应对相应级别恐怖威胁的能力；提高居民对恐怖威胁的警惕性，使其清楚一旦发生恐怖事件该如何应对；积累应对恐怖威胁的经验。一旦发布警报，强力部门可以迅速找到威胁来源，发动反恐行动，救援部门可以按预案开展工作，民众也知道自己的行为规范。至今，俄罗斯已经多次启动反恐预警机制，如2014年3月末，奥姆斯克州（Омская область）州长宣布反恐“蓝色”预警。[①] 2014年6月，切梁宾斯克州（Черянбинская область）州长宣布16—22日奥泽尔斯克区（Озерский район）（军事禁区）和库那尚斯基区（Кунашанский район）进入反恐“黄色”预警状态。[②] 2013年10月21日，伏尔加格勒市发生公共汽车爆炸案后，该州反恐委员会与联邦安全局伏尔加格勒局协商，报告联邦安全局局长、国家反恐委员会主席博尔特尼科夫（А. В. Бортников）后，宣布从当天19时起进入“黄色”反恐预警状态，共15天。[③] 2013年12月29日，伏尔加格勒火车站发生爆炸事件后，该州反恐委员会发布反恐“黄色”预警，为期15天。2014年1月13日，该州反恐委员会将“黄色”级别降为“蓝色”级别，“蓝色”级别持续8天。在这期间，执法机构和其他部门仍然处于战备状态，反恐行

① “В Омске объявлен « синий » уровень террористической угрозы”, http: //bk55. ru/news/article/33620/.

② “В 2муниципалитетах Челябинской области установлен « желтый » уровень угрозы терактов ”, http: //www. dostup1. ru/society/V-2-munitsipalitetah-Chelyabinskoy-oblasti-ustanovlen-zheltyy-uroven-ugrozy-teraktov_ 65713. html. [2014-06 – 20]

③ “В Волгоградской области введен желтый уровень террористической угрозы”, http: //www. agregator. pro/ v _ volgogradskoy _ oblasti _ vveden _ zheltyiy _ uroven _ ter. 2083574. html.

动也在继续。①

三、实施反恐行动制度，反恐作战力量常备不懈

清除恐怖组织的有生力量主要依靠反恐行动，俄罗斯非常注重反恐力量的建设，拥有世界上最大的反恐部队。在别斯兰事件后，俄罗斯在北高加索地区开展的反恐行动消灭了大量非法武装，大大削弱了恐怖组织的实力。

（一）反恐行动部队与指挥

1. 反恐行动部队的组成

根据俄罗斯《反恐法》第 15 条规定，反恐兵力与武器集群可包括：俄联邦武装力量的分队、部队和兵团，负责安全、国防、内务、司法、紧急情况、保障水上设施人员安全的各级行政机关的所属单位。因此，俄罗斯几乎可以动用包括军队在内的一切武装力量实施反恐作战，但其核心仍然是联邦安全局。普京指出：联邦安全局在打击恐怖主义，保护国家与社会利益中发挥着关键作用，必须提前获得有关任何犯罪计划的情报，及时应对破坏局势稳定的企图。②

2. 反恐行动的指挥

《反恐法》规定，在反恐行动中，反恐力量的指挥实行“一长制”原则。反恐行动领导人的职责包括机构组建、决策、协调、善后、后勤保障、控制舆论等诸多方面，具体有：确定指挥部的组织机构和工作方式，官员的职责和任务；决定投入反恐战斗所需的兵力；决定并发布实施反恐行动的战斗命令；确定实施

① “В Волгограде объявлен желтый уровень террористической опасности”, http://nvdaily.ru/info/10930.html［2013－10－22］

② 贝文力、阎德学、程国平、张德广、闵永年、冯绍雷、王焰编：《普京文集》，世界知识出版社，2014 年版，第 148 页。

反恐行动必需的人力和物力，并就吸收其他人员参与指挥部的工作做出决定；指示指挥部起草实施反恐行动的意见和建议；依照联邦安全局和负责国防、内务、司法、外交、紧急情况、保障水上设施人员安全的各联邦行政机关协商通过的规范性法律文件的规定，可向上述机关及各级行政机关征调实施反恐行动和最大程度减轻与（或）消除恐怖活动后果必需的人力和物力；确定指挥部负责与舆论界联络的代表；确定实施反恐行动的法律管制区域，采取管制和临时限制措施；决定与恐怖分子谈判。反恐行动由行动指挥部指挥作战，市级区域有恐情发生时，如果没有组建行动指挥部，则由当地联邦安全局的领导指挥消除恐怖活动；如果当地没有联邦安全局，则由内务部当地机关的领导来指挥，待联邦行动指挥部到达后再转交指挥权。

行动指挥部指挥反恐行动的任务主要有情报、计划、协调、监督等方面：第一，为确定准备或实施的恐怖活动的性质和规模，搜集情报信息，并进行综合、分析和评估；第二，负责起草实施反恐行动的意见和建议，制定反恐行动实施计划，起草战斗指令（命令），规定反恐行动准备和实施方式，制定采取反恐行动法律管制的其他文件，并在计划批准后监督执行；第三，负责协调使用参与反恐行动的部队与装备，采取各种措施预防和最大程度地减轻恐怖活动后果。

（二）北高加索反恐行动

俄反恐行动主要是在北高加索地区开展，北高加索反恐行动的成就是俄罗斯恐怖主义形势得以改善的重要原因。因此，北高加索反恐行动是俄罗斯反恐体系运行的一个重要方面。1999 年第二次车臣战争是俄罗斯最大规模的反恐行动。此后，车臣保持了常态的反恐行动法律管制（KTO），直至 2009 年 4 月取缔。在此十年间，北高加索地区反恐行动由中央直接领导开展，司令是内务部副部长，主力是联合武装力量，包括：国防部第42摩步师（将近15000人）和内务部内卫部队第46旅（约15000人），在山区则有联邦安全局边防局部队、内务部内卫部队分队和俄罗斯特警分队，以及执行山区剿匪任务的由车臣人组成的“北方营”和“南方营”特种部队。两支车臣剿匪部队人数是700人和500人，战斗力很强，这体现在熟悉当地地形、语言、风俗习惯，便于情报搜集与战术行动上。基于此，为加强反恐战斗力，俄当局把2006年大赦令发布后自首的一些非法武装分子也编入了反恐作战部队。反恐行动法律管制取消后，第42摩步师改组，成立了3个独立的摩步旅部署车臣，总人数约1万人。① 从2009年10月起，车臣行动指挥部的领导权从内务部转交到了车臣联邦安全局。2009年11月13日，梅德韦杰夫将北高加索联合武装力量的指挥权交还给车臣共和国行动指挥部。俄罗斯内务部长指出，联合武装力量作为有着清晰指挥体系、高度机动的部队，十分适合清除恐怖组织，也拥有丰富的经验。② 山地游击战需要参战者具有丰富的经验、山地作战特殊技能、超强耐力，不是普通的军队能够胜任的。在实际作战中，国防部派来的部队往往先付出巨大牺牲，再经过长时间磨练，才能胜任山地游击战法。而北高加索联合武装力量经过长时间实战，已是当地反恐战斗倚靠的主要力量。北高加索反恐联合武装力量的组成如图4—5所示。

2010年4月，按照梅德韦杰夫总统的要求，强力部门在北高加索联邦区组建了常设的反恐机构协同作战小组，成员包括联邦安全局、内务部和侦查委员会的代表。它的日常工作是：对反恐情报进行综合分析；协调刑事侦查范围内侦查与作战分队的活

---

① “Медведев отдал Кадыровувойска всего Северного Кавказа”, http://newsland.com/news/detail/id/433761/.

② “От МВД РФ руководство оперативным штабом в Чеченской Республике перешло к ФСБ”, http://chechnya.gov.ru/page.php? id=6128&r=126. [2009-10-08]

动；提高联合行动的效率。① 在俄罗斯恐怖活动的重灾区建立机构间协同作战小组，目的是进一步加强反恐预警情报工作；加强情报与作战部门的协同，以提高快速反应能力；加强行动协调，以集中力量实施打击。

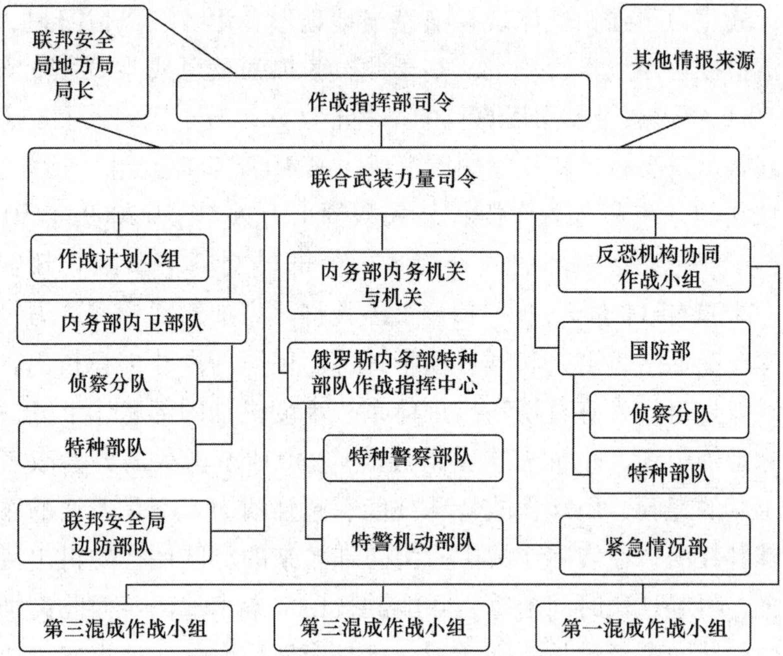

图4—5　北高加索联合武装力量②

2012年10月，国家反恐委员会组建了多个由内务部、联邦安全局、国防部武装力量特种部队组成的混成作战小组，接受反恐机构协同作战小组的领导与情报协同。混成作战小组目前主要

① “Медведев поручил создать на Северном Кавказе спецгруппу по борьбе с терроризмом”, http: //www. newsru. com/russia/07apr2010/medvedev. html. [2010-04-07]

② http: //dlib. eastview. com/search/simple/doc? art=0&id=38185915.

部署在北高加索达吉斯坦与印古什匪帮聚集最多的地区，承担在山区搜索匪徒的艰苦工作，此前，这项工作没有专门单位负责。混成作战小组的作用：一是能减轻地方护法机关的负担，使它们的主要精力可以放到维护当地社会治安上；二是能缓解护法机关与驻地民众的紧张关系，因为搜索、打击匪徒必然要从匪帮亲属处搜集情报，容易引起矛盾。反恐的基础是群众，如果警民关系紧张，那么情报与行动都会失去重要的来源与支持。

2009 年以来，反恐行动的主要形式是根据情报对恐怖分子与恐怖团伙采取清除行动，俄罗斯内务部称为“锁定行踪”和“定点清除”。内务部副部长、内卫部队司令罗科日金（Н. Е. Рогожкин）称，军队和护法机关的行动非常准确、有目标、有选择，在各地隐藏的武装分子被发现，被清除。[①] 俄采取极其严厉的手段，实施“先发制人”打击，现场指挥员可不请示直接击毙恐怖分子，不计附带伤害，还可动用重型武器。当然，这也带来了反恐行动中暴力使用过度的问题。联合武装力量在实施反恐行动时以情报为连接，共同分析情报，拟订计划，协调行动，在目标、任务、地点与时间方面协调一致，达成预防与消除非法武装活动的作战目标。其协作的形式与内容如下图所示：

乌马罗夫（Д. Х. Умаров）被清剿的案例清晰地反映了反恐行动开展的方式方法。“高加索酋长国”的首领乌马罗夫是继巴萨耶夫之后反恐行动要斩首的首要目标。反恐部队通过各种情报手段一直在搜索其藏身地。2013 年 1 月 10 日，俄在车臣维杰地区搜索乌马罗夫组织，消灭了卡加耶夫兄弟。2 月 18 日，强力部门获得情报，乌马罗夫就藏身在维杰地区，于是又重新搜索。4 月，车臣强力部门得到乌马罗夫藏身在印古什阿尔什德村的情报，

① Валерий Журавель. “Российский вектор противодействия терроризму”, http: //observer. materik. ru/observer/N5_ 2013/048_ 058. pdf.

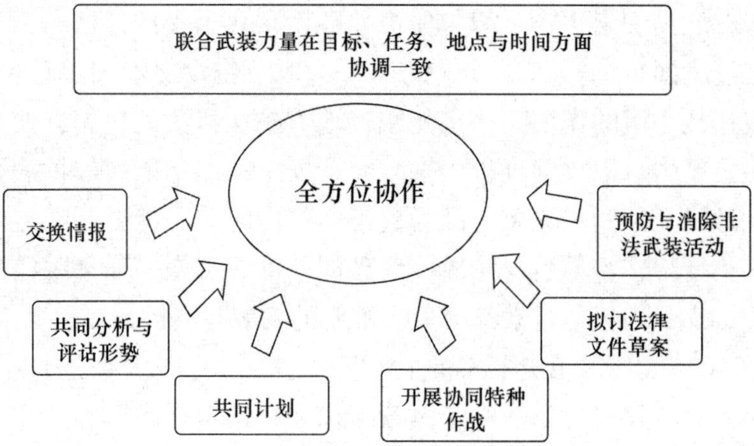

图 4—6 反恐行动协作的形式与内容示意图①

由于未协调好当地警察，抓捕行动失败。2014 年 1 月 16 日，车臣总统卡德罗夫宣布：乌马罗夫已死亡。而乌可能遭到 2013 年秋从土耳其混入他身边的俄间谍的出卖。该特工将其藏身车臣和印古什边境一个村庄的绝密情报传给俄方，俄空军随即对村庄进行空袭，将乌和他的 10 名亲信消灭。② 这一案例展示了俄罗斯武力消灭恐怖分子的方式。情报在反恐行动中起着重要作用，以情报为先导的反恐行动能够对恐怖组织头领实施精确打击，大大削弱了恐怖组织的实力。俄罗斯的恐怖主义形势就是在一系列恐怖组织头目被清除后逐渐好转起来的。

（三）赦免放下武器的武装分子

在震慑恐怖分子的同时，俄罗斯也注重对改邪归正的匪徒的赦免，并通过媒体宣传和匪患地区民众的口口相传，扩大其榜样

---

① http：//dlib. eastview. com/search/simple/doc？ art = 0&id = 38185915.

② “Спецслужбам было выгодно скрывать информацию о смерти Умарова, считают эксперты”, http：//golosislama. ru/news. php？ id = 23035. ［2014 – 04 – 10］

效应。据国家反恐委员会的提议，2006 年 9 月 22 日，俄联邦国家杜马通过第 3498—4 号决议《关于对俄南部联邦区各联邦主体境内反恐行动期间犯罪人员的赦免》,[①] 为愿意放下武器的武装分子留下了回归正常生活的通道。决议规定非法武装分子如果没有犯下刑事罪行而自首，可以保障其不受到刑事处罚。2006 年第一次大赦期间就有 546 名武装分子自首，车臣总统卡德罗夫将他们编为特别行动队，后来编入到执法机构的编制中，成为打击非法武装很有战斗力的一支队伍，削弱了非法武装力量。[②]

2010 年 11 月，达吉斯坦成立了帮助武装分子回归和平生活的达吉斯坦总统直属委员会，委员会由社会活动家、强力部门代表和宗教领袖组成。该委员会对决定中止恐怖与极端活动的人员提供帮助；帮助他们及其家庭成员回归正常生活，包括帮助其移居到达吉斯坦之外的地区；帮助其就业；解决其物资、医疗、心理方面的问题。2012 年 9 月 27 日，达吉斯坦的 7 名未满 20 岁武装分子向回归和平生活委员会提交了申请书，鉴于他们的良好表现与真诚认罪，及其没有参与武装作战，委员会成员一致投票通过向法庭请求宽大处理的申请书。[③] 赦免措施使一时误入歧途的年轻人能够在得到教训后回归家庭与社会，事实上削弱了非法武装力量。

---

① “Постановление ГосударственнойДумы №3498 – 4ГД от 22 сентября 2006 г. « Об объявлении амнистии в отношении лиц, совершивших преступления в период проведения контртеррористических операцийна территориях субъектов РоссийскойФедерации, находящихся в пределах Южного федерального округа »”, *Российская газета*. 23 сентября 2006г.

② И. А. Сухов. “Российский федерализм и эволюция самоопределений”, *Россия в глобальной политике*. 2007, № 2.

③ “Боевики попросили о снисхождении”, http: //www. rg. ru/2012/09/27/reg-skfo/sdalis. html.

（四）反恐行动的成果

2005—2009 年，俄罗斯在车臣开展的反恐行动共消灭了 1300 多名武装分子，包括 300 多名匪徒与 50 多名外国雇佣军，抓捕了 6000 多名非法武装团伙的涉案者。① 2010 年，俄消灭了约 300 名武装分子，逮捕参加非法武装团伙嫌疑人 500 人，50 人自首。2011 年，俄清除了 48 名匪首与 297 名匪徒，其中 3 名是“基地”组织使者；抓捕 660 名匪徒及其支持者，其中包括 13 名地下极端宗教组织头目；预防了 94 起恐怖主义倾向犯罪。② 2012 年，俄防止了 92 起恐怖主义倾向犯罪，清除了 360 多名匪徒，48 名匪首，其中包括杀害鞑靼斯坦穆斯林宗教管理局教育处处长雅库波夫（Валиулла Якупов）的匪首。③ 2013 年，俄发现并摧毁了 456 个匪帮窝点，④ 预防了 78 起恐怖主义倾向犯罪，12 起恐怖活动，消灭 260 多名匪徒，42 名匪首，其中包括伏尔加格勒恐怖活动的组织者。⑤ 2014 年，联邦安全局早期制止了 60 起恐怖主义倾向犯罪，其中包括 8 起恐怖活动。⑥

---

① АлхановА. Д. “прокомментировал послание главы государства Федеральному собранию”, http://chechnya. gov. ru/page. php? id = 612&r = 126.

② “2008 – 2012Годы: Состояние и тенденции борьбы с терроризмом в России”, http://mir-politika. ru/2074-2008-2012-gody-sostoyanie-i-tendencii-borby-s-terrorizmom-v-rossii. html. [2012 – 11 – 16]

③ “Итоги работы ФСБ в 2012-м году подвели на заседании НАК”, http://www. 1tv. ru/news/polit/221799.

④ “ФСБ: в 2013 году в РФ зафиксировано 144 террористических проявления”, http://www. agentura. ru/ news/28415/.

⑤ “Итоги работы ФСБ в 2012-м году подвели на заседании НАК”, http://www. 1tv. ru/news/polit/221799.

⑥ “Российские спецслужбы предотвратили восемь терактов в 2014 году”, http://www. km. ru/v-rossii/2014/12/20/vladimir-putin/752637-rossiiskie-spetssluzhby-predotvratili-vosem-teraktov-v-201.

第二节　通过多种手段阻遏恐怖事件的发生

在反恐行动中，护法机关及参与反恐的公民也付出了巨大牺牲。2008 至 2013 年间，俄共有 1117 名护法机关工作人员牺牲。[①] 俄罗斯认识到，强力手段反恐成本过高，反恐应当前置，重在前期预防，在恐怖活动尚未造成后果时就加以阻止，才是最有效的手段。俄罗斯通过构建反恐情报大数据分析平台、强化金融反恐、加强重要目标反恐防护与开展国际合作等途径阻遏了大量恐怖事件的发生。

一、建立全国反恐情报信息网络，形成反恐情报大数据分析环境

以国家反恐委员会为中心的联合反恐情报系统使用信息技术，建成了全国反恐情报信息网络，在搜集、共享、研判、使用环节实现了全源情报融合，形成了全国反恐情报大数据分析环境。在搜集环节，俄各情报部门按照统一计划实施反恐情报搜集，通过情报技术平台归口到国家反恐委员会；在共享环节，俄国家反恐委员会的反恐统一数据库存储有恐怖分子的各种信息，其中内务部通过共享机制可掌握 3.3 万多条信息；在研判环节，重大预警性情报由国家反恐委员会牵头，各职能部门参加，进行集体研判，视情由国家反恐委员会发布警报，要求各地区和各部门做出防范部署。

① Jim Nichol (Coordinator Specialist in Russian and Eurasian Affairs), "Russian Political, Economic, and Security Issues and U. S. Interests", *Congressional Research Service*, March 5, 2014.

（一）情报部门完善技术监听、监视系统，研发反恐情报技术，全面搜集涉恐情报

2006 年的《反恐法》第 11 章“反恐行动的法律管制”第 3 项第 4 目规定：“为发现有关实施恐怖主义行为的情节，以及其准备和实施人员的情报，为预防其他恐怖主义行为，可对电话和其他通过电信系统传递的信息进行监控，对电子通信和邮件进行检查。”2010 年 12 月，第 404 号联邦法修订了《侦查法》，把情报机关的监控活动写入了《侦查法》，在前期侦查部分增补了“据刑事案件和材料检查有犯罪嫌疑的邮件”一条。据《刑事诉讼法》，每一份涉嫌犯罪的邮件都先要进行前期检查，找到证据，然后提起诉讼。隶属最高法院的司法厅的统计数据显示，护法机关从法院得到监听电话、拦截电子邮件的许可证逐年上升：2007 年为 265937 份；2008 年为 334179 份；2009 年为 375728 份；2010 年为 412635 份；2011 年为 466152 份。在这 5 年中，监听许可证的数量增长了 75%。[①] 技术监听监控手段得来的情报具有直接、原始、可信度高的特点，只要有适当的技术手段，有较准确的监听、监控方向，得到的情报会有很高的价值。

目前，俄罗斯使用最广泛的技术监听系统是 COPM 系统（侦查设备系统 системасредств по обеспечению оперативно-розыскных мероприятий）。早在 20 世纪 80 年代中期，苏联克格勃研究所就已掌握该技术。1992 年 6 月 24 日，通信部出台第 226 号命令《关于使用通信工具以保障俄联邦安全部侦查业务措施》，[②] 要求运营商向护法机关提供场所与设备，保证情报部门能够监听电

① “Новый российский порядок—тотальный контроль на службе государства”, http：//www. taxru. com/blog/2012-06-30-6928.

② Приказ Минсвязи РФ от 24. 06. 1992 No. 226 « Об исползовании средства связи для обеспечения оперативно-розыскных мероприятий министерства безопасности Росийской Федерации », http：//www. lawmix. ru/pprf/95848.

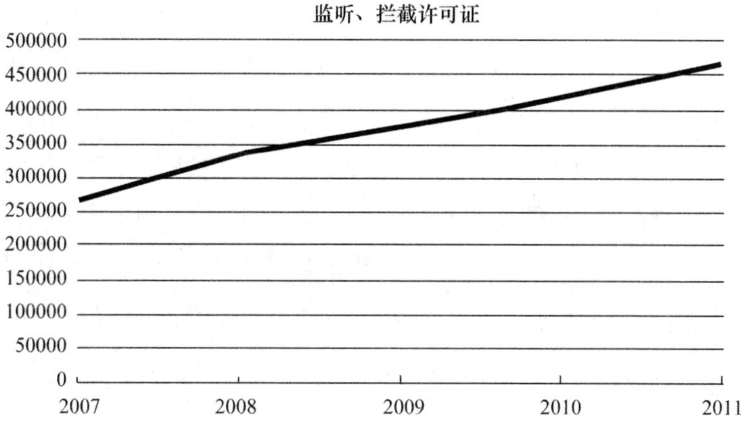

图4—7 俄联邦护法机关获得监听、拦截许可证数量

话、拦截邮件，COPM 系统开始接入模拟电话线路。1996 年俄罗斯首次使用 COPM－1 系统监听电话网络，2000 年出现了 COPM－2系统，用于监控互联网。今天，俄所有互联网服务提供商、移动和固定通信控制器都安装了 COPM 系统设备。从 2010 年起，由于索契冬奥会的需要，联邦安全局将黑海地区的技侦系统升级为 COPM－3，它将前两代系统的功能集于一身，所获得的数据发往统一的中心。俄政府要求当地网络服务商自费购买技侦系统的“黑盒子”，同时接受通信与传媒监督局的检查。一些运营商因服务器没安装这种设备而被罚款。

除使用 COPM 系统进行通信监听外，为适应索契冬奥会反恐防护需要，“俄罗斯移动通信公司”开始在索契建设 4G 网络，在该地区手机网络服务器中安装 DPI，这种技术不仅可以监控所有的通话上网业务，而且能根据关键词进行过滤，查找需要的信息，必要时可帮助有效识别用户。① 联邦安全局在监听与监控方面还使用了“АРИАН”系统、“Сайтек”公司软件、Xfiles 公司

① “Слежкапо-олимпийски”，http：//www. agentura. ru/projects/identification/Olympics.

的“Ай－Теко”、“Медиалогии”博客监控软件。联邦安全局、内务部购买了“决策分析业务”软件进行情报分析。

为提高反恐技术情报能力，俄罗斯积极利用私营企业自主研发计算机软件。2011年7月，在梅德韦杰夫总统倡议下，“千年发展目标创新”公司成立。该公司主要开发语音识别与面部特征识别软件。该软件可以存储数百万个站点的生物特征数据，附加指纹、虹膜识别功能，并可以将需要的个人信息随时调取出来。联邦安全局已将这套系统应用于索契冬奥会反恐防护。冬奥会期间观看比赛的人员须提前登记，通过身份验证后，得到一份特别的“冬奥护照”。要获得这样的“护照”，两岁以上人员均需登录官网（https：//pass. sochi2014. com），在操作过程中电脑会要求启动摄像头和麦克风，如果按“允许”，系统就会将信息记录下来，发到联邦安全局进行审查。情报机构也可据此特别“护照”查看观众的个人信息，防止恐怖分子混入观众中。[①]

利用最新的信息技术在情报生产中可以产生集约化效果。一方面，信息技术使海量信息的存储，关键信息的提取有了可能性；另一方面，提取出来的信息按预设的条件可以进行自动化反恐情报分析，锁定重点人物。信息监听、监视、监控技术使反恐情报工作覆盖面扩大，反恐安全防护能力提升。

此外，联邦安全局还积极开发、购买其他先进的技术情报手段。2012年5月，联邦安全局68240号军事技术部门得到数百万卢布的拨款，研究北高加索不同地区的植物花粉与孢子，将用3年时间建立一个“强力部门的植物标本室”。据前克格勃经验，根据植物花粉痕迹情报，联邦安全局可以更快速地找到恐怖分

① “Слежка по-олимпийски”，http：//www. agentura. ru/projects/identification/Olympics.

子。[①] 索契冬奥会前，联邦安全局边防局购买了 Zala421 无人机和“地平线航空 S－100”无人直升机对索契及周边进行监控。联邦安全局还购买了“哥萨克步兵”技术情报系统。它是携带可疑物品分析仪的多功能自行机器人，可快速发现可疑目标，其所获信息可归入监视系统进行记录。[②] 情报技术手段在弥补人力情报手段的局限性方面有很大作用，可以扩大情报搜集范围，使情报分析更为迅速、准确。

（二）利用国家预防违法犯罪系统，形成涉恐信息的全源情报源

首先，为反恐防恐，俄在全国安装“平安城市”系统。为执行2005 年 9 月 26 日普京签署的 ПР－1564《建立国家预防违法犯罪系统》命令，俄内务部从当年起开始安装“平安城市”系统。该系统的目的是保障城市每位居民的安全，对交通、电视传媒、供水与供电等重要目标建立信息搜集与传输系统，这一系统汇集了消防报警系统、门禁系统、视频监控系统等，形成统一的信息环境，进行信息的智能分析、自动化发布与集中和自动化管理，实现预防犯罪情报链的自动运转。[③]

其次，内务部创建了大型数据库“信息—电信统一系统”（Единая информационно-телекоммуникационная система, ЕИТКС）。它的目的是集成地方与联邦警察数据库于统一系统，方便任何地区远程访问。数据库与内务部内卫部队信息系统链接

---

① “ФСБ борется с террористами с помощью пыльцы”，http：//lifenews. ru/news/90513.

② “Слежкапо-олимпийски”，http：//www. agentura. ru/projects/identification/Olympics.

③ “Безопасный город-комплексная информационная система городского масштаба”，http：//www. itv. ru/ verticals/homeland_ security/.

在一起，保障警方进入公开与专门的信息系统。[①]

内务部反极端主义总局数据库——“极端分子”数据库能整合内务部各单位与极端主义有关的业务信息，从而提高内务部反极端主义活动情报的质量。那些被怀疑参与极端主义活动的人被列入内务部反极端主义总局拟定的“黑名单”，进入侦查罪犯电子系统。“黑名单”会进入内务部的“交通干线侦查”技术软件系统（программно-технический комплекс МВД « Розыск-магистраль », ПТК）。该软件能与俄“特快”、“干线”数据库相连，这两个数据库会汇集火车与飞机购票信息。犯罪嫌疑人在购票时信息就进入了“交通干线侦查”系统。之后，这些信息进入内务部机关交通侦查单位。此外，“极端分子”数据库既可以侦查犯罪嫌疑人，还可以保障内务部与联邦安全局、警卫局之间的情报自动交换，以发现潜在威胁。2013 年，俄又建成了保障交通安全的“国家综合信息系统”（Единая государственная информационная система обеспечения транспортной безопасности，ЕГИСОТБ），[②] 该系统是交通工具反恐情报的集成与分析平台。2013 年在信息搜索系统与情报数据库的帮助下，内务部共逮捕 7300 多人。[③]

（三）建立反恐统一数据库，为大数据环境下的反恐情报分析提供了条件

联邦安全局反恐统一数据库是以上所有涉恐情报的归口整合系统。据 2006 年 12 月 16 日，第 ПР－2190 号总统令《关于抵制极端主义活动》规定，为进行分析，所有侦查和信息拦截的资料都要进

---

① “Проводится комплекс мероприятий по проверке законности расходования бюджетных средств в рамках создания в органах внутренних дел Единой информационно-телекоммуникационной системы ОВД（ЕИТКС）”，http：//mvd. ru/news/item/730683. [2012－11－06]

② “О создании ЕГИС ОТБ”，http：//tbexpert. ru/about_ egis_ otb/. [2011－04－11]

③ “История закона о транспортной безопасности №16－ФЗ”，http：//egisotb. ru.

入统一的数据库。[1] 2007 年，在国家反恐委员会的第 10 次会议上，时任主席帕特鲁舍夫宣布，将在联邦安全局建反恐统一数据库（Единыйбанкданных，ЕБД）以整合所有反恐情报，形成俄联邦统一的反恐信息空间。该数据库也是俄罗斯与外国同行交流反恐情报的平台，俄罗斯将在反恐统一数据库的基础上建立统一的对外情报发布机制，更广泛地开展国际反恐情报合作。[2] 2011 年，该数据库建成，成功地将全国各大情报机构的数据库链接起来。目前，有权进入该数据库的人数不多，该数据库可获取目标人物的详尽信息，包括声音、图像、图片、指纹、身体状况和文本等。[3]

可见，俄罗斯利用信息技术，在情报整合方面已经达到较高水平。通过近几年来对各单位原有信息系统的改造，建立新的信息系统弥补监控空白，链接所有相关数据库，建立相关信息的归口数据库，俄罗斯已形成了完整的情报整合系统，为实现反恐情报的全源分析提供了条件。

二、切断恐怖组织的资金链，强化金融反恐

恐怖分子和组织的活动基础是资金，为彻底消灭恐怖分子和组织必须从源头切断其资金链，断其“血液”。为此，俄罗斯国家反恐体系十分注重金融反恐在预防恐怖活动中发挥的作用，以便及时发现恐怖组织、恐怖分子动向，截断恐怖资金链条，削弱恐怖势力。

（一）加强对金融机构的监控，形成金融反恐机制

在金融反恐方面，俄罗斯负责反非法收入合法化（洗钱）与

---

① “Без изменений с одним “но”，http：//www. kasparov. ru/material. php？id = 462771A27A2A9.［2007 - 04 - 19］

② “Борцы с терроризмом создают единый банк данных | ВИДЕО”，http：// www. antiterror. ru/ library/ smi/ 163104111. html.

③ 郑文阳著：《普京传——他为俄罗斯而生》，新世界出版社，2012 年版，第 106 页。

恐怖主义融资的关键机构是联邦金融监管局。为此，联邦金融监管局与国家反恐委员会合作建立了反恐融资程序，对租赁公司、当铺、赌博机构、买卖不动产的经纪公司、贷款机构等进行监督。贷款机构与金融监管局建立了信息传输系统，贷款机构每一笔业务的情况在第二天就能到达金融监管局，所有信息都是加密的电子文档。这一做法简化了跟踪程序，并提高了冻结恐怖分子资产工作的效率，增进了俄罗斯在反洗钱领域的能力，在阻止恐怖组织洗钱与融资方面发挥了巨大作用。①

根据俄罗斯《反非法收入合法化（洗钱）与恐怖主义融资法》，无论是法人还是自然人，其办理的金融业务（包括外汇买卖交易、货币兑换和法人注册资金等），金额只要超过60万卢布（约合2.2万美元），或不动产交易额只要超过300万卢布（约合11万美元）都将受到监控。信贷机构、证券公司、保险和租赁公司以及办理汇款业务的非信贷机构应积极配合金融监管部门开展反洗钱行动，如发现疑点，必须向金融监管局汇报。金融监管局有权对涉恐嫌疑人员的交易进行监控，按照国际标准在7天内终止涉恐分子的账户资金流动。

金融监管局对缺乏监控的民间金融机构进行检查、核算；协调金融监管相关单位的工作；在金融监管方面与各级行政机关、检察院、社会组织等进行合作。据2014年3月1日数据，金融监管局监管的对象是全国24000多家租赁公司、不动产交易中介公司、接受支付交易员、当铺等。俄罗斯每年发布法院认定的恐怖组织名单，金融监管局定期向银行通报与恐怖组织和恐怖活动有关的组织与个人名单，银行等金融机构据此确定打入账户的资金

---

① Приказ Министерства финансов Российской Федерации от 26 декабря 2006 г. N 183н，http：//www. rg. ru/2007/03/22/finrazvedka - dok. html.

是否与恐怖组织有关。①

金融监管局还通过部门间协调机制保证执法单位和金融监管单位的有效协同，查找和封锁恐怖融资源头。如果有充分证据证明资金操作与洗钱或与恐怖融资有关，金融监管局将把相关信息向联邦政府和联邦主体提交。金融监管局为提高与相关行政部门的合作效率，已签署 25 个跨部门合作协议。金融监管局建立了面向全国的网站，网站公布有免费电话、邮箱，也可直接留言举报恐怖融资活动。金融监管局根据所获信息评估与犯罪、恐怖主义、大规模杀伤性武器扩散有关的洗钱活动的国家安全威胁，向国家反恐委员会提供相关情报。

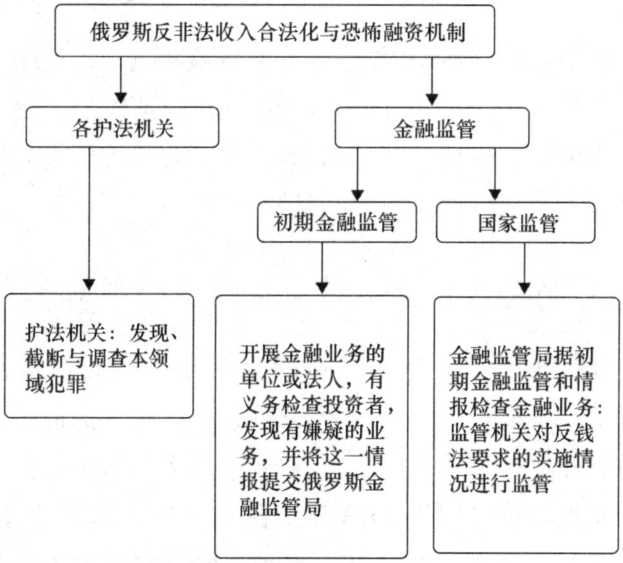

图 4—8　俄罗斯金融反恐流程②

① “О Росфинмониторинге”, http://www.fedsfm.ru/about.

② Фуртат Е. В. *Схема легализации (отмывания) преступных доходов (экспертная практика) // Легализация преступных доходов как угроза экономической безопасности России: теория, практика, техника гармонизации международно－правовых и национальных механизмов противодействия: сборник статей/* под ред. Баранова В. М., Фитуни В. М. － Н. Новгород: Нижегородская академия МВД России, 2009, с. 628.

（二）金融反恐的工作成果显著，在一定程度上有效切断了恐怖组织的资金链

俄金融反恐取得了引人注目的成就。2005 年，俄金融监察小组共进行 5368 项资金调查，这些调查是在司法机关提供的 2850 项信息的基础上进行的，资金额达 7350 亿；依法处理 103 件刑事案件，收回了 14 家违法信贷机构的银行业务许可证。2006 年向司法机关报告涉及 12.2 万项交易的 4277 条信息，总额高达 7690 亿卢布，收回了 51 家信贷机构的银行业务许可证。2007 年收回 44 家信贷组织的许可证。2008 年进行了 14500 项反犯罪资金调查与 245 项恐怖主义融资调查。2010 年第一季度进行了 4000 多项反犯罪资金调查与 200 多项恐怖主义融资调查。[①] 金融反恐一方面能够截断恐怖融资，把恐怖活动阻止在萌芽阶段，另一方面也是发现恐怖组织、恐怖分子、恐怖活动线索的重要途径，金融反恐的成果是强力部门的重要反恐情报来源。

三、评估恐怖威胁风险，加强重要目标的防护

防止发生恐怖事件的重要手段之一是加强自身反恐防御能力，这既是一种保护措施，又是一种威慑措施。为此，俄罗斯对各类重要目标进行了风险评估，并建立相应的防护制度。俄罗斯重要目标反恐防护机制于 2013 年 7 月正式列入《反恐法》条目。目前，俄罗斯在国家可能遭受恐怖袭击的重点领域均设计并实施了重要目标反恐防护措施，成为发现恐怖活动先兆，防止发生恐怖事件的重要屏障。

---

① “Обзор результатов мониторинга деятельности систем денежных переводов, функционирующих на территории Российской Федерации, за 2010 год”, http://www.cbr.ru.

（一）总体规划，强化保护

国家反恐委员会每年都有以重要目标的反恐防护为主题的会议，对重要目标进行风险评估，强化防护措施，这些主题涉及较为广泛，主要有：

—海运与河运目标的反恐防护；

—铁路交通的反恐防护；

—航空基础设施与飞行器的反恐防护；

—生物危险目标的反恐防护；

—工业、能源关键与潜在危险目标的反恐防护；

—化学危险品及生产厂家的反恐防护；

—油气综合体的反恐防护；

—居民生活保障设施的反恐防护；

—内卫部队守卫的重要目标的反恐防护；

—关键基础设施与人员密集场所的反恐防护；

—北高加索地区潜在危险目标的反恐防护；

—奥运场馆的反恐防护等。

俄罗斯制定的反恐防护制度责任到人，具有明确简单、清晰易行的特点，便于实地操作。俄罗斯重要目标反恐防护工作主要分为三个阶段：一是确定要保护的目标，并确定目标中的关键、薄弱点；二是建立反恐防护体系，包括组织机构、管理制度、物理和技术防护、与护法机关的协作、通知民众、人员培训几部分；三是模拟恐怖袭击，制定预防措施，预防措施主要包括制定反恐安全准入证和日常管理制度，以及领导、警卫部门和全体员工在紧急情况时的行为细则。

（二）案例：乘客交通安全保障综合系统

下面以俄罗斯最重视的《保障乘客交通安全综合规划》为例，说明俄罗斯反恐防护规划与落实情况。

2010 年莫斯科地铁爆炸案之后，俄以第 403 号总统令的形式要求组建乘客交通安全保障综合系统。当年 7 月 30 日，第 1285 – p 号政府令《保障乘客交通安全综合规划》制定了 2010—2013 年建设乘客交通安全保障综合系统的规划，预算拨款 467 亿 4920 万卢布。综合系统由综合措施、法律体系、包括交互式自动信息和分析系统的多级信息空间、职业培训和鉴定、公民交通通知系统、国家监督系统组成。其总协调单位是俄联邦交通部，具体任务由交通运输监管局、联邦安全局、紧急情况部、内务部下属单位等部门完成。鉴于恐怖主义对交通基础设施的威胁风险很高，依据国家反恐委员会 2011 年 2 月 22 日的决议，俄罗斯各个联邦主体的交通部门建立了协调委员会。该协调委员会以联邦安全局地方局为主，同时有交通部门、执法和护法单位人员参加。其主要工作是对交通领域相关目标进行风险评估，划定防护等级，建立防护制度，进行日常检查，预防突发事件。

在铁路交通方面，俄罗斯先是发现风险脆弱点，建设从基础设施到交通工具的全程监控系统，这一系统包括等级防护制度、防护设施、人员管理制度、演习演练、监督实施各个环节，实现了交通运输系统良好的反恐防护效果。目前，铁路交通运输系统恐怖事件减少，残酷性降低。2010 年 3 月，莫斯科地铁爆炸案发生在地铁运行到上班通勤人流最多的车站时，造成 40 人死，近百人受伤的后果；2013 年 12 月 29 日，伏尔加格勒火车站发生爆炸案，恐怖分子则因无法通过金属探测器的安检，被迫在安检前引爆炸弹，造成 18 人死亡，50 多人受伤。从这一比较中，我们可以看出，恐怖事件的轰动效应和无辜群众伤亡状况在减弱。

2011 年，俄罗斯在地铁站、火车站普遍安装视频监控系统、固定安检设备和手提式安检设备，重点线路火车站装备防爆箱、金属探测器、无线电线路抑制系统；90 个重点目标被专门保卫；

在重点区域最薄弱的路段建立保卫点，安装铁路线保卫系统；车站安全中心在莫斯科交付使用，16 个火车站安全系统接通该中心。[①]

2012 年，俄罗斯交通部把确保交通运输安全放在首位，继续实施《保障乘客交通安全综合规划》，对薄弱环节加强风险评估，制定安全计划并加紧装备先进的警卫器材，进一步建设运输综合体自动化控制系统。俄罗斯铁路运输股份公司与内务部交通局、紧急情况部和联邦安全局协同，保证了 2500 多个铁路交通运输设施的安全和稳定运行，其中包括 1426 个最重要的桥梁、隧道、控制中心、车站停车场等。铁路部门保卫人员和内务部交通局警察组成 346 个联合小组负责保持铁路基础设施（特别是路段）的防护水平，每组负责 218 公里，共维护铁路路段 75500 余公里，有效开展了反恐防护。俄罗斯铁路运输办事处统计资料显示，2012 年，共发生 687 起非法干扰铁路运输事件，接到 113 起交通设施爆炸品匿名举报，发现 82 个爆炸物、329 个无主可疑物品，处理 103 起铁路线放杂物事件，制止约 1 万起蓄意破坏铁路运输设施和财产的犯罪事件。2012 年，铁路运输保卫部门举行了 3800 多次演习和演练，以解决机构协同反恐问题。2013 年，随着与铁路基建有关的奥运设施的筹建，俄罗斯铁路运输保卫部门进一步把 71 个设施（44 座桥梁和高架桥、20 条隧道和 7 个通用设施）置于保护之下。北高加索地区的交通工具受到格外关注，相关部门采用特殊装置检查铁路交通，每日检查火车路基，保护铁路桥。[②]鉴于保障乘客交通安全综合系统的良好效应，以及国内反恐的需要，俄罗斯决定在 2020 年前，再拨款 320 亿卢布来保障道路

① “5.7 Меры противодействия терроризму”, http://www.mchs.gov.ru/upload/site1/activities/results/5.7GosDoklad2011.pdf.

② “5.6 Меры противодействия терроризму”, http://www.mchs.gov.ru/upload/site1/gosdoklad/5_6_.pdf.

安全。

在公路运输方面，俄罗斯交通部保卫处保护着设有272个警卫哨的144个道路设施。2011年，联邦公路运输办事处对公路上的6000多座/条桥梁和隧道、420座长途汽车站和公共汽车站、8000多辆车辆和244个机场划定防护等级。① 但是，由于公路运输的分散、灵活，反恐防护不能象铁路那样集中，公路运输的风险较铁路运输更大。据俄罗斯公路运输办事处数据显示，2012年，在国道上发生了4起恐怖袭击事件，造成17人死亡，89人受伤；5次在公路地带发现爆炸装置。2013年10月与12月，伏尔加格勒还发生2起公共汽车爆炸案。

在航空运输方面，俄罗斯主要加强了准入制度的执行。2011年，根据国家反恐委员会的决议，在谢列梅捷沃（Шереметьево）国际机场成立反恐防护和防破坏协调委员会。2012年，俄罗斯为加强机场安全采取的反恐防护措施有：安装使用自动化人员和车辆通行监控系统；对毗邻机场的地区加强控制，完善视频监控系统；改建检查站；对航空安全部门、救援队进行专业训练；增加对机场警卫器材状况检查。② 2014年1月21日，内务部交通局副局长在接受记者采访时说，2013年交通局对86万次航班、7580万乘客进行了检查，阻止了5万多次携带违禁物品登机，查明了705起刑事案件和5万多起行政违法案件。③

---

① “5.7 Меры противодействия терроризму”, http://www.mchs.gov.ru/upload/site1/activities/results/5.7GosDoklad 2011.pdf.

② “5.7 Меры противодействия терроризму”, http://www.mchs.gov.ru/upload/site1/activities/results/5.7GosDoklad 2011.pdf.

③ “В России создана единая государственная информационная система обеспечения транспортной безопасности”, http://urban-report.ru/opinion/2014/02/06/v-rossii-sozdana-edinaya-gosudarstvennaya-informatsionnaya-sistema-obespecheniya-transportnoj-bezopa.［2014－02－06］

在水运方面，2012 年，俄罗斯对 1434 个水运基础设施和 10193 艘船舶进行了分类，对 1027 个水运基础设施和 3529 艘船舶进行了重新分类。[①] 俄为确保海上运输安全采取了下列措施：对悬挂俄罗斯国旗、从事国际航行的全部 1675 艘船舶进行安全评估，制定保护计划，颁发国际船舶安全证书；对 333 个港口设施进行安全评估，制定保护计划；指定 33 个警卫授权组织进行安全评估，制定保护计划；组织警卫专家培训，到 2012 年年底培训 10000 多名专家。[②] 此外，俄罗斯还给重点地区的 24 个海港装备了水运安全保障设备，以确保海运和河运乘客安全。俄罗斯内务部海巡部队在靠近警卫目标的水域拘留了 200 多名罪犯，扣留了 70 艘船舶。潜水分队为保护民用核能破冰舰队，检查了 4700 个设施，890 万平方米土地，在水下工作了 7700 小时。[③]

（三）案例：公共场所与重要基础设施安全防范

由于俄罗斯重要目标反恐防护的规定卷帙浩繁，笔者以内务部《人员密集场所反恐防护要求与准入证》和卡累利阿共和国（Республика Карелия）反恐委员会第 27 号决议《居民生活保障设施反恐防护指南》为例，分析俄对公共场所与重要基础设施安全的反恐防护。

2013 年 3 月，俄联邦政府发布《关于批准人员密集场所和应

① В России создана единая государственная информационная система обеспечения транспортной безопасности”，http：//urban-report. ru/opinion/2014/02/06/v-rossii-sozdana-edinaya-gosudarstvennaya-informatsionnaya-sistema-obespecheniya-transportnoj-bezopa.［2014－02－06］

② 同上。

③ 同上。

受警察强制性保护设施的反恐防护和准入证要求》的政府令，[①]内务部随后公示《人员密集场所反恐防护要求与准入证》[②]，征集社会意见。该文件规定了对人员密集场所进行反恐防护的检查措施、监督程序，并拟制人员密集场所准入证的格式。按照联邦层级或地区层级的重要程度，人员密集场所分为四类：50、100、150、200 人以上，内务部对应不同层级制定反恐防护措施。措施体系包括：组织措施、通讯装备、工程技术设施、视频监控装备、保护个人隐私的措施这五层。

2010 年 6 月 17 日，卡累利阿共和国反恐委员会第 27 号决议出台的《居民生活保障设施反恐防护办法指南》规定其反恐防护系统包括：

1. 组织措施方面。责任落实到该设施负责人或其副手；制定通行和内部制度；制定反恐措施；确定与政府、联邦安全局、内务部、紧急情况部、急救部门、医疗机构协同运作办法；制作反恐防护证件；制定主管和员工职务细则；警戒制度；监督反恐防护措施实施情况。

2. 工程技术设防。要求对围墙、个别地段、门窗、检查站等按内务部文件 РД78. 36. 003 – 2002《工程技术设防 · 技术警戒器材 · 防犯罪侵害设计要求和规范》设防。

3. 技术警戒器材、监控和警报。要求周边和露天场地、建筑物、人员和访客住所的技术保护器材、视频警卫监控系统、警报

① “Постановление Правительства Российской Федерации « Об утверждении требований к антитеррористической защищенности формы паспорта безопасности мест массового пребывания людей и объектов (территорий), подлежащих обязательной охране полицией »”, http://regulation.gov.ru/project/13513.html? point = view_ project&stage = 2&stage_ id = 8732. [2014 – 03 – 25]

② “Разработаны требования к антитеррористической защищенности общественных мест”, http://www.garant.ru/news/533312/. [2014 – 03 – 27]

系统、警卫照明系统、警戒监控器材备用电源按 РД78. 36. 003 – 2002 文件的要求设置。

《居民生活保障设施反恐防护办法指南》规定，机构主管人员应采取下列预防措施：严格入口通行制度，安装报警及音视频系统；每日巡查，及时发现爆炸装置或可疑物品；定期检查所有处所；保证危险品运输可靠警卫；节假日及大选日限制使用和运输危险物资及爆炸材料，运输时要避开人员密集路线；在使用危险物品的企业成立工作小组，按计划派专人检查（发生恐怖威胁时应立即）检查危险物品所在区、技术设备管线、能源保障管线；立即消除所发现的违规行为。

俄罗斯反恐防护措施中的通行制度很有效。2011 年，内务部警卫队拘捕了 3. 8 万多名违反通行制度的人，制止了 217 次潜入重要目标的企图以及 32 次潜入警卫级运输工具的企图，防止了 19 次紧急情况。[①] 2012 年，俄罗斯内务部拘留了 4. 2 万多名违反通行制度和设施内部制度者，制止了 208 起试图潜入警卫目标内部的行为，防止了 15 起紧急情况和火灾的发生。[②] 总之，重要目标反恐防护机制是防范恐怖袭击的重要手段，它实行领导个人追责制，事前、事中、事后各阶段都有明确的处置措施，实际防护效果十分明显。

四、建立国际反恐数据库，强化国际反恐合作

国际恐怖组织与国内恐怖分子的相互呼应、支持是恐怖活动屡禁不绝的重要原因。俄罗斯非常重视推动和参加在独联体集体

① “5. 7Меры противодействия терроризму”, http: //www. mchs. gov. ru/ upload/ site1/ activities/ results/ 5. 7GosDoklad 2011. pdf.

② “5. 6 Меры противодействия терроризму”, http: //www. mchs. gov. ru/upload/site1/ gosdoklad/5_ 6_ . pdf.

安全条约组织、上海合作组织框架下的反恐合作，积极与俄罗斯周边国家进行密切的合作。《俄联邦反恐构想》将加强国际反恐合作视为构建国家反恐体系的组成部分，指出国际合作是保障反恐效率的必要条件，主要方向包括：弥补反恐国际合作的国际法空白；扩大俄罗斯反恐国际倡议的影响；保障反恐联盟多边与双边伙伴机制有效工作；实施切实可行的措施，切断恐怖融资渠道、武器、弹药和爆炸物的非法贩运渠道；防止跨国恐怖活动；抵制恐怖主义思想的传播；对恐怖主义的受害者给予帮助。2014年4月，普京在联邦安全局扩大会议上指出，“俄罗斯及独联体国家的一些公民被招募为恐怖分子与极端分子，在阿富汗、叙利亚及世界其他地方作战，本质上，是在那里进行恐怖培训与洗脑。完全可以推断，他们之后就会反对俄罗斯，反对我们的友好邻国。我们必须有所准备，要有先发制人的方案。在此必须更有效地与反恐同一战线的伙伴合作——独联体反恐中心、集安组织、上合组织等”。[①]

（一）建立国际反恐数据库

俄罗斯认为，反恐工作的效率并不单纯取决于某个国家反恐机构、护法机关等单位的努力，还取决于双边和多边基础上国家间反恐合作的加强。根据第4届与第5届联邦安全局情报、安全、护法机关外国同行领导人大会决议，2008年国家反恐委员会机关建立并运行国际反恐数据库。创建这一数据库有助于国家间经常交换反恐情报、相互提供法律援助、保障法庭能够追捕任何地点的恐怖分子，交换反恐“最佳经验”。俄罗斯认为，这是国际反恐合作的最重要平台。这一数据库内容广泛，分类细致清晰，搜索简便，功能强大。它与俄联邦安全局的反恐统一数据库相连

① “Речь В. В. Путина на расширенной коллегии ФСБ России”，http://www.youtube.com/watch?v=HaElPmwQmYc.

接，内容包括：已实施的恐怖活动；恐怖组织和团伙及被通缉恐怖分子的系统性情报；反恐领域国际法文本和各国法律文本；防止青年被极端化思想侵蚀数据库等。至2012年底，与国际反恐数据库合作的已有25个国家的反恐机构，[①] 以及联合国安理会反恐委员会、联合国安理会1267委员会与1540委员会、独联体反恐中心等国际反恐机构。[②]

为扩大反恐合作，增加数据库的效力，俄罗斯邀请所有反恐伙伴国在国际反恐数据库框架内开展合作。2009年12月，在莫斯科举行了主题为“统一信息空间——抵制恐怖主义思想扩散的关键因素：国际反恐数据库情报交换的可能性”国际研讨大会。2010年5月，在第9届情报、安全与护法机关外国同行领导人会议上，国家反恐委员会提议与会国使用该数据库研究恐怖主义问题并制定打击措施。2011年7月6—7日，在第10届情报、安全与护法机关外国同行领导人会议上，国家反恐委员会机关的代表们组织并主持了“国际反恐数据库”分论坛会议交流。[③] 2012年10月，第11届情报、安全与护法机关外国同行领导人大会提出，国际安全需要联合情报与护法机关的情报分析力量，包括加强国际反恐数据库建设与使用。[④] 2014年4月，第13届情报、安全与

① 这一数据库在独联体范围内开展了最广泛的合作，已实现独联体成员国安全与情报单位、内务部、国防部、边防局的情报交换。

② ИльинЕ. П.，“Об оценках террористических угрози подходах Российской Федерации к противодействию терроризму”，*Вестник национального антитеррористического комитета*，2012/2（07）.

③ Бортников А. В.，“О десятилетней работе совещания руководителей спецслужб，органов безопасности и правоохранительных органов по проблемам борьбы с терроризмом”，*Вестник национального антитеррорис－тического комитета*，2011/3（05）.

④ “XI Совещание руководителей Специальных Служб，органов безопасности и правоохранительных органовиностранных государств－партнёров ФСБ России（г. Москва，3 октября 2012 года）”，*Вестник национального антитеррористического комитета*，2012/2（07）.

护法机关外国同行领导人会议再次重申了加强反恐情报交换的重要性。①

（二）积极参与国际反恐合作

首先，俄罗斯积极参与联合国框架内的所有反恐行动，包括：安理会、反恐委员会、“基地”和“塔利班”活动制裁委员会、在恐怖主义方面制定政策的联合国工作组、国际原子能机构、联合国毒品与犯罪局、国际民航组织、联合国教科文组织开展的制定政策、防范与打击、文化反恐各层次工作。

其次，俄罗斯还与周边国家建立了双边反恐合作平台。双边合作的有效形式包括俄罗斯联邦安全局与白俄罗斯国家安全委员会会议、俄白国家联盟边境委员会工作人员会议、俄罗斯与哈萨克斯坦、亚美尼亚、乌兹别克斯坦、乌克兰等国国家安全委员会领导人层次会议、俄与阿塞拜疆国家安全部的工作会议等。

再次，俄罗斯还积极组建反恐多边合作。多边合作的有效形式应首推俄与独联体国家建立的反恐合作平台，即集体安全条约组织与独联体反恐中心。多边合作的目的是在情报与边防领域最重要和问题上形成统一立场，形成独联体国家安全部队合作的良好法律与组织环境。集体安全条约组织（ОДКБ）是在 1992 年《集体安全条约》的基础上于 2002 年 10 月成立的。该组织成员有：亚美尼亚、白俄罗斯、哈萨克斯坦、吉尔吉斯斯坦、俄罗斯、塔吉克斯坦。2013 年 4 月，阿富汗与塞尔维亚成为其观察员国。集安组织成员国在集体安全组织条约的框架下，制定了一些反恐的具体措施，旨在通过打击非法倒卖毒品和武器、非法移民和有组织跨境犯罪来削弱恐怖势力。它还负责举行集安组织成员

---

① “Совещание руководителей спецслужб, органов безопасностии правоохранительных органов иностранных государств-партнёров ФСБ России”, http://www.fsb.ru/fsb/international/meeting.htm.［2014－06－09］

国情报部门与反恐部队的联合演习，制定统一的行动计划，协调各国反恐政策。在集安组织框架下，为加强反恐实力，在独联体内成立了中亚地区快速反应联合部队，由 10 个营共约 4000 人组成：俄罗斯和塔吉克斯坦各 3 个营，哈萨斯坦和吉尔吉斯斯坦各 2 个营。[①] 这一部队是独联体成员国的创举。从俄罗斯的角度来看，这一方面强化了反恐力量，另一方面也加强了后苏联空间的俄罗斯势力范围。

独联体反恐中心协调独联体成员国的反恐合作，它负责：协调独联体成员国打击恐怖活动，组织反恐专家教育与培训，组织演习；拟定形势分析、危机监控及决议草案，拟定反恐合作建议；在作战协调处建立整合独联体反恐情报的数据库，内容包括恐怖组织、领袖及成员、组织结构及向它提供支持的人员情况，其战略与战术情报依不同时效与适用性发往独联体成员国的有关部门；建立反恐中心科学咨询委员会，组织独联体范围内的学者和专家商定统一的反恐概念与政策。2003 年，该中心出版并向独联体各国有关部门提供了工作中使用的《打击国际恐怖主义中的基本术语与概念词典》,[②] 统一了反恐领域核心概念。在独联体范围内，独联体最高检察院协调委员会发行《检察与侦查实践》，内务部委员会发行《独联体成员国打击犯罪问题通讯》，独联体情报与安全机关领导人会议发行专门出版物《独联体情报与安全机关领导人会议通讯》。这些刊物成为独联体国家在不同领域开展合作的基础，为防止恐怖主义在独联体国家空间形成合力起到情报信息通告作用。

---

① Бордюжа Н. "Договору-15 лет. Интервью Генерального секретаря ОДКБН. Бордюжа", *Российская газета*. 15 мая 2007.

② *Словарь основных терминов и понятий в сфере борьбы с международным терроризмом и иными проявле-ниями экстремизма*. Подред. ПетрищеваВ. Е. . М. : Едиториал УРСС, 2003.

上海合作组织是俄罗斯区域反恐合作的另一重要平台。上合组织作为一个多方位合作机构，旨在巩固成员国间的相互信任、睦邻友好，在保障地区和平、安全和稳定中相互协作，鼓励经济全面而稳定地增长，共同探寻解决出现的问题。2001 年，上合组织签订了《打击恐怖主义、分裂主义和极端主义的上海公约》和《建立地区反恐机构的协议》。自 2004 年起，俄联邦安全局以上合组织反恐机构为主开始深化反恐情报机构的多边合作。在这一框架下，该组织每年进行反恐演习，以推进上合组织成员国反恐特种部队的联合行动。自 2008 年起，演习邀请了上合组织观察员国（印度、伊朗、巴基斯坦、蒙古），以及国际组织（即独联体反恐中心、联合国反恐委员会与集体安全条约组织）代表团的代表。在 2012 年北京举办的上海合作组织峰会上，该组织批准了《上合组织成员国打击恐怖主义、分裂主义和极端主义 2013 年至 2015 年合作纲要》、《上合组织关于应对威胁本地区和平、安全与稳定事态的政治外交措施及机制条例》修订案。上合组织成员国的地区安全威胁主要是来自阿富汗的恐怖主义势力。为此，2005 年上合组织建立了“上合组织—阿富汗”接触工作组，主要是在战后重建，反极端主义、恐怖主义、走私毒品和武器等方面支持阿富汗官方政府。①

此外，俄罗斯还与其他国际组织进行反恐合作：欧盟安全与合作组织、欧洲理事会、八国集团、反洗钱金融行动特别工作组、北约、亚太经合组织、国家联盟地区论坛、世界反犯罪与反恐论坛、伊斯兰大会组织等。俄罗斯与北约反恐合作逐渐活跃，但又突然转冷。2011 年 1 月 31 日至 2 月 4 日，在荷兰海牙举行了准备实施“俄罗斯—北约”反恐演习的会议。在俄罗斯—北约委

① “Глава АТЦСНГ предлагает выработать единую концепцию безопасности, *РИА Новости*, 30 октября 2007.

员会（Совет Россия-НАТО）领导下成立了反恐协调中心网，以保障及时交换俄罗斯与其西部边界国家——北约成员国的空中态势情报，协调相关国家清除空中恐怖威胁的活动。2013 年 11 月 26 日，俄罗斯—北约理事会常任代表召开会议，讨论了从情报交换到制定合作流程等问题。[①] 2014 年 3 月克里米亚脱乌入俄后，4 月 1 日北约国家外长联合声明终止北约与俄罗斯在民事与军事方面的一切合作。[②]

为实现有效反恐并对恐怖组织形成威慑，俄罗斯不断与周边和其他国际力量开展联合军事演习。自 2007 年以来，在独联体反恐中心和上海合作组织的积极推动下，俄罗斯参加了一系列国际反恐演习：2007 年的“拜科努尔反恐—2007”、“伊塞克湖反恐—2007”、“和平使命—2007”、“过境—2007”、“因陀罗—2007”俄印反恐演习；2008 年的“警惕鹰”、“伏尔加格勒反恐—2008”、“稜堡反恐—2008”，以及制止对列宁格勒州维索茨克工业设施恐怖活动的演习（来自八国集团、波罗的海地区、联合国和欧洲安全与合作组织的 16 名外国观察员出席了演习）；2010 年的“萨拉托夫反恐—2010”；2011 年的首长指挥部联合训练、“别尔库特反恐—2011”和“顿巴斯反恐—2011”；2011 年 6 月 6 日至 11 日，俄罗斯、波兰、土耳其和挪威共同举行了检验反恐合作机制的第一次全面演习；[③] 2012 年开展了“顿河反恐 2012”；2014 年 7 月 29 日，集安组织开展了“牢不可破的兄弟 2014”维

---

① “Постоянные представители уделяют внимание борьбе с терроризмом”, http://www.nato-russiacouncil.info/ru/articles/2013-11-26-focus-on-counter-terrorism/.［2013-11－26］

② “Заявление министров иностранных дел стран НАТО”, http://www.nato-russia-council.info/ru/.［2014－04－01］

③ “Выступление заместителя Директора ФСБ России—руководителя аппарата Национального анти-террористического комитета генерал-полковника В. Г. Кулишова”, *Вестник национального антитеррористиче-ского комитета*, 2011/3（05）.

和演习。①

最后，俄罗斯重视将国内反恐体系与国际反恐体系相挂钩，遏制恐怖主义。在反恐融资方面，它最常合作的组织是“欧亚反洗钱与反恐融资工作小组”（EAG），其他合作平台还有反洗钱金融行动特别工作组（FATF）、反洗钱措施评估欧盟专家委员会、里昂反跨国有组织犯罪小组、联合国安理会反恐行动小组等。俄金融监管局与许多国家都进行了富有成效的双边对话，签署了合作协议。依据《俄罗斯、白俄罗斯、哈萨克斯坦海关联盟反洗钱协议》开展的工作是独联体国家开展反恐融资的典范。

（三）积极主办国际反恐会议

现代信息技术创造了恐怖主义思想传播的便利空间，国际恐怖活动达成了思想、组织、行动方式上一定程度的同一性。全球化时代的反恐不是单个国家的单一行动，它必须放在国际统一背景下才能实现防范与打击的有效性。因此，在最广泛的范围召开反恐国际会议，描绘恐怖形势全景图，尽可能达成反恐一致意见是应对国际恐怖主义必须要做的工作。

俄罗斯在反国际恐怖主义方面最有成效的合作之一，是一年一次的联邦安全局与情报、安全与护法机关外国同行领导人会议。2002 年，第 1 届“情报、安全和护法机关外国同行领导人反恐问题国际会议”在俄罗斯的倡议下举办，会议的宗旨是集中与协调世界情报与护法机关反恐力量，不仅在部门水平，还要在国际社会所有现存机制的多方形式下积极开展反恐协作。在此之后，每一届会议都成为国际情报、安全与护法机关的盛会。如 2012 年 10 月，第 11 届莫斯科会议有来自 65 个国家与 4 个国际组

---

① “Военные учения ОДКБ « Нерушимое братство – 2014 » начинаются в Киргизии”, http：//news. yandex. ru/ yandsearch？ cl4url = itar-tass. com% 2fpolitika% 2f1346580&lr = 213&rpt = story. ［2014-07 – 29］

织的98个代表团参会,[①] 2014年3月，第13届索契会议有来自55个国家、3个国际组织的79个代表团参会。[②] 自2010年俄罗斯国家反恐委员会发行通讯以来，每年都会专题报道会议情况，介绍反恐成就，交流反恐经验。大会成为在最广泛范围内开展反恐研究，拟制反恐统一标准，分析全球恐怖活动趋势，提出未来反恐对策的重要平台。

历届会议讨论情报机关反恐合作的主要内容有：国际恐怖组织的活动、恐怖主义融资、居民的激进化、将互联网用于恐怖主义目的、关键基础设施反恐防护。2014年在第13届会议上，各国又将恐怖活动雇佣军的问题提上了议事日程，认为恐怖活动雇佣军是国际恐怖组织最危险的组成部分，不仅严重破坏了恐怖活动发生地国家的安全，也破坏了恐怖活动雇佣军原籍国的安全。[③] 会上，独联体反恐中心主席诺维科夫（А. П. Новиков）警察中将说，在抵制使用恐怖活动雇佣军方面，最主要是发现并堵截武装分子的迁徙通道，创建保障宪法秩序与国家安全的可靠法律工具，形成这一领域的情报交换机制。[④]

自2005年，联合国安理会反恐委员会领导人每年都参加情报、安全与护法机关外国同行领导人大会。自2008年以来，双方开始交换对恐怖主义威胁的评估，使俄罗斯得到了较全面的国际恐怖威胁图景。2014年3月索契会议上，独联体反恐中心主席与联合国安理会反恐委员会主席让—波烈姆·拉波尔德（Жан-

---

① “XI Совещание руководителейспециальных служб, органов безопасности и правоохранительных органов иностранных государств-партнёров ФСБ России（г. Москва, 3 октября 2012 г. ）”, *Вестник национального антитеррористического комитета*, 2012/2（07）.

② “Заседание коллегии Федеральной службы безопасности”, http://rusnod.ru/news/theme3601.html. ［2014－04－08］

③ 同上。

④ 同上。

Полем Лаборд）会面，双方指出了完善与加强反恐领域情报交换，交流预防与发现预谋恐怖犯罪先进经验的必要性。①

在国际反恐合作方面发挥着重大作用的还有独联体范围内的多边合作会议，主要有：独联体情报与安全机关领导人会议（СОРБ）、独联体国家边防军指挥部会议（СКПВ）、欧亚经济共同体边境问题会议等。独联体情报与安全机关领导人会议目的是：保障参与国在反恐方面的安全与利益，达成战略—战术联合指挥部演习的成果，方便参与国反恐中心领导人聚首交换意见，加强相关单位组织合作，提高协同反恐效率。独联体国家边防军指挥部会议旨在：就独联体国家外部边界的情况交换意见，探讨制止通过独联体国家边界走私武器、弹药、毒品及非法移民的边防工作，打击盗猎，保护水资源，形成独联体国家部门间联合战术预案。

第三节　减轻与消除恐怖活动危害

恐怖活动发生后的处置属于紧急情况②的处置。俄罗斯建立了国家预防与消除紧急情况系统来应对因恐怖活动等造成的紧急情况，并通过立法建立了完善的恐怖活动受害者及参与反恐受损

① “Заседание коллегии Федеральной службы безопасности”，http：//rusnod. ru/news/theme3601. html. ［2014 - 04 - 08］

② 俄罗斯《紧急情况法》规定，紧急情况是指：（1）企图强力改变俄联邦宪法秩序，夺取政权，武装暴动，大规模骚乱，恐怖袭击，封锁或占领特别重要的目标，非法武装的培训与活动，民族、宗教、地区武装冲突，造成对公民生命与安全的直接威胁，破坏国家权力机关与自治机关的正常活动；（2）自然与人为性质的紧急情况，紧急生态形势，包括能产生灾害的人、畜流行病，危险自然现象、事故、自然或其他灾难等，需要实施大规模灾难救援及其他紧急工作的状况。参见 Федеральный Конституционный закон Российской Федерации от 30 мая 2001 года N 3 - ФКЗ，http：//www. rg. ru/2001/06/02/chp-dok. html. ［2001 - 06 - 02］

者的赔偿制度，形成了立体的危机处理体系。

一、国家预防与消除紧急情况系统（PCЧC）

（一）国家预防与消除紧急情况系统的整体情况

国家预防与消除紧急情况系统隶属于俄紧急情况部，它整合了联邦行政机关、联邦主体行政机关、地方自治机关以及有权参与解决紧急情况的组织（包括私人的）。该系统由紧急情况部直接领导，旨在保障居民与地区免于遭受自然、人为和其他性质的紧急情况的影响，确保和平时期保护居民、领土、环境、国家的物质与文化价值。

系统的设计功能多样，具体任务包括：制订并实施避免紧急情况的法律与经济规范；实施针对性方案，以预防紧急情况并保障企业、机构与组织在紧急情况时可持续工作；保障预防与消除紧急情况的行政机构、军队与设施处于准备状态；在发生紧急情况的地区搜集、处理、交换与提供情报；在紧急情况下使居民处于行动准备状态；宣布紧急实施国家审查、监督与控制；消除紧急情况；对遭受紧急情况危害的居民采取社会保护措施；开展人道主义行动；在宣布紧急情况的地区保障公民的权利与义务；开展紧急情况下的国际合作。[①]

国家预防与消除紧急情况系统由地区与功能子系统构成，共有5个层次（如图4－9）：覆盖整个俄联邦领土的联邦层次；覆盖若干俄联邦主体区域的联邦区层次；覆盖联邦主体区域的地区层次；覆盖地方区域（市、居民点）的地方层次；生产设施或社会保障目标区域的地点层次。[②]

① “Положение о единой государственной системе предупреждения и ликвидации чрезвычайных ситуаций”, http: //www. mchs. gov. ru/document/235623. ［2003－12－30］

② “Структура РСЧС и ГО России”, http: //mchs-orel. ru/struktura-rschs-i-go/.

国家预防与消除紧急情况系统的每个层级包括：协调机关；紧急情况事务管理机关；全天候管理机关；人员与设备；资金与物资储备；通告系统。系统的管理和协调由各级紧急情况委员会执行。八大联邦区尚未组建紧急情况委员会，亦没有相应调度中心，正在制定在联邦区层面上组织合作的规范性文件。联邦主体分系统由联邦主体政府在所辖范围建立。系统的组成单位是监控自然现象、环境与潜在危险目标并处理相关危机的联邦行政机关。①

国家预防与消除紧急情况系统根据有可能发生或已经发生的紧急情况的状况、规模不同实施三种制度：日常制度、战备制度、紧急情况制度。

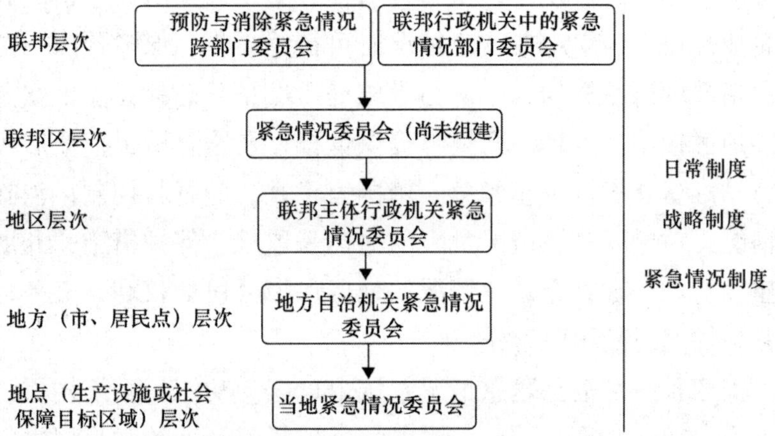

图 4—9　预防与消除紧急情况国家统一系统

① “Организация управления в РСЧС”, http://www.arspas.ru/mchs/spravochnik/2/ou.php.

（二）预防与消除紧急情况系统的具体架构——莫斯科市案例

在各地区分系统中，以莫斯科市预防与消除紧急情况系统最为完善。莫斯科集中了全国6.5%的人口，拥有超过250万家企业（大多数是金融投资企业）、约4000家学校、3000多个文化团体、80多个化学危险目标、20多个放射性危险目标、60多个易燃易爆目标。为此，莫斯科在1997年就组建了预防与消除紧急情况系统（МГСЧС），通过了《紧急情况法》及市政府的一系列规定，包括《关于莫斯科市预防与消除紧急情况系统》、《关于完善紧急情况时莫斯科市行政机关的协调行动》。在国家预防与消除紧急情况系统的指导下，莫斯科具体计划与实施自己的预防与消除紧急情况的措施。①

据莫斯科2007年5月15日第374－ПП号政府令《关于完善紧急情况时莫斯科市行政机关的协调行动》，莫斯科紧急情况局的工作主要是每年向莫斯科市政府预防与消除紧急情况委员会报告常备力量组成状况，并在分析紧急情况和应急情况的基础上，提出完善市预防与消除紧急情况系统的建议，以保障反恐安全。

国家预防与消除紧急情况系统的莫斯科子系统的中枢是调度指挥系统（ЕСОДУ）。它的任务是提高各级行政机关在出现或可能出现紧急情况时的调度与协调行动水平，改善各级机构的合作。如图4—10所示：

---

① “Организация взаимодействия органов власти в Москве приликвидации последствий террористических актов”, *Вестник национального антитеррористического комитета*, 2011/3（05）.

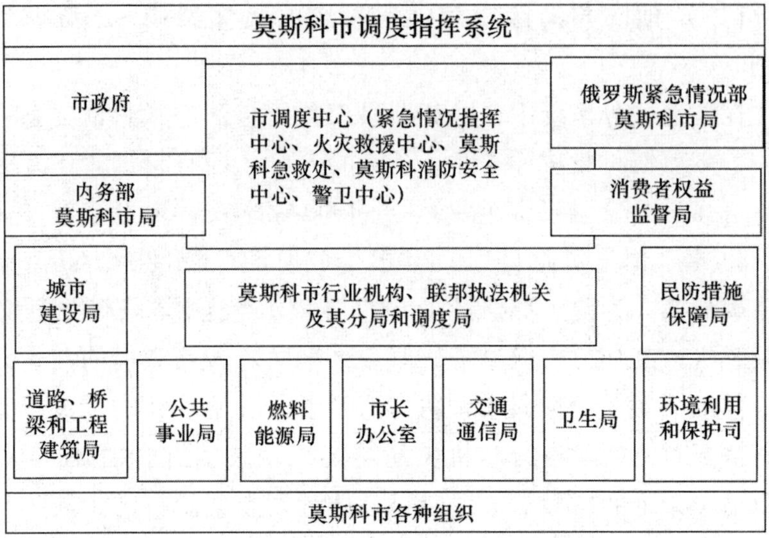

图 4—10　莫斯科市调度指挥系统

莫斯科市调度指挥系统全天候指挥预防与消除紧急情况系统的人员与设施，它的核心是市调度中心（ЕДДЦ）。市调度中心是联系联邦主体国家权力机关和居民的重要纽带，也是紧急情况调度指挥机构，它的日常办公单位是调度局（ДДС）。由于市级单位在反恐中作用和地位日益突出，莫斯科市已经让市各单位代表加入调度指挥系统作为机动力量，并为调度指挥系统配备必要的工作站、数据库及统一的通信手段。莫斯科紧急情况指挥中心（ЦУКС）又是市调度中心（ЕДДЦ）的核心，为提高应急反应能力，指挥中心也接听报警电话。图 4—11 是调度指挥系统（ЕСОДУ）、市调度中心（ЕДДЦ）、紧急情况指挥中心（ЦУКС）三层指挥中心工作流程图，由此可以看出三者的关系。

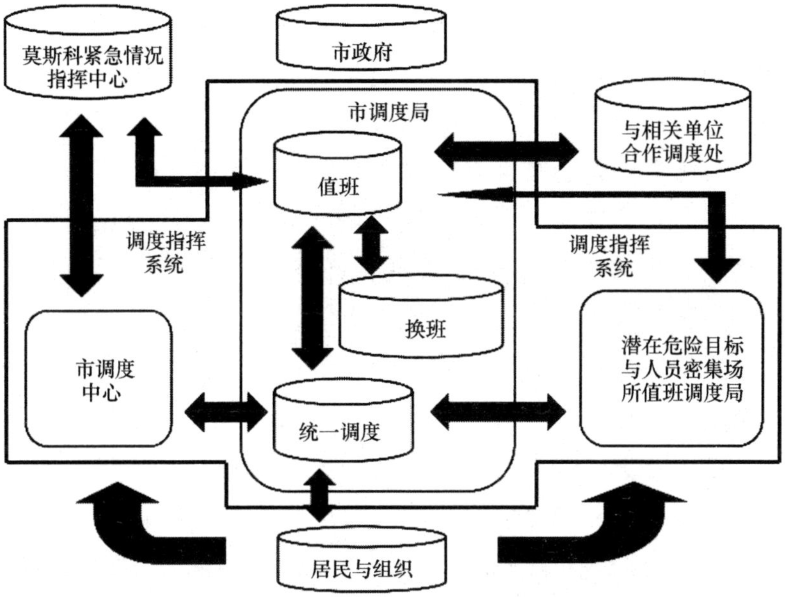

图 4—11 莫斯科市预防与消除紧急情况指挥流程

为使调度局（ДДС）与莫斯科各级行政单位的协作顺畅，莫斯科紧急情况局制订了信息交换协议。协议的内容有：

相互合作的任务单；

莫斯科预防与消除紧急情况系统功能模块的合作次序；

紧急情况地区各单位的合作次序；

在发生或可能发生紧急情况时信息交换的次序；

提供信息的范围；

因隐瞒或不及时提供信息所追究的领导个人责任。

根据 2009 年 11 月 5 日第 98 – P3M 号莫斯科第一副市长的指令《关于在莫斯科市紧急情况下调度指挥系统内的全日制信息交换》，调度局每日召开电视电话会议。参加会议的单位有：内务部莫斯科局、公共事务局、燃料能源局、交通通信局、卫生局、城市建设局、道路—桥梁与工程建筑局、环境利用与保护局、城市住宅检查委员会、莫斯科水管厂、莫斯科供水厂、莫斯科通信线路公司、莫斯科天然气公司、莫斯科城市交通公司、莫斯科地铁公司、莫斯科市卫生局紧急医疗救助中心、城市桥梁公司、莫斯科联合能源公司、莫斯科供暖集团、莫斯科联合电网集团、莫斯科能源公司、莫斯科联合电网集团移动分公司、莫斯科城市电话网络公司。这些单位合作的主要任务之一是完善紧急情况系统，即完善管理人员、设备、统一通信。

莫斯科近几年积累了消除紧急情况的丰富经验。为保证消除紧急情况的力量与设备处于常备状态，每年莫斯科紧急情况局都要举行约500次常备力量训练，莫斯科紧急情况指挥中心每年要处理400多万个居民电话，平均每昼夜接收1.3万个援助申请。

目前，莫斯科市正在从以下三个方面来逐渐完善预防与消除紧急情况系统。

第一，莫斯科市正在统一参与应急反应各单位的信息系统，这些系统的技术平台不同，相互不兼容，在应对紧急情况时灵活性差，不能有效减少经济损失。目前，莫斯科正在建立统一的紧急情况自动管理系统（АИУС «ЧС Москва»）来改善这一状况。

第二，为使救援力量能接近个人，莫斯科据2010年12月28日发布的第1632号总统令重建城市电话系统，将原有的“112”和“911”两个居民紧急号码整合成“112”号码，建立“112”莫斯科救援机制。

第三，为提高莫斯科参与消除紧急情况有关机构的合作效率，市政府有针对性地在潜在恐怖袭击目标、生活保障目标、人员密集场所建立统一的通信系统，以统一组织工作。

以上系统的建立能进一步降低莫斯科发生恐怖事件的概率，并使各级行政单位、地方自治机关在消除恐怖活动后果方面的协同水平大幅度提高。

二、全俄人员密集场所综合信息通告系统（ОКСИОН）

全俄人员密集场所综合信息通告系统是宣布反恐预警等级，地区进入紧急情况的重要通知系统。紧急情况部于2005年开始在莫斯科、圣彼得堡等大城市安装这一系统，这也是全国《2010年前俄联邦降低人为和自然性质紧急情况风险并减轻其后果》项目的一部分。

据紧急情况部的专家估计，全俄人员密集场所综合信息通告系统能向超过3500万人口提供安全保障信息，公众获知必需信息的时间比之前缩短1.2倍。[①] 由此可以减轻恐怖活动后果，从而减少国家为消除紧急情况和恐怖活动可能后果的预算。它的终端安装在地铁、车站、街道和超市等人员密集的场所，主要功能是：宣布反恐预警等级；缩短发生紧急情况的通报时间；有效通知公众在发生或可能发生紧急情况时应遵循的安全行为规范；在控制与消除紧急情况时向居民通告与其有关的命令和建议；提高居民自我安全防范意识与水平；定期向居民进行安全行为教育；加强信息协助，以加快受害居民复原时间；通过对人员密集场所的预防性观测提高局势控制能力。[②]

全俄人员密集场所综合信息通告系统包括以下构成要素：

不同层次的信息中心；

终端，如：街道居民通告点（ПУОН）、人员密集场所通告点（ПИОН）、移动通告车辆（МКИОН）；

分布式自动子系统；

其他通告居民的设施。

---

① “ОКСИОН”，http：//ru. wikipedia. org/wiki/ОКСИОН. ［2014－05－03］

② 同上。

该系统的管理遵循以下原则：

联邦级：联邦信息中心——功能由综合信息通告系统信息中心来发挥；

联邦区级：联邦区与地区信息中心 МРИЦ——在联邦区范围内；

联邦主体级：地区信息中心 РИЦ——在联邦主体范围内；

市级：市信息中心 МИЦ——在市行政边界内。

该系统的下游信息中心（МРИЦ）能与联邦信息中心联系。联邦区与地区信息中心有权管理终端并规划下级信息中心的信息业务。联邦区与地区信息中心能向联邦信息中心转交本地终端的管理（如图 4—12）。

图 4—12　全俄人员密集场所综合信息通告系统工作图

2007 年 1 月 16 日，国家反恐委员会曾发布反恐预警警报，证明该系统效果良好。之后，紧急情况部部长绍依古（С. К. Шойгу）与强力机构领导人开会商讨了各单位进一步加强合作的问题。时任内务部长努尔加利耶夫（Р. Г. Нургалиев）和联邦安全局局长帕特鲁舍夫都表示，这个系统对内务部与联邦安全局解决安全问题都很重要，决定将其与内务部和联邦安全局的信息系统建立更紧密的联系。2007 年 1 月 24 日，绍依古对媒体表示，即将拨出资金，力争年内把所有系统连接起来。[①] 至 2007 年底，俄所有百万人口以上的城市都安装了这一系统，2008—2010 年所有俄联邦主体的首都全部安装了该系统。目前，该系统已经建成 38 个信息中心、93 个街道居民通告点与 501 个人员密集场所通告点。2006 年至 2012 年间，俄罗斯在 38 个城市的 595 个终端上发布了 1200 个通知。[②] 为在发生紧急情况时保护城市所有居民，俄罗斯计划把所有移动通信运营商，以及人员密集场所能加载该系统的信息载体，都纳入这一系统。

三、对恐怖活动或反恐行动损失的赔偿

根据《反恐法》，国家对在恐怖活动中受到伤害的自然人和法人进行补偿性赔偿。2013 年 11 月 2 日，俄修订《反恐法》，修改了对恐怖活动受害者进行赔偿的条款，规定恐怖活动中受到的精神与物质损失由实施恐怖活动的人员及其亲友承担。国家将向每位被绑架人质赔偿 10 万卢布，这笔钱可由恐怖分子亲友支付。[③] 为使这一制度得到落实，俄当局将在联邦安全局建立检查恐怖分子亲友财产来源合法性的制度，当不能证明财产合法性时，将按法庭程序对之进行检查，据检查结果处理财产。此前，旧的《反恐法》仅规定，对恐怖活动受害者的损失由恐怖活动实施者来赔偿，这样的规定形同虚设。在补偿参与反恐人员方面，新《反恐法》规定，因参与反恐行动而死亡的人员家属可一次性

① “ОКСИОН”，http：//ru. wikipedia. org/wiki/ОКСИОН.

② “Об ОКСИОН”，http：//ic－oksion. ru/oksion/ob-oksion.［2015－01－20］

③ “Заплатят по-семейному”，http：//www. rg. ru/2013/11/06/schet. html.

获得补偿60万卢布，并可排队获得住宅，以及对居住和物业支付的补偿。死者无劳动能力的家属及残疾人员可获得退休金。因参与反恐行动而受伤并导致残疾的人，可从联邦预算资金中一次性获得30万卢布的补偿，并据俄联邦法律规定安排退休。如果反恐行动人员受伤，但没有导致残疾，那么该人可获得一次性10万卢布的补偿。

此外，根据2007年1月12日俄联邦第6号政府令《关于对恐怖活动受害者及参加反恐行动受伤者实施社会康复的规定》，为使恐怖活动受害者融入社会，应对其提供社会援助，包括心理、医疗和职业援助，法律帮助，协助就业和提供住房。所需资金由政府从预算经费中划拨，或由恐怖活动发生地联邦主体预算经费及其他法律规定的资金承担。

2014年2月15日，俄罗斯出台了第110号政府令《关于从政府储备基金中拨出预算款用于预防与消除紧急情况与自然灾害后果》，十分详细地规定了因恐怖活动或因反恐而遭致损失的自然人与法人应得到的赔偿。[①]

四、消除紧急情况——伏尔加格勒案例

俄罗斯反恐救援与赔偿制度完善，使俄官方能在发生恐怖事件时做出快速与有效的反应。近年来历次恐怖事件中俄罗斯各单位的高效措施都证明了这一点。如2013年12月29日与30日伏尔加格勒的两次恐怖事件中，各单位表现了及时、准确、高度协同的良好反应，可看出俄罗斯应对恐怖事件的危机处理体系已经相对成熟与完善。

事件刚一发生，紧急情况部伏尔加格勒地方局预防与消除紧

① Постановление Правительства Российской Федерацииот15 февраля2014 г. No. 110. г. Москва, http: //www. rg. ru /2014/02/21/rezerv-fond-site-dok. html. [2014－02－21]

急情况系统立即反应，相关单位开展现场救援。总统普京责成包括紧急情况部、卫生部在内的俄政府部门以及伏尔加格勒州政府采取所有必要措施，向爆炸事件中的伤员提供全面救助。由于是重大恐怖事件，紧急情况部启动应急预案，全俄范围内10余万救援人员进入战备状态。救援单位进入现场后，立即开始维护现场秩序。事发地点被警方严密封锁，任何社会车辆不得靠近。现场有数十辆消防车、警车和急救车参与救援，进行善后。车站大楼和公共汽车爆炸现场附近民众全部撤离，工兵、特警和专家在爆炸现场进行勘察，警犬辅助检验爆炸残留物。事件发生之初，其他相关后续工作就已经着手。普京和梅德韦杰夫在爆炸发生后立即举行会晤，决定为死伤者家庭提供财政、医疗援助以及其他形式的帮助措施，确定为每位受害者补偿20万卢布，为每位遇难者家庭补偿50万卢布。[①]

第四节　抵制恐怖主义思想

俄罗斯认为只有动用所有国家机器抵制恐怖主义思想的产生，才能缓解恐怖主义高启的形势，以逐渐达到根除恐怖主义的最终目标。在俄罗斯，这项工作自第二次车臣战争结束的2001年便已经开始，国家反恐委员会成立之后至今，专门以此为主题而召开的会议多达8次。在《反恐法》基本思想指导下，俄罗斯制定并实施了《2008—2012年俄罗斯信息反恐综合计划》、《2013—2018年俄罗斯抵制恐怖主义思想综合计划》，建立了抵制恐怖主义思想的工作系统，动员全国范围内强力、舆论、文化教育、宗教与民族组织等各种力量全面开展了抵制恐怖主义思想的工作。

---

① “Взрыв на железнодорожном вокзале Волгограда”, http://news.vdv-s.ru/society/?news=246014.［2014-02-07］

一、实施信息反恐综合计划，构建了抵制恐怖主义思想工作系统

为有效控制极端主义思想的传播，2008 年 5 月 13 日第 Пр－955 号总统令发布了《2008—2012 年信息反恐综合计划》。计划实施 5 年后，俄罗斯形成了抵制恐怖主义思想的系统，该系统由机构子系统、工作措施子系统、法律子系统、舆论宣传子系统、人才培训子系统构成。[①]

（一）机构子系统

国家反恐委员会在最初建立时，并没有专门针对预防恐怖主义的机构，这项工作由反恐委员会机关来总体负责。但是，一项重要的工作要抓实必须有专人负责，专门机构承担。为抵制恐怖主义思想扩散，国家反恐委员会在成立之初就有组建这样的机构的想法，直至信息反恐综合计划完成后，这一以国家反恐委员会机关为中心，包括相关行政部门、媒体、民间社团的机构子系统方才得以自上而下建成。

机构子系统的工作包括两大部分：（1）协调所有相关国家权力机构的工作，形成合力，反对恐怖主义思想；（2）吸收公民社会、科研、教育、商界、媒体等单位参与抵制恐怖主义思想，形成社会反恐氛围。

在协调反恐怖主义思想工作方面，2006 年 12 月，俄反恐委员会机关主席布拉文（В. И. Булавин）向俄新社透露，到 2007 年

① Доклад первого заместителя руководителя аппарата НАК генерал-лейтенантаЕвгения ПетровичаИльинана IIIВсероссийской научно-практической конференции « Концепция противодействия терроризму в Российской Федерации. Комплексный подход к формированию и функционированию системы противодействия распространению идеологи и терроризма », Материалы III-й Всероссийской научно-практической конференции. http：//edusnz. vega-int. ru/files/2014/Deyatelnost/koncepcia_ 1. pdf.

底俄计划建成“反恐怖主义思想国家政策信息保障系统”。该系统的主要功能是：揭露宗教极端主义思想；让社会了解伊斯兰的正面形象；宣传睦邻友好宗教关系。[①] 2007 年 6 月，俄反恐委员会第 8 次例会通过了在反恐委员会机关成立反恐怖主义思想工作组的决议。新成立的工作组成为专门的管控协调机构，受反恐委员会主席的直接领导，开展有针对性的反恐宣传，防止恐怖主义思想扩散。至今，反恐怖主义思想工作组在北高加索所有共和国反恐委员会机关建成，其他联邦主体也有建立。它是统筹协调全部反恐怖主义思想工作的主导机关。

在形成社会反恐氛围方面，国家反恐委员会最为重视的是媒体。媒体对形成公民反恐意识有很强的影响力，媒体应当公正、客观地报道各种突发性事件，但恐怖消息扩散也正是恐怖分子的主要目的之一。为此，与恐怖主义及反恐有关的消息的发布应由官方建立必要的程序，统一发布。为形成社会反恐氛围，在国家反恐委员会机关的主导下，俄罗斯开展了以下几方面工作：

第一，建立媒体反恐报道的标准。2010 年 7 月，国家反恐委员会机关组建了新闻中心，其基本任务是：向媒体发布反恐事务通告；发生或可能发生恐怖袭击、恐怖主义倾向犯罪时，向媒体提供事件全过程信息；防止谣言传播；协助记者客观报道反恐事务，更新国家反恐委员会网站。中心成立后，在反恐委员会与行动指挥部的把关下，媒体的反恐报道有了一定的客观标准，反恐事务也在一定程度上较从前更公开。国家反恐委员会网站在联邦主体层次建立平台，采用博客等形式讨论青年人问题，发布积极信息以抵制恐怖主义与极端主义信息。

第二，防止反恐领域流言传播。2011 年 2 月，反恐委员会机

① “« Рабочаягруппа » назапасномпути ”, http://www.rospres.com/specserv/12818. [2013-07-23]

关组建了反恐信息发布跨部门工作组，负责协调联邦安全局、内务部、紧急情况部、国防部、卫生部的宣传部门与媒体合作，公布反恐官方消息，避免不实消息引起的社会负面效应。[①] 2009 年 10 月 13 日，国家反恐委员会第 21 次会议决定，在每个联邦主体的反恐委员会、每个市政机构中组建专门的宣传小组，使用特定声像与文字宣传品向青年定期开展宣传和对话。在国家反恐委员会的要求下，科研与教育工作者、公民代表越来越多地参与制订信息反恐的战略与方案，直接向青年授课，与服刑人员进行对话等。此外，俄联邦通信与传媒部下设有使用和发展媒体、电信、互联网问题委员会，成员有俄罗斯联邦国家杜马、俄通社—塔斯社、俄新社、国家电视广播公司、俄罗斯电信、mail. ru、Яндекс. ru（注：俄罗斯搜索引擎）的代表，俄政府要求它统一反恐宣传口径。

第三，发挥宗教、民族等社会团体反恐怖主义思想的积极作用。一些社会团体也积极参与反恐活动，在提高宗教与民族间信任程度、抵制恐怖主义思想方面发挥了特别重要的作用。2006 年成立的“伊斯兰文化、科学与教育基金会”是其中最重要的组织。该基金会由国内著名穆斯林活动家、国家机关代表组成，是政府与宗教机构沟通联系的纽带，为加强宗教自律、防范极端主义建立了全国联动机制。如 2013 年 12 月 29 日与 30 日，伏尔加格勒发生火车站恐怖袭击事件与无轨电车恐怖袭击事件后，该基金会当即谴责恐怖活动“丝毫不符合伊斯兰教义”，并引用埃及最高穆夫提谴责自杀式恐怖分子的言论，号召穆斯林分清是非。来自权威宗教领袖的话更有说服力，在抵制恐怖主义思想方面能

---

① “Первое заседание Межведомственной рабочей группы по информационном сопровождению деятельности НАК”, http: //nac. gov. ru/nakmessage/2011/02/17/pervoe-zase-danie-mezhvedomstvennoi-rabochei-gruppy-po-informatsion nomu-soprovo. html. [2011 - 02 - 17]

够发挥较强的影响力，为把穆斯林信徒引到正确道路起到了积极作用。

第四，发挥民间科研团队反恐怖主义思想的积极作用。在政府《反恐法》的大力推动下，在国家反恐委员会的指导下，俄罗斯建立了许多民间反恐研究中心，影响力较大的有：[①]（1）全国非政府反恐中心，它最重要的活动是动员以科学、教育和文化活动家为首的俄罗斯知识分子，寻找有效的途径和防范措施，通过社会干预防止恐怖主义产生；（2）俄罗斯反恐社会方案与反恐国家搜索引擎 http：//antiterror. ru，它发布各种研究成果，以预防恐怖主义产生，帮助人们更好地保障个人安全。此外，如2008年建立的反恐门户网站 http：//yamartnah. net，2010年建立的 http：//Groznytoday. ru，都成为社会反恐的有力工具。

（二）工作措施子系统

2008年至2012年，俄抵制恐怖主义思想一直在国家反恐委员会制定的《2008—2012年信息反恐综合计划》框架内实施。这一计划要求通过宣传、解释、教育等方式，缓和居民激进思想，以削弱恐怖主义与极端主义思想扩散的基础，参与这一活动的部门包括教育、科研与文化部门、社会与宗教组织、媒体等。它们的主要任务是：（1）保护信息空间免受恐怖主义和极端主义思想侵蚀；（2）加强信息反恐；（3）完善反恐法律基础。国家反恐委员会机关每年对计划实施情况进行总结。为落实计划，各联邦主体、市反恐委员会制定了适合本地的方案。如《罗斯托夫地区2012—2014年预防极端主义与恐怖主义系列方案》、《罗斯托夫地区青年方案（2011—2013年）》等。这些方案涉及教育、媒体、出版、医疗、民族、宗教、社会发展部门等，内容主要是采用非

① Гаврилов Б. Павлинов А.，“Международные и российские организационные структуры по противодействию терроризму”，Уголовное право. 2005. №3.

强力手段营造社会反恐氛围，揭穿恐怖主义实质，营造民族、宗教团结。以南部联邦区的汉特—曼西斯克自治州（Ханты-Мансийский Автономныйокруг）信息反恐综合计划为例，它的主要内容包括：由反恐委员会引导，在全俄人员密集场所综合信息通告系统、广播电视上进行反恐宣传；举办电影、电视、报道等反恐专题竞赛；进行宣传人员（包括记者）培训；参加、组织反恐专题大会；监控民族、宗教、社会团体关系；组织各类教育机构的反恐课程；在州教育机关开展阐释性对话，以预防未成年人的排外、攻击等犯罪现象；组织专业医疗机构检查高危人群的身体与心理健康，以发现风险目标；促使商界参与构建民族与宗教和谐。这一方案由州反恐委员会执行监督，并每年向国家反恐委员会报告。

（三）法律子系统

在《反恐法》思想的指导之下，为遏制恐怖主义思想的蔓延，俄罗斯在限制恐怖主义思想方面制定了许多新的法律条款，对传播恐怖主义思想的打击力度越来越大。这是以强力手段规范机构、个人抵制恐怖主义思想的行为，以建造抵制恐怖主义思想的屏障。为加大执法力度，每年俄罗斯司法部都会发布极端主义组织与材料名单，依照《反极端主义活动法》，禁止通过大众传媒传播极端主义的材料，如果媒体对警告不做出反应，则关闭此类媒体。据俄罗斯护法机关的数据，俄有 2680 个进行极端主义宣传的信息源（网站、电影、书籍、传单等）。[①] 从 2006 年起，俄罗斯就已对利用互联网宣传恐怖主义与极端主义的行为实施法律惩处。如 2006 年 11 月 20 日“高加索—中心网”负责人托马托辛

---

① Ильин Е. П. “Система противодействия идеологии терроризма в Российской Федерации: становление и перспективы развития”, Вестник Национального Антитеррористического комитета, 2010/2.

（Б. С. Томатохин）由于宣扬极端主义和宗教仇恨，被判处 5 年监禁。俄罗斯致力于联合所有反恐力量，建立起因特网和媒体上对恐怖主义思想的有效防御。

（四）舆论宣传子系统

舆论宣传子系统的主要任务是开展反对恐怖主义与极端主义思想的舆论宣传，以有效地阻止恐怖主义思想的产生和蔓延。为此，俄罗斯做了以下工作：

第一，组织各种研讨会，形成反对恐怖主义的思想体系。2008—2012 年，俄联邦主体组织了 4.7 万多次反恐主题会议。如北高加索反极端主义与恐怖主义思想会议“南盾”（格罗兹尼，2011 年 11 月）、国际科学实践大会“国家、商界、公民社会反恐联盟：实践、科学、教育”（莫斯科，2010 年 3 月）、国际神学大会“抵制激进主义的伊斯兰学说”（莫斯科，2012 年 5 月）、全俄保障大学综合安全会议（莫斯科，2011 年 5 月）等等。2009 年至今，在国家反恐委员会的召集下，俄罗斯每年 10 月都会召开以反恐为主题的全俄科学实践大会，每一届的主题均涉及抵制恐怖主义思想这一核心。第 1 届主题是“形成公民社会坚定的反恐立场是预防恐怖主义的基础”，第 2 届主题是“联邦与地方国家权力机关、地方自治机关、公民社会团体、商界与媒体在形成抵制恐怖主义思想机制，制定与实施信息反恐措施方面的角色定位”，第 3 届主题是“俄联邦反恐构想—抵制恐怖主义思想扩散机制的形成与生效总体方案”，第 4 届主题是“媒体与互联网在预防恐怖主义中的角色定位”。

第二，知识和教育界生产反恐文化产品。文学艺术作品在意识形态领域有很强的引导作用，知识分子在影响社会意识方面能够发挥巨大作用，尤其是高质量的艺术和报告作品对社会意识的影响更大。政府鼓励创作各种作品来揭示恐怖主义思想的本质是仇恨人类。国家反恐委员会为反恐研究提供了广阔的平台，如在预防恐怖主义领域制定优先课题；组织权力机关代表与科学、教育、文化、宗教、社会组织、青年等不同领域代表组成团队，分析、研究现代恐怖主义思想及其防治；在各级教育文化机构中建立了大量反恐怖主义倾向的信息分析中心，这些中心在每个地区都由一所或几所领头的大学组建，这些大学组织并协调科研单位开展反恐研究，由媒体、宗教界、互联网发布研究成果。

第三，国家反恐委员会生产、刊发反恐研究成果。国家反恐委员会编有涉密季刊《信息通报》与非涉密半年刊《国家反恐委员会通报》，为刊登反恐研究成果提供平台。《国家反恐委员会通报》已列入高职评定刊物清单，发表副博士和博士学位论文成果，促使高级科研人员踊跃投稿。国家反恐委员会机关组织生产反恐录像制品提供给相关单位非商业使用，要求独立电视台和电视中心播放这些公益广告。在问题最严重的北高加索联邦区，国家反恐委员会为联邦安全局地方局购买和调拨了光盘与小型印刷设备，以制作反恐宣传品。

第四，加强对青少年的反恐思想教育。国家反恐委员会专家调查显示，爱国主义教育工作十分薄弱，没有人向年轻人解释政治事件的原因，青年不知道国内外形势，封闭在自己的民族和宗教小圈子里。为此，国家反恐委员会联合教育科学部设立各种平台，开展反恐教育。如覆盖幼儿园至大学的教育工作者社交网站公布了《友谊之岛——儿童与未成年人在日托度假营地中形成宽容意识的方案》，该网站在儿童与未成年人防恐方面发布了大量材料。① 俄罗斯当局采取了各种手段加强反恐意识与反恐氛围的

① “Остров дружбы – программа формирования толерантного сознания у детей и подростков в условиях лагеря с дневным пребыванием детей в период школьных каникул ”， http：//nsportal. ru/nachalnaya-shkola/vospitatelnaya-rabota/2012/01/25/ostrov-druzh-by-programma-formirovaniya. ［2015 –01 –25］

培养。如2010年11月24日，伏尔加格勒州联邦安全局决定，为提高年轻人的反恐警惕性，由联邦安全局设计推出一系列专为学校和学龄前儿童观看的反恐动画片，内容包括发现各种恐怖活动迹象应该做什么、怎样做，谎报恐怖信息应承担的责任等，动画片中还公布了联邦安全局热线电话。[①] 在学历教育方面，其基本指导方针是“学校是夺取俄罗斯未来的战场”，核心是培养青少年尊重人的生命，确立宽容、非暴力行为准则，树立爱国主义思想。这一教育主要依靠那些易被青年人接受的历史学家、哲学家、心理学家、政治学家、神职人员、作家、艺术活动家和运动员，请他们传播理性、善良和永恒的精神。从幼儿园到大中小学，俄罗斯开展了宽容、爱国主义教育，其重点是客观宣讲俄联邦民族团结的历史，以预防青少年民族、宗教、政治极端。至2012年，俄联邦21个主体已经完成了两年期的课程“宗教文化与世俗伦理学”，包括东正教、伊斯兰教、佛教、犹太教的宗教文化与世俗伦理基础教育。这一课程在全俄推广。国家反恐委员会与教育部合作，确定了基础教育、职业教育的新标准，其中在“生命安全基础”主题中有“俄联邦反恐怖主义与极端主义”单元；编撰发行了反恐怖主义与极端主义倾向教科书，以及科普读物《恐怖主义在瞄准你》《极端主义—恐怖主义的思想与基础》《反恐：保卫个人、社会与国家》等补充读物。2012年10月18日开始，全俄罗斯的中学开设了反恐怖主义与极端主义基础课程。[②] 这些教育的目的不仅要使学生养成不以暴力来解决问题的习惯，还帮助他们建立正确的价值观，认清自己在生活与社会中

① “ФСБ защищается от террористов страшилками, Для юного поколения создана серия назидательных мультфильмов”, http://www.mk.ru/social/article/2010/11/24/546863-fsb-zaschischaetsya-ot-terroristov-strashilkami.html. [2010－11－24]

② “Школьников научат основам противодействия терроризму и экстремизму”, http://www.rg.ru/2012/10/18/predmet-anons.html.

的价值。

第五，要求媒体协助官方开展反恐工作。如2009年7月31日到2010年1月1日，车臣共和国对外联系、国家政策、出版和信息部组织多家电视、广播、网站、报纸每天向家长发出对孩子进行反恐教育的呼吁，开设了24小时电话热线，共计接听1000多次担忧孩子的家长的电话。反恐机构对其中数百个紧急问题做出及时反应，对问题少年在父母陪同下谈话，进行关于恐怖主义与极端主义思想危害性的解释性教育。为了吸引媒体关注预防恐怖主义问题，俄罗斯每年都会举办记者反恐专题报道竞赛。在国内与国际各种电影节上，有专门的“电影工作者反恐”单元，放映相关影片。目前，车臣共和国40%以上的当地广播电视频道以及报刊版面用于预防恐怖主义和极端主义，特别是对青年人进行精神道德培养和爱国主义教育。2008—2010年，俄媒体平均每年向公众发布近4万份反恐资料，向互联网发放5000多份资料；媒体对联邦主体反恐委员会和行动指挥部、国家权力机关、议员、社会组织和宗教团体以及反恐专家代表进行了不少于2万次采访，在外国媒体发表500多篇报道；在反恐委员会的领导和参与下出版了近5000种书籍；组织1500多次电视纪录片和电影观影、论坛、会演、新闻竞赛和展览，在青年人教育工作框架内举行大约2万次活动。[①] 2010—2012年，联邦与联邦主体媒体报道了25万篇反恐类文章；制作了2000多部视频作品（电影、纪录片、社会广告等）；对已经受到或特别容易受到恐怖思想影响的人进行了约24万次有针对性的会面、讲座与对话，对话的人包括大学生、穆斯林国家来的人、民族宗教散居者、因极端主义与恐怖活

① “Саралиев Ш. Ю. Роль региональных СМИ в защите интересов Российского государства (напримере Чеченской Республики)”, Вестник Национального Антитеррористического комитета, 2010/2.

动被判刑的人、前非法武装参加者等。宣教人员包括行政机关工作人员、学术界知识分子、宗教领袖与民族社团的领袖等。①

(五) 人才培训子系统

人才是机制发挥作用的重要保障，要保障反恐怖主义思想系统功能的发挥，关键是要培养高素质的专家。人才培训的主要任务是培养“三类人”：反恐怖主义与极端主义专家、具备反恐怖主义与极端主义思想能力的教师、能抵制恐怖主义和极端主义思想的干部。国家反恐委员会机关每年在联邦安全局位于莫斯科、新西伯利亚、叶卡捷琳堡、下诺夫哥罗德、圣彼得堡、哈巴罗夫斯克和阿纳巴等市的院校对反恐委员会和行动指挥部的工作人员进行区域性集训。2011 年，国家反恐委员会在南部联邦区大学与下哥罗德国立大学基地，为联邦主体行政机关与地方自治机关协调信息反恐工作的人员举办为期两年的培训。在莫斯科国立语言大学为中学校长以及达吉斯坦共和国行政机关负责青年教育的官员举办了为期两周的“俄联邦预防（防范）恐怖主义”培训，至 2012 年底共培训了 200 多人。2011 年，俄罗斯教育科学部对 500 多名大学及职业学校教师进行了青年精神—道德教育培训。反恐委员会与宗教组织及宗教（伊斯兰）学校还合作组建了多层次的伊斯兰历史与文化专业培训，以使干部了解一定的宗教知识，便于开展反恐工作。

2008—2012 年，各联邦主体在抵制恐怖主义思想方面的拨款也大量增加，专家人数增加了两倍。同时，国家反恐委员会也指

---

① “Доклад первого заместителя руководителя аппарата НАК генерал-лейтенанта Ильина Евгения Петровича на III Всероссийской научно-практической конференции « Концепция противодействия терроризму в Российской Федерации. Комплексный подход к формированию и функционированию системы противодействия распростра – нению идеологии терроризма », Материалы III – й Всероссийской научно – практической конференции”, http：//science port. ru/filess/konf-tom1. pdf.

出，不仅仅只有国家才应该为教育系统拨款，承担教育义务，所有国有或私营机构也应当承担责任，这一要求写进了文化、教育和媒体活动许可证和相关法律法规中，违反将受到惩罚。

二、制定抵制恐怖主义思想综合计划，完善抵制恐怖主义思想系统

2012 年 10 月 18 日，第 3 届全俄科学实践大会在国家反恐委员会主持下召开，与会者有俄联邦议会上下院、联邦行政机关、科研单位、媒体、商业与宗教界代表。与会者认为，抵制恐怖主义思想传播的工作才刚开始。会议总结了《2008—2012 年信息反恐综合计划》的实施情况，在肯定成绩的同时，认为俄在反恐中还存在一些问题，如许多决议流于形式，措施的实施远未达到效果，法律保障还有漏洞等。在此基础上，会议拟定了《2013—2018 年俄联邦抵制恐怖主义思想综合计划》草案。2013 年 4 月 26 日，第 1069 号总统令批准了《2013—2018 年俄联邦抵制恐怖主义思想综合计划》，力求从更深、更高的层次上解决极端主义、恐怖主义思想生存发展的“社会土壤”问题。该计划的实施力度更大、投入更多、顶层设计与体系规划也更科学，标志着俄罗斯抵制极端主义、恐怖主义思想的实践水平迈进了新阶段。国家反恐委员会仍是计划的执行单位，各联邦主体成立了由当地最高领导负责，政府与民间多方面参与的联合实施机构。相比《2008—2012 年信息反恐综合计划》存在的部分规划内容不具体、执行部门不明确等问题，《2013—2018 年俄联邦抵制恐怖主义思想综合计划》内容更详细、操作性更强，主要体现在三个方面：

首先，在营造社会氛围方面。俄罗斯主要是促成整个社会，尤其是年轻人抵制极端主义、恐怖主义思想的氛围：通过说服、教育、宣传等措施使正在传播恐怖主义思想的人停止违法活动，使易受影响人群得到预防性教育；在电视、广播、社交网络、博

客、地区信息资源库、图书馆，以专栏节目宣传民族、宗教和平；对学校进行监督，以获取学生参加激进组织的情报，揭露激进青年团体本质；在社会和宗教组织代表、文化活动家和艺术家的参加下，在学校开展宽容文化、抵制恐怖主义思想的教育；对恐怖主义和极端主义倾向罪行刑释人员开展社会康复；举办艺术节、电影节、庆祝、论坛、竞赛，对青年进行道德、爱国主义与宽容精神教育；建立信息反恐团队与反恐教育数据库，对在网上从事的极端主义、恐怖主义思想渗透传播活动进行长期监控。

其次，在巩固防范和打击体系方面。教育科学部针对各级教育部门干部实施了“对青年人开展爱国主义教育、抵制恐怖主义和极端主义思想腐蚀”的大范围长期培训计划；在调研基础上拟定提高反恐效率的提案；完善宗教教育体制，核查宗教学校的活动和成员资料，对境外宗教学习者加强管理；对高校学生进行抵制互联网恐怖主义的教育；制定规划，以培养具有爱国主义思想，身体强健，自觉抵制恐怖主义与极端主义的年轻一代；监控移民进程；进一步发展与传统宗教组织的和睦、合作关系。

另外，除了全国的统一行动，各联邦主体也结合实际采取了有效的补充措施。以汉特—曼西斯克自治州（Ханты-Мансийский Автономный округ）的做法为例：组织民族与宗教代表、媒体和自治州政府代表召开“突发民族矛盾讨论”“你是爱国者吗”圆桌会议；举办“宽容是生活方式”座谈会，“世界需要和平——打击极端主义和恐怖主义支持者”行动，“宽容的握手”民族团结活动，“兄弟般的战斗情谊杯”足球赛，“我们对恐怖主义说不！”的展览，“全世界、整个地球震动了”别斯兰恐怖事件座谈展示会，播放和讨论影片《青年人中的恐怖主义表现》和《有关恐怖主义和极端主义的一切》；在各类教育机构开设“宽容精神”“宗教文化和世俗道德基础”等内容的课程，组织各族学生帮助老年人和参加过伟大卫国战争的老兵，向学生和家长推广“反恐科学与教育”“对恐怖主义说不”“青年人的纯净”和“青年人的诚实”互联网站。

《2013—2018 年俄联邦抵制恐怖主义思想综合计划》较《2008—2012 信息反恐综合计划》针对性更强，规定更细，是操作性的指南，是在建立了信息反恐方法系统后的进一步具体化，更加强调了教育、文化、媒体、地方政府、民族与宗教等民间团体的反恐意识引导功能，针对最易受影响的人群开展工作，加强了公民社会反恐氛围的营造，对俄罗斯消除恐怖主义产生的根基，缓解恐怖形势产生了积极的作用。

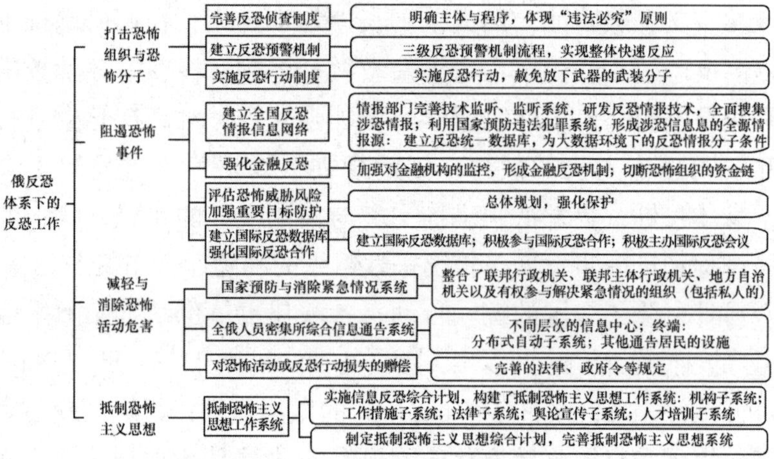

图 4—13　俄反恐体系下的反恐工作

第五章　对俄罗斯反恐体系的评价

第一节　俄罗斯反恐体系取得的重大成就

经过多年的反恐实践，俄罗斯形成了立体的反恐体系，特别是别斯兰事件后，在对教训的深刻反思基础上，通过一系列的改革，俄反恐体系从法律、组织、情报等功能上都趋于完善，使俄罗斯新反恐体系下的反恐工作取得了重大成就。

一、法律体系更加健全，政策依据更加充分

俄罗斯反恐体系是反恐法律体系与反恐组织体系的综合。反恐主体行动是否合法，能否高效地完成反恐任务，不仅取决于反恐主体自身的协调与运行，在很大程度上还依赖于相关法律法规的制定与完善。俄罗斯反恐能不断根据新情况、新问题制定、修订大量法律，形成了以新《反恐法》为基础、抵制恐怖主义的完整法律体系，包括：情报与侦查反恐、金融反恐、重要目标反恐防护、国际反恐合作、打击恐怖主义、预防与消除紧急情况，以及抵制恐怖主义思想等一系列法律法规。

俄罗斯依法反恐的进步，还体现在新《反恐法》及相关法律明确规定了“恐怖主义”“反恐”的概念、原则、制度、方法及各单位承担的反恐职能。对“恐怖主义”的定义不再是恐怖罪行的列举，而是明确指出了恐怖主义本质特征。《反恐法》指出，“恐怖主义”是一种多层次的社会现象，包括行为与思想、手段

与政治目标。由此概念出发，俄罗斯又确定了从预防、打击到善后的一系列法律法规。与此同时，俄罗斯明确了公民反恐的权利和责任，如反恐中适当限制公民权利；反恐是全社会的事，人人有责；绝不向恐怖分子让步；以及恐怖分子造成的损害除恐怖分子赔偿外，其家属连带赔偿等规定。所有这些法律法规的出台，为俄罗斯反恐、防恐奠定了法律基础。

此外，俄罗斯的立法程序也为反恐立法留下了不断完善的空间。总统、国家反恐委员会、政府、国家安全会议、议会都有权提出法律草案、发布命令，各部委、联邦主体乃至市政单位都有权通过职权范围的法规，从而使反恐法的构建从总揽性法律、文件至具体执行的细节有了明确规定。根据反恐形势的发展而不断完善的法律使俄罗斯反恐体系能适应形势的发展变化而保持良好效能。

二、组织体系更加完备，责任分工明确

1991—1994 年，恐怖主义迅速在俄罗斯蔓延，俄罗斯莽撞地对安全机关体系以及检察机关和法院进行了未做深思熟虑的不合理的改革。1992—1994 年，内务部和联邦安全局的侦查与作战人员缩减，他们的编制人数仅与固定的犯罪组织的数量相当（根据俄犯罪学家的评估），结果造成强力部门功能缺陷甚多、恐怖主义猖獗，这种状况自然会导致恐怖活动的数量增长。此后，在与恐怖主义的长期斗争中，俄罗斯国内反恐部门频繁调整，机构的重建、整合、交接使得反恐部门间职责不清，情报、决策与行动脱节，严重影响反恐效率。1998 年，俄创建的第一代联邦反恐委员会没有常设机关，也就没有单位协调不同部门的日常共同任务，结果是反恐委员会形同虚设，最终形成恐怖活动在俄全境扩散的趋势，导致别斯兰事件的发生。

别斯兰事件的教训表明，反恐应有平时协调畅通的统一组织领导机关，遇到紧急事件才能迅速有效地领导武装力量、警察、消防和其他人力技术资源形成合力。为此，俄罗斯明确了反恐组织体系。国家反恐委员会强调，“反恐委员会和行动指挥部已经成为各联邦主体反恐的主要结构性组织。”① 重大战略性决策由总统宣布实施，国家反恐委员会总体规划反恐，联邦主体反恐委员会组织权力机关、行政机关、社会团体、公民预防恐怖主义与最大程度减轻和（或）消除恐怖活动危害，行动指挥部指挥各强力部门组成的队伍开展反恐行动，从而形成了协调畅通的领导体制。别斯兰事件后，经过近十年的摸索，俄罗斯的反恐组织体系越来越完善。今天，俄罗斯国家反恐组织体系从预防、预警、打击到善后，囊括反恐的所有方面。当前俄罗斯反恐体系是总统直接领导，国家反恐委员会垂直协调，强力单位、金融机构、社会保障等部门参加，以联邦安全局为核心机构，以反恐委员会为协调中心，包含决策、情报、打击、监督和保障几大功能的复合体系。俄罗斯庞大的国家反恐体系普遍实行“一长制”，有完善的追责制度，各种决议的执行落到了实处。反恐行动领导人在反恐工作中集中控制全部资源，并对后果负全部责任，这样的系统最大限度地避免了责任重叠、协作失调的情况发生。

三、完善反恐情报系统，反恐效率得到提升

反恐情报的主要功能是发出早期预警信号，以减缓和制止恐怖组织的早期活动，降低恐怖活动发生的风险。情报引导反恐是俄罗斯反恐成效得以显现的主要原因。首先，俄罗斯有强大的反恐情报组织机构。俄罗斯最大的情报单位——联邦安全局是国家

① “АК подвел итоги: уничтожено 243 боевика и 23 " главаря банд" ", *РИА" Новости"* 10. 03. 2009. http：//viperson. ru/.

反恐体系的中心，反恐是该局的首要任务。联邦安全局局长是国家反恐委员会主席与行动指挥部司令。全权管理所有反恐事务，联邦安全局分局局长是联邦主体与市级反恐委员会负责具体事务的副主席，他同时也是地方行动指挥部司令。国家反恐委员会机关编制307人，其中300人是该局工作人员，各地反恐委员会机关亦设置在联邦安全局地方分局内。这种设置的目的是以情报支撑决策，以情报联系、带动整个反恐体系的运行，提高决策、行动的有效性。其次，情报系统的有效工作，减小了恐怖袭击风险。在防止恐怖活动方面，俄罗斯建立了情报方面的多重盾牌，每年根据情报阻止大量恐怖活动。在打击方面，反恐情报也为精准打击恐怖主义提供了保障。行动指挥部以联邦安全局为主要领导单位，目的就是实现情报引导侦查、情报引导行动，使打击效率得到大幅度提升。同时，金融监管局负责金融反恐情报，预防与消除紧急情况系统获知大量民众反恐信息，各社会服务行业建立了反恐情报搜集系统，联邦安全局、内务部、侦查委员会、社会院等单位通过公布各种联系方式从民众中得到反恐信息，这些情报最终整合进国家反恐委员会机关情报分析局，实现了反恐情报的全源分析。正因俄在反恐中突出情报的重要性，俄罗斯自2006年以来恐怖活动的发生率已经得到很好控制。最后，强化了反恐情报搜集能力。2003年到2005年联邦安全局的改革使其具有强大的情报搜集能力，不仅拥有先进的技术侦查手段，更拥有大量线人可以提供广泛的人力情报，能够实时掌握恐怖活动动向。同时，边防局并入联邦安全局使联邦安全局的边境反恐情报能力大幅增强，兵力剧增，能够更加自如地清除恐怖窝点，尤其是在北高加索和其他边境地带，防范恐怖袭击更为从容。

2003年至2013年，俄民调机构列瓦达中心就“你认为，俄罗斯情报机关反恐是否成功?”进行了跟踪调查，回答结果显示，

俄罗斯人对情报与安全部门的反恐成效满意度在逐渐提升。[1]（见表5—1）

表5—1　俄罗斯公民对情报与安全部门的反恐成效满意度调查结果

	2003年8月	2006年8月	2010年8月	2012年9月	2013年4月
非常成功	2%	2%	4%	4%	3%
相当成功	18%	31%	32%	35%	39%
不太成功	53%	53%	48%	42%	42%
不成功	20%	8%	8%	8%	6%
难说	7%	7%	9%	11%	11%

2000年至2013年间，列瓦达中心就“你认为情报机构和内务部能否保护俄罗斯居民免受新的恐怖袭击?”进行的民意测验显示，2006年后，俄罗斯人对情报机构和内务部能力的信任度在一定程度上有所上升。[2]（见表5—2）

表5—2　俄罗斯公民对情报机构和内务部的反恐能力信任度调查结果

	确定能	大概能	大概不能	确定不能	难说
2000年7月	6%	31%	37%	19%	7%
2002年12月	3%	16%	46%	29%	6%
2003年7月	7%	22%	44%	19%	9%
2004年9月	4%	14%	48%	28%	6%
2005年9月	3%	17%	48%	24%	8%
2006年8月	3%	28%	44%	15%	10%
2007年7月	6%	41%	33%	9%	12%

---

① “Россияне стали меньше бояться терроризма”, http：//www. levada. ru/print/25-04-2013/rossiyane-stali-menshe-boyatsya-terrorizma.

② 同上。

续表

	确定能	大概能	大概不能	确定不能	难说
2009 年 8 月	5%	40%	31%	9%	14%
2010 年 7 月	4%	27%	42%	13%	15%
2011 年 3 月	4%	25%	43%	14%	15%
2012 年 3 月	4%	39%	35%	7%	15%
2013 年 4 月	4%	36%	38%	9%	14%

2014 年 10 月 21 日，在伏尔加格勒公共汽车爆炸案一周年之际，全俄舆论调查中心（ВЦИОМ）的调查显示，有 68% 的人相信国家有能力保护自己不受恐怖袭击。[①]

四、创建了抵制恐怖主义思想系统，强化了反恐预防工作

预防与打击相结合的策略是俄罗斯经过多年反恐总结的主要经验，俄罗斯在 2006 年《反恐法》中明确指出，预防、打击恐怖主义和最大程度减轻与（或）消除恐怖活动危害是反恐三大任务，但是该法仍然侧重于恐怖活动发生之后的组织基础和基本措施，并没有给出预防恐怖主义的具体方案。之后，俄罗斯认识到，单纯的强力反恐并不能消灭恐怖分子，甚至会引起恐怖组织更大的报复行为，预防远比主动打击更能弱化恐怖组织的行动。因此，2009 年出台的《俄联邦反恐构想》将预防恐怖主义上升为首要任务。《构想》列举了恐怖主义扩散的内外因素。在恐怖主义根源治理方面，《构想》明确指出，反恐主要任务之一是确定恐怖主义产生的原因和条件，预防恐怖主义是反恐的最主要目标。为了消除其根源，以国家反恐委员会机关体

① “Террористическая угроза России：новые источники，http：//wciom. ru/index. php? id459&uid = 115028.

系为主干，俄罗斯自上而下建立了抵制恐怖主义思想的系统，力图根除恐怖主义产生的思想根源，这一系统是俄罗斯的首创，为消除恐怖主义生存的土壤提供了规划、执行、监督的全方位措施。由此，在长效预防恐怖主义方面有了覆盖各地区、各层级的全国网络。2014 年，俄杜马进一步通过了一系列抵制恐怖主义与极端主义思想的法律，以预防恐怖主义思想在普通人群中传播；俄强力部门、教育科研部门、民族宗教团体等相关组织全方位开展对恐怖主义思想的封锁，地方最高首脑与反恐委员会亲自组织与监督。这些措施抑制了恐怖主义思想的蛊惑力，使恐怖组织得不到新生力量的支持，同时配合强力打击手段，为俄罗斯根除恐怖主义创造了条件。《2025 年前俄联邦抵制极端主义战略》出台后，俄罗斯的下一步工作将是整合抵制极端主义的措施，监控极端主义思想在信息空间的传播，改善民生，提高就业率，以形成全国抵制极端主义的网络。这些抵制恐怖主义思想、铲除恐怖主义滋生土壤的努力，使俄罗斯反恐重在预防更加明确。

五、打击了民族分裂势力，有效地维护了国家统一

苏联的解体是大规模民族分裂运动的结果，俄罗斯独立后，民族分裂活动并未停止，且以车臣民族分裂最突出。第一次车臣战争停战后，车臣一度处于无政府状态，近于独立王国，恐怖活动猖獗。第二次车臣战争开始后，俄罗斯政府将这场战争定性为反恐战争，但是这一定性并未得到国际认可，直到“9·11”事件之后，车臣恐怖分子才被以美国为首的西方国家列入反恐名单，第二次车臣战争也被国际社会重新定性。2004 年，别斯兰事件让俄罗斯国内对政府的反恐战争再次提出质疑，有人提出“恐怖活动的猖獗是否与第二次车臣战争有关，是不是战争造成的?”

然而两年之后，俄罗斯在“三条反恐战线”——莫斯科、车臣、北高加索地区取得的辉煌成就消除了国内民众对政府反恐斗争的怀疑，不仅得到了人民的认可，而且得到了世界其他国家的认可。经过长期反恐斗争，俄罗斯通过打击恐怖主义成功避免了再度分裂的危险，有效地维护了国家领土和边境安全，不仅车臣共和国内的宪法秩序得到了改善，而且北高加索境内的形势也整体上稳定了下来。反恐取得的积极成果使俄罗斯国内人民对政府反恐战争持更加客观的态度。2013 年 7 月 4 日，列瓦达中心就车臣和北高加索地区反恐战争进行了一次民意调查，结果显示，大部分人认识到，俄罗斯如果失去对车臣的政权控制，恐怖活动将会成倍增长。

六、俄国内恐怖活动得到有效控制

国家反恐体系的建立和发展为俄罗斯反恐打开了全新的局面。在国家反恐委员会和各级行动指挥部的协调和指挥下，俄罗斯在反恐中注重利用“斩首”效应摧毁恐怖组织。2006 年，俄击毙 176 名武装分子，其中有 34 名匪首，包括所谓的“车臣共和国总统”萨杜拉耶夫、巴萨耶夫，所谓的“车臣副总统”、“基地”组织的代表阿布·哈夫斯。2007 年，歼灭 164 名武装分子和 28 名头目。2008 年，俄反恐行动获得了巨大的成功，消灭约 200 名武装分子和匪徒头领，对约 900 名恐怖主义与极端主义倾向犯罪罪犯进行了审判，收缴 4000 多支武器、将近 8 吨爆炸品、200 多万单位的弹药，恐怖活动在当年仅发生 10 起。[①] 从 2006 年 7 月 17 日到 2007 年 1 月 15 日，俄有 554 名恐怖分子自首，其中 26 人

① “2008 – 2012 Годы：состояние и тенденции борьбы с терроризмом в России”, http：//www. intelros. ru/readroom/mir-i-politika/mp-10-2012/16858-2008-2012-gody-sostoyanie-i-tendencii-borby-s-terrorizmom-v-rossii. html.

是以前著名的极端主义分子，同时在反恐行动中抓捕和消灭了300多名恐怖分子头目。恐怖分子的高层与中层领导遭受了毁灭性打击，领导系统几乎完全瓦解。2013年，北高加索恐怖活动的数量减少至从前的1/3。① 正是由于反恐的这些成绩，俄政府在2009年宣布取消对车臣反恐行动的法律管制。

2012年4月5日，国家反恐委员会成立6周年之际，俄反恐领导人博尔特尼科夫总结说，在过去几年中，俄阻止了数以百计的恐怖主义罪行，避免了成千上万人的死亡，以及国家建筑物、商店、企业、学校、医院等遭受破坏。在过去6年里，发现了约1300个恐怖团伙的窝点。在过去的两年半里，超过200宗恐怖犯罪被阻止。2012年自首并经教育回归正常生活有60人。② 2013年末国家反恐委员会与联邦行动指挥部联合会议上，博尔特尼科夫指出，俄国家反恐委员会和行动指挥部进一步完善了国家反恐体系，改善了权力机关反恐工作的协调，使安全与法律制度进一步完善，不仅提高了预防恐怖主义措施的有效性，还保障了重大活动安全，如在喀山举办的世界大学生夏季运动会、在圣彼得堡举办的二十国首脑会议、俄联邦主体地区与市政权力机关的选举等。③

俄列瓦达中心1999年至2013年的跟踪调查显示，俄罗斯人的安全感有一定程度增加，对自己或亲人遭受恐怖袭击的担心有

---

① Алханов А. Д. “прокомментировал послание главы государства Федеральному собранию”, http: //chechnya. gov. ru/page. php? r = 126&id = 612. [2006 - 05 - 10]

② “Итоги работы ФСБ в 2012-м году подвели на заседании НАК”, http: //www. 1tv. ru/news/polit/221799. [2012 - 12 - 11]

③ В Москве под руководством Председателя НАК, Директора ФСБ России А. В. Бортникова проведено совместное заседание НАК и ФОШ, http: //nac. gov. ru/nakmessage/2013/12/24/v-moskve-pod-rukovodstvom-predseda telya-nak-direktora-fsb-rossii-av-bortnikova. html. [2013 - 12 - 24]

所降低。[①]（如表5—3）

表5—3　俄罗斯公民对遭受恐怖袭击担心程度调查结果

	非常担心	有点担心	不会有事	没想过	难说
1999年9月	42%	44%	6%	6%	2%
2000年9月	27%	52%	10%	10%	1%
2001年9月	26%	50%	13%	9%	2%
2003年9月	29%	45%	6%	12%	9%
2004年9月	35%	53%	7%	5%	2%
2005年8月	27%	55%	11%	7%	1%
2006年8月	19%	55%	11%	14%	2%
2007年7月	21%	52%	10%	14%	3%
2008年11月	17%	52%	11%	18%	2%
2009年8月	19%	49%	12%	18%	2%
2010年7月	21%	52%	10%	14%	3%
2011年3月	24%	53%	10%	10%	4%
2011年8月	22%	51%	9%	14%	4%
2012年3月	14%	54%	11%	17%	4%
2012年5月	16%	54%	11%	16%	3%
2013年4月	13%	47%	19%	19%	2%

2014年10月21日，全俄舆论调查中心（ВЦИОМ）对上述问题的调查结果见表5—4。[②]

① Россияне стали меньше бояться терроризма, http://www.levada.ru/print/25-04-2013/rossiyane-stali-menshe- boyatsya-terrorizma.［2013－04－25］

② "Террористическая угроза России: новые источники", http://wciom.ru/index.php? id459&uid =115028.［2014－10－21］

表 5—4　全俄舆论调查中心的调查结果

	担心（包括非常担心与有点担心）	不会有事	没想过
2014 年 10 月	58%	18%	22%

此外，全俄舆论调查中心的调查结果还显示，58% 的居民表示，反恐斗争形势在好转。2013 年底伏尔加格勒市发生了严重的恐怖事件后，次年 1 月认为反恐斗争形势好转的人仅有 14%。但由于 2014 年安全形势的平稳，俄罗斯人的安全感还是回复到了上一年度水平。以上调查结果显示，俄罗斯人的安全感已连续 15 年得到提高。

俄罗斯反恐成就还突出表现在大型恐怖活动的伤害在降低。美国马里兰大学全球恐怖活动数据库（GTD）[①] 对俄罗斯伤亡 10 人以上的历年恐怖活动发生次数进行了统计（图5—1）。[②] 该数据库是当前最完整的恐怖事件数据库，GTD 筛选标准包含暴力、公开和政治目的三个要素，与俄罗斯所认定的恐怖主义基本相符。

---

① 该数据库由恐怖主义研究与应对协会建成，受美国政府和国土安全部持续资助，收录了每次恐怖事件的时间、地点、武器、袭击目标、伤亡人数及确定的责任方，附简要的事件描述。统计来源都是公开报道，只有当恐怖主义研究与应对协会确定事件可信才进行收录。截至目前，共收录了 1970 年以来 125000 多次恐怖活动，是迄今为止最全面的恐怖主义活动记录数据库，也是美国政府和国土安全部官方采纳的数据库。GTD 被广泛用于媒体和学术研究，也是“全球恐怖主义索引”数据库的索引依据。GTD 对恐怖主义的定义是“次国家行为体非法使用或者威胁使用暴力，通过恐吓、胁迫等手段获得政治、经济、宗教或者社会目的”。事件被定义为恐怖事件要具备三个必备条件和两个可选条件。必备条件为：（1）事件必须有预谋；（2）必须使用或者威胁使用暴力；（3）必须由次国家行为体发起。三个可选条件至少具备两个：（1）袭击目标为政治、经济、宗教或社会目标；（2）要向直接受害人以外的公众传达一定的信息；（3）排除战争行为。这一定义也与本文比较接近。因此，GTD 为评价俄罗斯反恐机制运行效果提供了相对客观的第三方统计数据。

② 其中 1993 年数据丢失；1998 年 GTD 更改数据统计方法造成当年统计值明显偏小，此外，还有部分恐怖活动造成人员伤亡未能统计到。

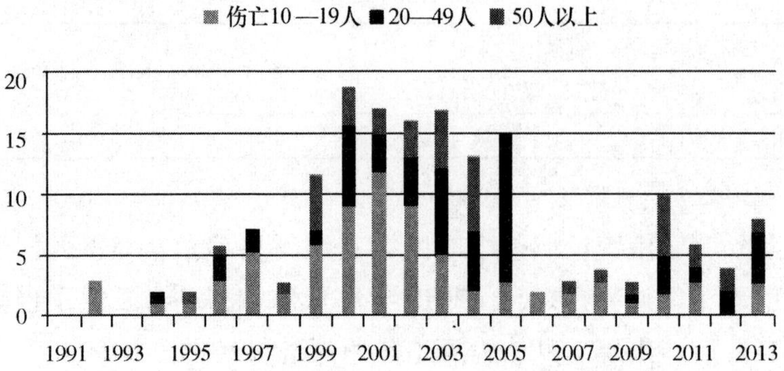

图 5—1　俄罗斯历年造成重大伤亡恐怖活动事件（GTD）

图 5—1 是一个积柱状图，图中每一条“柱子”对应横坐标是统计年份；“柱子”高度方向由三段组成，每段代表一年中不同伤亡人数的恐怖活动数量；柱子总高度即为全年伤亡 10 人以上的大型恐怖活动发生次数。排除 1993 年和 1998 年两年不确定因素，可以看出造成重大伤亡的恐怖活动变化分为四个阶段。

第一阶段是 1991 到 1995 年，大型恐怖活动每年不超过 3 起，呈偶发状态。

第二阶段从 1996 年开始，直到 2000 年第二次车臣战争结束，大型恐怖活动数量迅速增加，并且增长速度也是越来越快。1999 年造成 10 人以上伤亡恐怖活动首次超过 10 起，仅过一年，这一数字达到 19 起，并且一次事件造成 20 人以上甚至 50 人以上伤亡恐怖事件比例迅速增高，2000 年伤亡 20 人以上事件与 10—20 人事件持平。

第三阶段从 2000 年到 2005 年，大型恐怖活动发生率居高稳定。期间，除了 2004 年，每年造成 10 人以上伤亡的恐怖活动数量都在 15 起以上。2005 年，各类恐怖事件进一步频繁。结果显示，从 1998 年开始一直到 2004 年，伤亡人数大于 50 人的恐怖活动保持了较高的发生频率。从 2003 年开始，伤亡人数在 20 人以上的恐怖活动大大超过了伤亡 10—20 人的恐怖活动数量。

第四阶段开始于 2006 年，俄罗斯发生一次伤亡在 10 人以上的恶性恐怖事件频率显著降低。从统计数据看，2010 年以来，重大伤亡恐怖活动数量出现回升，但是与 2004 年之前相比，仍然有显著下降。该结果与表 5—2 列瓦达民调结果中“非常担心”遭遇恐怖袭击的比例变化高度吻合，如图 5—2。两组数据对比可知，强有力的反恐体系遏制了恶性恐怖事件发生，提高了整个社会的安全感。

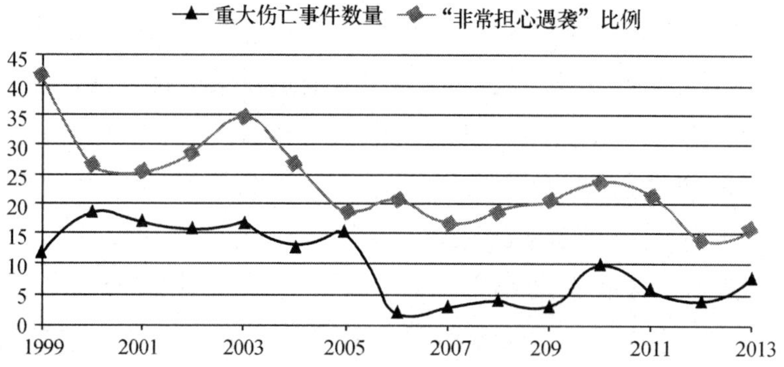

图 5—2　重大伤亡事件与民众“非常担心”遇袭统计结果

俄罗斯历年恐怖活动伤亡情况更是显示出俄反恐体系有效地控制了重大伤亡恐怖活动的发生。

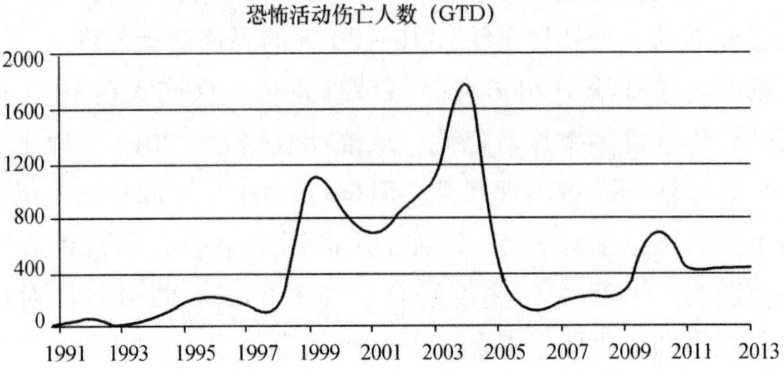

图 5—3　恐怖活动伤亡人数变化

GTD 统计伤亡人数变化与恐怖事件变化基本一致。排除 1993 年和 1998 年两个异常点后，1996 年以前伤亡人数呈逐年缓慢增加之势，至 1996 年已经超过 200 人。1997 年有短暂回落，到 1999 年陡然增加到 1000 人以上。结合图 5—1 伤亡事件统计可知，1999 年，俄罗斯联邦发起了打击恐怖分子的第二次车臣战争，之后两年恐怖活动伤亡总数下降。对比大型恐怖活动数量统计数据，可得出第二次车臣战争的双重效果：一是重创恐怖分子和分裂势力，避免恐怖活动总伤亡人数进一步上升；二是造成恐怖势力化整为零，迅速扩散。从 2001 年之后，恐怖活动造成的伤亡人数再度攀升，恐怖分子频频策划恐怖事件，规模和数量都达到历史较高水平，特别是 2004 年别斯兰事件使恐怖活动达到顶峰，一次造成死亡 331 人，受伤 727 人，致使全年伤亡人数达到史无前例的 1800 人。然而，从 2005 年开始，恐怖活动造成的伤亡人数迅速减少到 500 人左右。2006 年达到低谷，仅 101 人，恢复到 1996 年之前水平。随后，历年伤亡人数缓慢增加。2010 年有一个反常波动，恐怖活动伤亡人数跃升到 700 人以上。但由于俄反恐体系已经相对完善，能够对恐怖活动做出迅速有效反击，这一波反常波动没有持续，2011 年伤亡比上年度显著减少，之后维持在这一水平。

从这两组数据中可以看到俄罗斯反恐体系对恐怖主义的打击和防治效果。以 2006 年《反恐法》立法和国家反恐委员会组建为界，恐怖活动造成的人员伤亡得以控制在一个合理范围，并且能够在恐怖活动增长时做出迅速反应。例如，2010 年，莫斯科地铁连环爆炸案之后，从总统到反恐委员会各级组织能够迅速投入到消除恐怖活动影响、防止态势进一步扩大的工作中，短期之内做出调整和部署，防止恐怖态势进一步恶化，使得伤亡人数在 2011 年锐减，并维持在较低水平。尽管 2013 年伏尔加格勒接连发生重大恐怖事件，但伤亡人数并未增加，说明大型恐怖活动得到了很好控制，人民安全在一定程度上得到了保障。

七、俄罗斯的反恐成就对世界反恐斗争做出了重要贡献

俄罗斯反恐体系的成功运行不仅维护了国家统一，也为国际反恐做出了重要贡献。国际恐怖势力与俄国内恐怖分子沆瀣一气，“北高加索地区的伊斯兰叛乱已具有全球圣战的性质，与‘基地’组织有关的团伙向车臣分离分子提供资金、战士和物资”。[①] 例如，2009 年 4 月，乌马罗夫宣布巴萨耶夫复活，将在全俄罗斯开展自杀式恐怖活动。随后，全球主要的伊斯兰恐怖组织都鼓励追随者参与爆炸活动，“高加索酋长国”开始在全球扩展势力，在比利时、德国、捷克、法国、阿塞拜疆都发现了其分支

① Joshua Sinai, *Russian Counterterrorism Policy*, inFocus WINTER 2014 · VOLUME VIII: Number 1.

机构。[①] 得益于俄罗斯反恐体系的有效工作，大多数国际恐怖活动在准备阶段就被俄护法机关和情报机构制止。2010 年，俄制止的国际恐怖活动有 7 起，而 2011 年上半年则有 6 起。2013 年 7 月，联合国安理会反恐委员会发布了对俄罗斯反恐的评价报告。报告高度评价了俄罗斯作为联合国安理会常任理事国在反国际恐怖主义方面的成就，并赞扬了俄情报部门信息反恐以及交通设施反恐防护工作。报告最后就俄罗斯与联合国反恐委员会的进一步合作形成了建议书。俄罗斯外交部发言人指出，联合国反恐委员会的决议表明了俄罗斯在加强国际反恐合作机制中的领先地位，也证明了俄罗斯反恐方法的创新性。[②]

第二节　俄罗斯反恐体系存在的主要问题

一、重要定义的内涵泛化致使反恐扩大化

在新的反恐体系中，俄罗斯虽然对恐怖活动和极端主义活动做出了定义，但这些定义的内涵泛化，进而导致俄罗斯的执法部门在反恐行动中的随意性增大。例如，根据俄罗斯 2006 年《反恐法》定义，“暴力思想”也有可能成为恐怖主义，但由于暴力思想难以确定其外延，因此容易发生反恐扩大化问题。《反恐法》

---

① Gordon Hahn, *Russia's Islamic Threat* (New Haven, CN: Yale University Press, 2007), pp. 59 – 66; Gordon Hahn, "The Caucasus Emirate's Return to Suicide oming and Mass Terrorism," *Islam, Islamism, and Politics in Eurasia Report*, Novemer 30, 2009; Gordon Hahn, "Au Muhammad Asem al-Mdisi and the Caucasus Emirate," *Islam, Islamism, and Politics in Eurasia Report*, January 8, 2010; Gordon Hahn, Getting the Caucasus Emirate Right, *Center for Strategic and International Studies*, August 2011; Gordon Hahn, "The Caucasus Emirate Goes Global," *Islam, Islamism, and Politics in Eurasia Report*, Novemer 30, 2012.

② "Совбез ООН высоко оценил подходы России к борьбе с терроризмом", http://scienceport.ru/news/Sovbez-OON-vysoko-otsenil-podhody-Rossii-k-borbe-s-terrorizmom-8138.html.

和《刑法》对恐怖主义行为的定义也将威胁使用暴力与实际使用暴力一同视为恐怖主义。这样的定义将使得俄执法部门在执行过程中难以掌握标准，使反恐扩大化。

又如，对极端主义与极端主义活动的界定存在同样的问题。2012 年6 月20 日，欧洲理事会威尼斯委员会发布对俄《反极端主义活动法》的意见。意见认为，俄罗斯的《反极端主义活动法》混淆了“极端主义”、“极端主义活动”、“极端组织”、“极端材料”的概念，导致执法比较随意。威尼斯委员会认为，随意使用《反极端主义活动法》可能导致对欧洲人权公约规定的基本人权和自由的严重限制，破坏立法原则。“极端分子”与“恐怖分子”一样，成了政府随意定义的对象，为政府随意监控民众提供了依据。[①] 欧洲理事会和俄罗斯国内反对派都认为，情报部门通过搜集、加工、分析情报，可以据《刑法》相关条款对人进行指控，如《刑法》中“大规模混乱”“协助恐怖活动”“公开呼吁实施恐怖活动”“公开呼吁实施极端主义活动”“组织极端主义团体”“组织极端组织的活动”等条款可以被利用来败坏民间政治活动家的社会形象，达到在选举中清除异己分子的目的。俄国内一些政治与社会活动家、政府反对者认为，内务部反极端主义总局及其前身打击有组织犯罪与恐怖主义局事实上履行着政治警察局的功能，对合法抗议与反对派的活动也在进行侦查。事实上，俄罗斯在反恐斗争中确实实施了非法监控，严重侵犯了公民隐私。2006 年圣彼得堡峰会前，圣彼得堡所有的旅馆都关闭了，情报与安全机关在全市监听固定与移动电话，跟踪通信。监听机关完全依据“危险”与“需要的词汇”进行追踪，如“炸弹”、

① “Новый российский порядок—тотальный контроль на службе государства”, http：//www. taxru. com/blog/2012 – 06 – 30 – 6928.

“炸药”、“峰会”、“布什”、“普京”等，因此造成了执法的扩大化。[①]

再如，联邦主体在处理宗教极端主义问题时，同样存在因定义含糊、难以划定极端派别界线而过度执法的现象。如达吉斯坦、印古什和车臣强力部门让伊斯兰教的苏非派指认瓦哈比派，并进而将这些瓦哈比派的人逮捕、杀害。年轻的穆斯林如果在清真寺祈祷时间不够长，或者到清真寺过于频繁，又或者是进行早祷告，都可能被列为瓦哈比派。在卡巴尔达—巴尔卡尔共和国（Кабардино-Балкарская Республика）、卡拉恰伊—切尔克斯共和国和阿迪格共和国（Республика Адыгея），穆斯林们只要去清真寺或者在公共场所祷告就有被视为瓦哈比派的嫌疑。[②]

二、强力部门以暴制暴，民众不满情绪加大

俄罗斯认识到反恐重在预防，但在实际执行时，联邦安全局、内务部等单位往往简单粗暴，较少使用文化感召方法，而是以强力手段为主。据新《反恐法》，情报与安全机关可以进行莫须有的指控；无需法院批准，可以没有搜查证就闯入居民家中；可以没有根据，不做任何指控就逮捕人；可以不经过法庭允许就在任何时间羁押人，对涉恐嫌疑人进行刑讯逼供。[③] 从当地居民反馈和中央一级评价可以看出，尽管有严密的组织机构和完善的法律与政策，俄罗斯执法过程仍然存在重打击轻防范，过于依赖

① “Новый российский порядок—тотальный контроль на службе государства”, http: //www. taxru. com/blog/2012 – 06 – 30 – 6928.

② Andrei Smirnov, “The kremlin Intensifies Reprisals against Muslims in the North Caucasus”, *Chechnya Weekly*, 2007, 8 (37).

③ “Новый российский порядок—тотальный контроль на службе государства”, http: //www. taxru. com/blog/2012-06-30-6928. [2012 – 06 – 30].

暴力的严重问题，随意使用暴力的情况时有发生。[①] 而这种打击的扩大化和过于残酷会造成民众对政府的抵触情绪，对抵制恐怖主义思想造成不利影响。在对北高加索的一项调查中，很多受访者尖锐地批评政府以暴力反恐为主、缺乏预防手段的做法。“为什么允许特警进入村庄，可以随意开枪杀人。很多人无辜死去，我们都很害怕。为什么不能恢复秩序？为什么当我们的孩子参加恐怖组织的时候，政府坐视不管？”[②] 2011 年 7 月 6 日在纳尔奇克，约 600 名年轻人封锁了公路，要求停止杀戮，取消反恐行动法律管制。起因是一名 24 岁的居民被穿着军服的男子当着他母亲的面无辜杀害。一些研究报告指出，几乎没有非法武装人员能在俄的反恐行动中生还，他们大多都被击毙，很少能回归正常生活。[③] 2011 年 5 月 27 日，达吉斯坦马哈奇卡拉市（г. Махачкала）一名 19 岁的青年向武装分子回归和平生活委员会请求帮助，说他被内务部第六处两次非法抓捕，被强迫交代武装分子在哪，谁给武装分子送吃的，不说就一直打下去。迫于无奈，他只得胡乱指认了比较富裕的邻居，结果如何，他就不知道了。还有个年轻人是犹太人，皈依了伊斯兰教，之后不断有警察找上门来，问为什么他要皈依伊斯兰教，谁和他一起干活等等，最后被抓走了。[④]以上各种公开材料证明了以暴制暴的反恐行为在俄罗斯广泛存在，民众对此存有严重的不满情绪，这将不利于护法机关树立威信，以及在反恐中争取到民众支持，阻碍俄

① “Предварительные итоги Всероссийской переписи населения 2010 года, ИИЦ « Статистика России » ”, http: //www. infostat. ru.

② “Интервью с представителем бизнес-сообщества, членом национальной общественной организации (аноним)”, 06. 09. 2011 г. , http: //www. kavkaz-uzel. ru/articles.

③ “Тлисова Ф. Жители республики протестуют против режима контртеррористической операции”, http: //www. voanews.

④ “Житель Дагестана попросил помощи у комиссии по адаптации участников вооруженного подполья”, http: //dargo. ru/news/2011 -05 -27 -791. [2011 -05 -27]

罗斯反恐工作的顺利开展。

第三节　俄罗斯反恐体系建设的形势展望

一、网络反恐将成为俄反恐体系的重点建设方向之一

恐怖活动的基础是恐怖主义思想，现代广泛的信息传播渠道使恐怖主义思想很易于被普通民众接触到。2013 年 3 月 13 日，国家杜马信息政策、信息技术与通信委员会主席米特罗凡诺夫（А. В. Митрофанов）在莫斯科的新闻发布会上解释了信息领域反恐立法的必要性，他认为，俄迫切需要抵制在虚拟空间散播民族分裂与宗教极端思想的行为。他说，俄罗斯以前只有 200 万互联网用户，但现在有 4500 万用户，他们已经成为国家的一部分，影响着政治、经济生活的方方面面。互联网上散布恐怖主义和极端主义思想造成的影响十分严重。在俄联邦司法部门无法监管的互联网外国节段，活跃着大量具有恐怖主义与极端主义倾向的网站。专家估计，这类机构当前数量超过 7000 个，其中约 500 家是俄语的。俄罗斯本土也有大量散布恐怖主义思想的信息源。[①] 这是俄罗斯极端主义逐年增长的重要原因，也将是俄罗斯反恐体系建设的重要方向之一。

二、进一步提高反恐体系效率需要社会综合治理措施的配合

俄罗斯民族宗教问题复杂，加之受历史遗留问题和境外势力

---

① Ильина Е. П. “Система противодействия идеологии терроризма в Российской Федерации：становление и перспективы развития”，Вестник Национального Антитеррористического комитета，2010/2.

影响、反恐措施失当、经济发展缓慢、就业率低、贫富差距大、社会不公严重等诸多因素，导致俄罗斯社会反恐氛围的形成有一定困难，恐怖主义与极端主义在俄罗斯长期有生存空间。例如，北高加索地区人口出生率很高，年轻人比例比俄罗斯其他地方都高，但教育与社会保障很差。北高加索官方登记的就业率低于俄罗斯其他部分，许多居民从事灰色经济，工作不稳定。社会经济发展的困难恶化了北高加索的安全形势，恶化的安全形势又阻碍了经济发展，形成恶性循环，而经济的恶化削弱了群众反恐的积极性。该地区的达吉斯坦共和国是目前俄罗斯恐怖活动最集中的地区，达吉斯坦总统马哥梅托夫（M. M. Магомедов）在议会咨文中说，“达吉斯坦的劳动生产率是俄罗斯平均水平的1/2或1/3。我们工作和生活得越来越差。”[①] 青年人的就业率低，休闲组织与设施缺乏，人们无所事事。个人前途渺茫，生活水平差，是他们被恐怖组织招募的重要原因。据俄罗斯联邦预算支持的一项调查显示，一些年轻人看到自己前途渺茫也没有其他的自我实现机会，才会加入非法武装组织。再加上恐怖组织宣传自身团结、友爱，拥有武器和参加战斗很浪漫，[②] 与现实一对比，一些年轻人就容易加入恐怖组织。因此，在反恐形势已经得到根本改善的现在，要使俄罗斯反恐体系的效率得到进一步提高，进一步扼制恐怖活动的发生，必须从社会综合治理入手，以铲除其滋生条件。

三、俄罗斯反恐体系必须应对西方世界对恐怖主义的“双重标准”压力

西方对待恐怖主义的双重标准严重影响着俄罗斯反恐体系的

---

① Северный Кавказ: взгляд изнутри. Вызовы и проблемы социально-политического развития, SAFERWORLD, Москва, 2012. , С. 12.

② 同上，第23页。

成效。如2010年7月，美国众议院提交了H. Res. 1539号议案，敦促美国国务卿在欧安组织会议和其他国际论坛上提出北高加索和俄罗斯其他地区侵犯人权的问题。俄罗斯恐怖分子的言行总能得到西方的声援，如乌马罗夫在2012年初试图影响俄罗斯总统大选，宣布暂停恐怖活动，西方将此举视为乌马罗夫对减少恐怖活动做出的巨大贡献，西方对恐怖分子的美化严重助长了其嚣张气焰。美国在反恐问题上从来抱持的都是实用主义态度，为配合美军撤出阿富汗，以及给2014年的美国人质与塔利班俘虏交换一个解释，2015年1月28日，美国白宫发言人表态塔利班不算是恐怖分子。[①] 可见，反恐是美国等西方国家对外政策的一张牌。塔利班势力显然会借此使自己的活动范围扩大，南亚恐怖活动会出现反弹。毫无疑问，紧邻俄罗斯的中亚地区会受到南亚恐怖活动的影响。俄罗斯反恐体系必须要应对西方国家反恐“双重标准”给国内反恐形势带来的影响。

① “塔利班不算恐怖分子？看美国如何定义恐怖组织”，www. cankaoxiaoxi. com. [09/02/2015]

附录一

俄罗斯联邦反恐法[①]

（2006年3月6日第35号联邦法）

本法规定了反恐的主要原则，预防和打击恐怖主义、最大程度减轻和（或）消除恐怖活动后果、动用俄联邦武装力量打击恐怖主义的法律和组织基础。

第1条　反恐怖主义的法律基础

反恐的法律基础是俄联邦宪法、公认的国际法原则和准则、俄联邦缔结的国际条约、本联邦法及其他联邦法、俄联邦总统规范性法律文件、俄联邦政府规范性法律文件，以及其他国家权力机构的规范性法律文件。

第2条　反恐怖主义的主要原则

俄联邦反恐基于以下基本原则：

1. 维护和保障公民的基本权利和自由；

2. 合法性；

3. 优先保护受到恐怖威胁的人的权利和合法利益；

4. 恐怖主义犯罪违法必究；

5. 系统使用政治、信息宣传、社会经济、法律、特种等综合反恐措施；

---

① 本法第2、3、6、7、8、11条翻译文本摘录自赵秉志等编译，《外国最新反恐法选编》，北京：中国法制出版社，2008年版。

6. 国家与社会、宗教团体、国际组织和其他组织，以及公民开展反恐合作；

7. 重在预防；

8. 对参与反恐行动的人和物力实行一长制领导；

9. 公开和秘密手段相结合；

10. 对反恐特种器材、技术手段、行动策略和人员组成情况严格保密；

11. 禁止向恐怖分子做出政治让步；

12. 最大程度减轻和（或）消除恐怖活动后果；

13. 反恐措施应与恐怖威胁级别相适应。

第3条　基本概念

本联邦法使用下列基本概念：

1. 恐怖主义是以恐吓居民和（或）实施其他暴力违法行为，影响国家权力机关、地方自治机关或国际组织做出决定的暴力思想和行为。

2. 恐怖活动包含以下内容：

（1）组织、策划、筹备、资助和实施恐怖活动；

（2）煽动实施恐怖活动；

（3）组织非法武装、犯罪团伙（犯罪组织）、有组织实施恐怖活动的团伙，等同于参加这种组织；

（4）招募、武装、培训及使用恐怖分子；

（5）提供信息或其他协助策划、组织或实施恐怖主义行动的行为；

（6）宣传恐怖主义思想，煽动实施恐怖活动，或为实施恐怖活动提供借口或辩护的材料或信息。

3. 恐怖主义行为是指实施爆炸、纵火或其他威胁居民、造成人员伤亡的危险行为，造成大规模财产损失或其他严重后果，其目的是扰乱权力机关或国际组织的活动或影响其做出决定，以及

以同样的目的威胁实施上述行动。（据 2014 年 5 月 5 日第 130 号联邦法修订）

4. 反恐是国家权力机关、地方自治机关、法人与自然人的以下行为：（据 2013 年 7 月 23 日第 208 号联邦法修订）

（1）预防恐怖主义活动，包括发现和消除有助于实施恐怖主义行为的原因和条件（防范恐怖主义）；

（2）发现、预防、制止、侦查和破获恐怖主义活动（打击恐怖主义）；

（3）最大程度减轻和（或）消除恐怖活动的后果。

5. 反恐行动是为制止恐怖主义行为，降服恐怖分子，保障自然人、组织和机构的安全，最大程度减轻和（或）消除恐怖活动后果，而采取的使用战斗装备、武器和特种器材的战斗、军事、特种等综合措施。

6. 重要目标反恐防护是指面临恐怖袭击危险的建筑物、设施、其他要地、人员密集场所的防护状态。人员密集场所是指居民点或市区公共场所，或在其范围专门划出的区域，或是在建筑物公共区域，在一定条件下可以同时容纳 50 人以上的场所。（据 2013 年 7 月 23 日第 208 号联邦法修订）

第 4 条　俄联邦在反恐领域的国际合作

1. 俄联邦根据国际公约在反恐领域与外国、外国执法部门和特种部门以及国际组织开展合作。

2. 俄联邦为保障个人、社会和国家安全利益，根据俄联邦法律在本国境内追捕涉嫌参与恐怖主义的罪犯（嫌疑人）。

第 5 条　反恐怖主义的组织基础

1. 俄联邦总统：

（1）决定反恐领域国家政策的主要方向；

（2）确定总统领导的联邦行政机关的反恐职权范围；

（3）按规定程序决定在俄联邦境外使用俄联邦武装力量和特

种部队打击针对俄联邦或其公民或长期居住在俄联邦的无国籍人士的恐怖活动。(据 2006 年 7 月 27 日第 153 号联邦法修订)

2. 俄联邦政府:

(1) 确定政府领导的联邦行政机关的反恐职权范围;

(2) 制定和实施防范恐怖主义,最大程度减轻和(或)消除恐怖活动后果的措施;

(3) 保障联邦行政机关、联邦主体行政机关、地方自治机关反恐所需的力量、资金和资源;

(4) 确定有必要进行反恐防护的目标、它们的分类、开展反恐防护及监督防护完成的程序(交通基础设施、交通工具与燃料能源综合体除外),以及此类目标(地区)安全证件的制定与形式。

3. 联邦行政机关、联邦主体行政机关和地方自治机关在职权范围内进行反恐活动。

3.1. 从事经商的自然人,或利用自有资产从事非营利性的社会、慈善、文化、教育或其他社会公益性活动的人,须对从事上述活动的场所及其所属场所落实反恐防护要求,法人要保证其所属场所符合反恐防护要求。(据 2013 年 7 月 23 日第 208 号联邦法修订)

4. 根据总统的决定,在联邦层次组建委员会来协调和组织联邦行政机关、联邦主体行政机关、地方自治机关的反恐活动。上述机构依据总统批准的条例行使权力。国家权力机关、地方自治机关、组织、负责人和公民必须执行委员会在权限范围内做出的决定。为了协调联邦国家权力机关地方分局、联邦主体行政机关和地方自治机关预防恐怖主义、最大程度减轻和(或)消除恐怖活动后果的工作,根据总统的决定可组建由联邦行政机关地方分局代表、联邦主体国家权力机关代表等组成的合议机构。为了实施上述机构的决定可颁发上述机构的法规(联合规定)。(据 2013

年11月2日第302号联邦法修订）

5. 为了及时向居民通报恐怖活动威胁和据本条第4款联邦行政机关、联邦主体行政机关、地方自治机关所组织的反恐活动信息，可以确定恐怖威胁等级，规定采取不限制个人和公民权利与自由的补充措施来保障个人、社会和国家的安全。由俄联邦总统批准确定恐怖威胁等级的程序与保障个人、社会和国家安全的补充措施的内容。（据2011年5月3日第96号联邦法修订）

第5.1条　俄联邦主体行政机关在反恐领域的权限（据2014年5月5日第130号联邦法修订）

1. 俄联邦主体最高领导人（俄联邦主体最高行政机关的领导）：

（1）在联邦主体境内组织实施反恐方面的国家政策；

（2）协调俄联邦主体行政机关预防恐怖主义、最大程度减轻和（或）消除恐怖活动后果的活动；

（3）组织据本法第5条第4款按俄联邦总统决定成立的由联邦执法机构地区分局代表、联邦主体行政机关代表和其他人组成的合议机构的活动。

2. 俄联邦主体最高行政机关：

（1）组织制定和实施预防恐怖主义，最大程度减轻和（或）消除其后果方面的措施及联邦主体国家纲要；

（2）根据联邦主体对社会政治、社会经济和其他进程的监测结果，采取措施消除恐怖活动发生和形成恐怖主义社会温床的冲突诱因；

（3）在联邦主体内采取措施揭露并消除促成恐怖主义思想产生和扩散的因素；

（4）参与对在本联邦主体实施的恐怖活动的受害人、参加反恐人员的社会康复活动，对恐怖活动造成的自然人和法人的损失进行赔偿；

（5）对居住在联邦主体境内的公民进行培训，传授预防恐怖活动威胁和最大程度减轻和（或）消除恐怖活动后果的方法；

（6）组织联邦主体行政机关和地方自治机关参加演习，以加强上述部门在实施反恐措施时的协调性；

（7）组织自然人和法人落实对联邦主体所属，以及联邦主体行政机关专管的设施（区域）反恐防护的要求；

（8）保障联邦主体行政机关用于减轻和（或）消除恐怖活动后果的人员和装备时刻处于有效使用状态；

（9）对本联邦主体境内发生的恐怖活动的受害人，对参加反恐活动和参与抢险救灾人员进行医疗等救助，对本联邦主体因恐怖活动受损的设施的正常功能和环境安全进行恢复；

（10）为解决预防恐怖主义、最大程度减轻和（或）消除恐怖活动后果的问题进行跨地区合作。

第6条　动用俄联邦武装力量打击恐怖主义

1. 下列情况可动用俄罗斯联邦武装力量打击恐怖主义：

（1）制止用于实施恐怖主义行为或被恐怖分子劫持的航空器飞行；

（2）制止在俄罗斯联邦内河、领海、大陆架海洋生产设施上发生的恐怖主义行为，维护国家海上航运安全；

（3）依照本联邦法的规定参与反恐行动；

（4）打击在俄联邦境外发生的国际恐怖主义活动。

第7条　制止航空的恐怖行为

1. 为消除航空恐怖威胁或制止此类恐怖主义行为，俄罗斯联邦武装力量可依照俄罗斯联邦规范性法律文件的规定，动用武器和战斗装备。

2. 如果航空器不回应地面航空管制中心发出的要求其停止侵犯俄罗斯联邦领空的无线电指令，和（或）俄罗斯联邦武装力量起飞拦截的飞行器发出的无线电指令和目视信号，或不解释原因拒绝执行无线电指令和目视信号，俄罗斯联邦武装力量可动用武器和战斗装备，以迫降方式制止其飞行。如航空器拒不服从降落要求，并对人员生命构成威胁，或可能导致生态灾难，为制止其飞行，俄罗斯联邦武装力量可动用武器和战斗装备将其击落。

3. 如掌握有关可能使用航空器实施恐怖主义行为或航空器被劫持的可靠情报，在迫其降落的一切必要措施均未奏效，且将对人员生命构成威胁或导致生态灾难的情况下，俄罗斯联邦武装力量可动用武器和战斗装备将其击落。

第 8 条　制止在俄联邦领水、领海、大陆架实施恐怖主义行为并确保本国海上航行安全

1. 为消除在俄罗斯联邦内河、领海、大陆架上发生恐怖主义行为的威胁，维护俄罗斯联邦国家海上航运安全，包括水下航运安全，或为制止此类恐怖主义行为，俄罗斯联邦武装力量可依照俄罗斯联邦规范性法律文件的规定动用武器和战斗装备。

2. 如海运或河运船舶和轮船（航行器）不回应要求其停止侵犯俄罗斯联邦领水（包括水下）的指令和信号，或拒绝服从停船要求，俄罗斯联邦武装力量可动用舰载（机载）武器强迫停航，以消除恐怖主义行为的威胁。如航行器不服从停航指令和（或）不能迫其停航，在迫其停航的一切必要措施均未奏效，将对人员生命构成威胁或导致生态灾难的情况下，俄罗斯联邦武装力量可动用舰载（机载）武器将其击沉。

第 9 条　俄联邦武装力量参加反恐行动

1. 俄联邦武装力量的部队和分队根据反恐行动领导人的决定，依照俄联邦规范性法律文件的规定参加反恐行动。

2. 根据俄联邦总统的命令，依照俄联邦规范性法律文件的规定，俄联邦武装力量联合参加反恐行动。

3. 在参加反恐行动时，俄联邦武装力量的部队、分队和联合兵种，依照俄联邦规范性法律文件的规定，可以使用军事装备、武器和其他特种设备。

第10条　俄联邦武装力量在俄联邦境外制止国际恐怖主义活动的任务

1. 俄联邦武装力量根据俄联邦缔结的国际公约、本联邦法和其他联邦法的规定，采取下列方式在俄联邦境外制止国际恐怖主义活动：

（1）动用武力从俄联邦境内打击境外的恐怖分子及（或）其基地；

（2）动用俄罗斯联邦武装力量，在俄联邦境外执行制止国际恐怖主义活动的任务。

2. 由俄联邦总统做出决定，动用俄联邦武装力量从俄联邦境内打击俄联邦境外的恐怖分子及（或）其基地。

3. 俄联邦总统根据俄联邦议会委员会的决议做出决定，动用俄联邦武装力量所属部队（以下简称俄武装力量部队）到俄罗斯境外执行打击国际恐怖主义活动任务。

4. 俄联邦总统决定俄武装力量部队的人数、执行任务活动区域、在国外期限和轮岗程序。

5. 已失效。见2006年7月27日俄联邦法律第153号。（据2006年7月27日第153号联邦法修订）

6. 如发生下列情况之一，俄联邦总统应做出召回俄联邦武装力量派出部队的决定：

（1）完成其受领的制止国际恐怖主义活动的任务；

（2）不适宜继续驻扎在国外。

7. 俄联邦总统向俄联邦议会委员会告知武装部队撤军的决定。

8. 派往国外的俄联邦武装力量部队应采取军人自愿、签订服役合同的方式。上述军人应事先进行特殊训练。

9. 俄联邦政府给予俄联邦武装力量部队物资技术保障，向服役军人提供医疗和其他形式的支持。

10. 为保证俄联邦武装力量部队活动的顺利进行，俄联邦政府根据总统授权做出向境外派出志愿文职人员的决定。俄联邦政府确定服役人员执行任务活动区域、国外服役期限、轮岗程序，并解决其他保障性事务。

11. 俄联邦总统根据本条第10款规定，在决定召回俄斯联邦武装力量派出部队的同时，应做出召回派遣到俄联邦境外的文职人员的决定。如果上述文职人员不适合继续驻扎在俄罗斯境外，俄联邦总统，或受其委托的俄联邦政府可做出召回上述文职人员的决定。

第11条　反恐行动的法律管制

1. 为了制止和侦破恐怖活动，最大程度减轻和（或）消除恐怖活动的影响，维护个人、社会和国家的切身利益，根据官员依照本法第12条第2款作出的实施反恐行动的决定，在实施反恐行动期间可在反恐行动区域内实施法律管制。

2. 实施和撤销反恐行动法律管制的决定，包括反恐行动区域（设施目录）、在其范围（界限）内实施该制度、采取措施的明细表、时间限制应即时公布。

3. 依照俄罗斯联邦法律的规定，在实施反恐行动期间，可在实施反恐行动法律管制的区域（目标）内采取下列管制措施和临时限制措施：

（1）检查自然人身份证件，如无法提供相关证件，将其送至俄罗斯联邦内务机关（其他主管机关）确认身份；

（2）将自然人带离特定区域和目标，拖走交通工具；

（3）强化社会治安，对国家级保卫目标、居民生活保障设施、交通设施，以及具有特殊的物质、历史、科学、艺术或文化价值的目标加强保卫；

（4）为发现有关实施恐怖主义行为的情节，及其准备和实施人员的情报，为预防其他恐怖主义行为，可对电话和其他通过电信系统传递的信息进行监控，对电子通信和邮件进行检查；

（5）为向医疗机构运送需急救的人员，或追捕实施恐怖主义行为的嫌疑人，如行动延迟会对人员生命和健康构成现实威胁，可使用属于任何所有制形式组织（外交、领事和其他外国机构及国际组织除外）的交通工具；紧急情况下，可使用属于自然人的交通工具。使用交通工具的费用补偿方式由俄联邦政府确定；

（6）暂停使用爆炸、放射性、化学和生态等危险物品的危险行业和组织的活动；

（7）暂停向法人和自然人提供通信服务或限制使用通信网络和通信工具；

（8）将生活在实施反恐怖行动法律管制区域内的自然人临时转移到安全地带，且必须向其提供固定或临时住所；

（9）采取检疫、卫生防疫、兽医检查等检疫措施；

（10）限制交通工具和行人在街道、公路和特定区域内通行；

（11）为落实反恐措施，执行反恐行动的人员可自由出入属自然人所有的生活住宅和其他场所及其所属地段，可自由出入任何所有制形式组织的所属区域和场所；

（12）出入实施反恐行动法律管制区域时，应对自然人及其随身携带物品、交通工具及运载物品进行包括使用技术手段在内的检查；

（13）限制或禁止出售武器、弹药、爆炸物品、特种器材、有毒物质，对含有麻醉药品、精神药物或烈性物质的药品和制剂，以及酒精及含酒精商品的流通实行特别管制；

（14）限制或中止私人侦探与保安的活动。（据 2008 年 12 月 22 日第 272 号联邦法修订）

4. 在实施反恐怖行动法律管制区域（管制目标）的个别地段，既可实施本条第 3 款规定的所有管制措施和临时限制措施，也可部分实施。

第 12 条 实施反恐行动的条件

1. 如果动用其他力量和手段不能制止，则实施反恐行动以制止恐怖主义行为。

2. 由联邦安全机关领导人，或其指定的联邦安全机关的官员，或地区安全机关领导人做出开始和终止反恐行动的决定。联邦安全机关领导人做出其他决定的情况除外。

3. 如反恐行动需动用大量人力、物力，且反恐行动区域住有大量居民，联邦安全机关领导人须将实施反恐行动法律管制及其实施范围通知总统、总理、联邦委员会主席、国家杜马主席、联邦总检察长，必要时还应通知其他官员。

第 13 条 反恐行动的领导

1. 据本法第 12 条第 2 款规定，反恐行动由谁决定即由谁领导，并对实施反恐行动承担个人责任。在反恐行动进行过程中，只有联邦安全机关领导人才有权决定撤换反恐行动的领导人。（据 2011 年 5 月 3 日第 96 号联邦法修订）

2. 反恐行动的领导人有权：

（1）确定行动指挥部的组织机构和工作程序，确定指挥部各负责人的职责与任务；（据 2011 年 5 月 3 日第 96 号联邦法修订）

（2）明确反恐行动必须的人、财、物，并就吸收其他人进入反恐行动指挥部做出决定；

（3）命令行动指挥部集结部队，提出实施反恐行动的建议；

（4）依照联邦安全机关和负责国防、内务、司法、外交、民防、紧急状态、消防、保障水上设施人员安全的各联邦行政机关协商通过的规范性法律文件的规定，可向上述机关及其他联邦行政机关和各联邦主体行政机关征调实施反恐行动和最大限度地减轻恐怖主义行为后果必需的人力和物力；

（5）确立行动指挥部负责与媒体和公众联络的代表；

（6）确定实施反恐行动法律管制的区域（设施），并依照本法第 11 条第 3 款的规定推行综合措施和临时管制措施；（据 2011 年 5 月 3 日第 96 号联邦法修订）

（7）发布符合本法第 15 条规定的调动兵力与装备的作战指令（命令）；（据 2011 年 5 月 3 日第 96 号联邦法修订）

（8）履行领导反恐行动的其他权力。

第 14 条　行动指挥部的权限

1. 行动指挥部的领导人和成员组成由俄联邦总统按规定的程序确定。

2. 行动指挥部有权：

（1）为确定正在准备或已经实施的恐怖活动的性质和规模，搜集、综合、分析和评估情报；

（2）为实施反恐行动准备兵力，拟订建议；

（3）制定反恐行动实施计划，并在计划被批准后监督执行；

（4）拟定作战指令（命令），以及规定反恐行动准备和实施方式及采取反恐行动法律管制的其他文件；

（5）协调使用参加反恐行动的兵力和装备；

（6）采取其他措施预防恐怖活动，最大程度减轻其可能的后果。（据 2011 年 5 月 3 日第 96 号联邦法修订）

第 15 条　实施反恐行动的兵力和装备

1. 俄联邦安全机关可以使用兵力和装备制止恐怖行为，甚至可以为此创建兵力及武器集群。

2. 为了实施反恐行动，按照反恐行动领导人的命令，设立兵力与武器集群。

3. 兵力与装器集群的组成包括：俄联邦武装力量分队、部队和兵团；负责安全、国防、内务、司法、民防、紧急情况、消防、保障水上设施人员安全的联邦行政机关及其他联邦行政机关与联邦主体行政机关的所属单位。

4. 反恐行动领导人统一指挥兵力和武器集群，包括本条第3款所列的联邦行政机关调遣来的代表和部队。所有参加反恐行动的军人、工作人员和专家，从反恐行动开始之日到结束之时，均要服从反恐行动领导人。

5. 自反恐行动领导人发布调动兵力和装备的作战指令（作战命令）起，任何人（无论职位）都不得干涉集群编成部队的管理。（据2011年5月3日第96号联邦法修订）

6. 本条第3款所列的参加反恐行动的联邦行政机关的部队，依照俄联邦规范性法律文件使用作战装备、武器和特种设施。

第16条　反恐行动中的谈判

1. 为了保护民众的生命与健康，可由反恐行动领导人特别授权人员与恐怖分子谈判。

2. 与恐怖分子谈判时不得考虑其提出的政治要求。

第17条　反恐行动的结束

1. 以下情况视为反恐行动结束：恐怖主义行为被制止（终止），处于反恐行动区的居民生命、健康、财产以及法律保护的其他利益威胁已经解除。

2. 符合本条第1款规定的条件时，反恐行动领导人宣布反恐行动结束。（据2011年5月3日第96号联邦法修订）

第18条　对恐怖主义行为造成损失的赔偿

1. 国家按照俄政府的规定，向因恐怖主义行为遭受损失的自然人和法人给付赔偿金。（据2013年11月2日第302号联邦法修订）

1.1. 损害包括恐怖主义行为造成的物质损害，对其赔偿的实施应根据俄联邦关于民事诉讼程序的法律规定，由恐怖主义行为的实施者、其近亲属、亲戚和亲近的人支付赔偿金，如果有充足的理由认为上述人等从恐怖活动结果中获得金钱、贵重物品和其他财物，并且（或）获得这些财物的收入。对恐怖主义行为造成的对公民生命和健康损害的赔偿要求，起诉时效不在此例。对恐怖主义行为造成的财产损失赔偿要求的起诉时效，按实施上述犯罪而追究刑事责任的期限范围确定。（据2013年11月2日第302号联邦法修订）

1.2. 在自己职权范围内实施反恐和被授权进行侦查活动的联邦行政机关，有权向实施恐怖主义行为者的近亲属、亲戚和亲近的人追查钱财、贵重物品、其他财产和收入来源合法的信息，如果有足够的证据证明该财物为恐怖活动结果所得，（或者）是此类财产的收入，还要对这些情报的可信度进行调查。上述人员必须提供所追查的信息。追查上述信息的权力仅针对恐怖活动者实施了恐怖主义行为，在确定其开始参与恐怖活动之后获得的金钱、贵重物品、其他财产和收入。如果没有确切的信息证明金钱、贵重物品、其他财产以及因此产生的收入具有合法性，相关财产移交俄联邦检察机构。俄联邦总检察长或其下属的检察员在收到上述物品后应按照俄联邦法律关于民事诉讼程序的规定向法院申请因个人无法证明其金钱、贵重物品、其他财产收入的合法性而收归国有。（据2013年11月2日第302号联邦法修订）

2. 因合法制止恐怖主义行为引起的损害赔偿，根据俄联邦法律，按俄联邦政府的规定程序由联邦财政拨款支付赔偿金。

3. 因合法打击恐怖主义行为造成恐怖活动参加者健康和财产的损害，甚至死亡，均不予赔偿。

第19条　恐怖活动受害者及参加反恐人员的社会康复（据2008年11月8日第203号联邦法修订）

1. 为使恐怖主义行为的受害者重新融入社会，应对恐怖主义行为的受害者及本法第20条所指人员提供心理、医疗、职业援助、法律帮助、安排就业、提供住所。所需资金来源于联邦政府划拨的联邦预算经费，发生恐怖主义行为的联邦主体预算经费，及联邦法律规定的其他资金来源。（据2008年11月8日第203号

联邦法修订）

2. 对于本法第 20 条所指人员，联邦法律和其他联邦规范性法律文件还规定了其他性质的康复内容。（据 2008 年 11 月 8 日第 203 号联邦法修订）

第 20 条　享受法律和社会保护的参加反恐人员范围

1. 下列参与反恐怖工作的人员受国家保护，并应享受法律和社会保护：

（1）直接参与反恐的联邦行政机关军人、工作人员和专家；（据 2008 年 12 月 30 日第 321 号联邦法修订）

（2）向负责发现、预防、制止、侦查和破获恐怖主义活动及最大限度地减轻其后果的国家行政机关给予经常或临时性协助的人员；

（2.1）在反恐行动地区现场勘查恐怖活动犯罪并制作犯罪追踪记录的俄联邦侦查委员会的工作人员；（据 2010 年 12 月 28 日第 404 号联邦法修订）

（3）本款第（1）、（2）点和第（2.1）点所列人员的家属，由于上列人员参加反恐，其家庭成员有必要受到保护。（据 2010 年 12 月 28 日第 404 号联邦法修订）

2. 向反恐人员提供的社会保护，应考虑俄罗斯联邦法律和其他规范性法律文件规定的此类人员的法律地位，并依照俄联邦政府的规定进行。

第 21 条　对反恐人员所受损失的赔偿和社会保护措施

1. 根据本法第 20 条的规定，由于参加反恐而造成生命、健康、财产的损失，依照俄联邦法律，按照俄联邦政府规定的程序予以赔偿。

2. 因参加反恐牺牲的人员，应向其家属和被抚养人一次性发放 60 万卢布补助金，同时，向享有获得赔偿权利的人按顺序提供保障性住房，支付住房、公用设施服务的补助费。向殉职反恐人员的无劳动能力家属和受殉职人员抚养的人发放抚恤金。

3. 因参加反恐重伤致残的人员，由联邦财政一次性补偿30万卢布，并按照俄联邦法律发放退休金。

4. 因参加反恐致伤但未残疾的人员，一次性补偿10万卢布。

5. 因参加反恐财物丢失或者损坏的人员，有权按照俄联邦政府的规定索赔。

6. 根据俄联邦法律的规定，同时出现上述一次性支付补偿金的几种情况，由补偿金获得者选择其中的一种。

第22条　合法的损害

因反恐行动而导致恐怖主义行为实施者死亡、受伤、财产损失，或者造成法律保护的个人、社会、国家利益受损，根据俄联邦法律的规定或授权，一律认定是合法的损害。

第23条　参加反恐人员的工作年限、保障、补偿的优惠计算

1. 军人和在部队服役（曾经服役）的联邦行政机关和其他国家机关的工作人员，直接参加（曾经参加）反恐的，服役期满（工龄）计算退休金时，其工作时间服役1天计算为1天半；直接参加反恐行动的，服役1天计算为3天。（据2008年12月30日第321号联邦法修订）

2. 直接参加反恐行动的军人、联邦行政机关工作人员以及其他国家机关的工作人员，服役期满（工龄）计算退休金时，按照俄联邦政府的规定计算。（据2008年12月30日第321号联邦法修订）

3. 直接参加反恐行动的人、联邦行政机关工作人员以及其他国家机关的工作人员，其军职工资（职务工资）应由俄联邦总统和俄联邦政府予以提高，也可以设立额外的保障和补贴。（据2008年12月30日第321号联邦法、2011年11月8日第309号联邦法修订）

第24条　组织参与恐怖活动的责任

1. 在俄联邦境内禁止以宣传、赞同、支持恐怖主义为目的或活动内容而组建恐怖组织或参与恐怖活动，或者实施俄联邦刑法典第205—206条、第208条、第211条、第220条、第221条、第277—280条、第282.1条、282.3条和第360条所规定的恐怖主义犯罪活动。（据2010年7月27日第197号联邦法、2014年6月28日第179号联邦法修订）

2. 恐怖组织的确认和取缔（禁止其活动），由俄联邦总检察长或者下属检察长提起公诉，法院做出判决。以该组织名义或者为了组织利益而组织、筹划、实行俄联邦刑法典第205—206条、第208条、第211条、第220条、第221条、第277—280条、第282.1条、第282.3条和第360条所规定的恐怖主义犯罪活动，以及该组织的权利义务人操纵上述恐怖主义犯罪活动的，均可认定为恐怖主义组织。法院做出取缔恐怖主义组织（禁止其活动）的判决效力适用于恐怖组织的各个地区、分支机构。恐怖团伙，如果某人因建立俄联邦刑法第205.4条规定的团伙，其为该团伙的领导人或参与人，刑事判决生效后，该团伙也被认定为其活动被禁止的恐怖组织（如有组织法律形式，则被取缔）。（据2010年7月27日第197号联邦法、2013年11月2日第302号联邦法修订）

3. 被取缔的恐怖组织偿还债务之后的剩余资产，按照俄联邦政府的规定，依照本条收归国家所有。法院做出没收财产，上缴国库的判决时，一并做出取缔恐怖组织的判决。

4. 本条的规定适用于外国恐怖主义和国际恐怖组织，以及俄联邦境内恐怖组织的分支机构、分部和代表处。

5. 保障安全的联邦行政机关应开列恐怖组织名单，包括国外恐怖组织和国际恐怖组织、俄联邦法院判决的恐怖组织。认定恐怖组织案件已生效的司法判决及取缔（禁止其活动）的副本或者已生效的俄联邦刑法第205.4条规定的刑事犯罪案件判决书副本应在相应判决生效后或将案件发回上诉法院五日内由第一审法院发往保障安全的联邦行政机关。该名单应在司法判决副本发往上述联邦行政机关的十日内，在俄联邦政府指定的出版物上正式定期刊登。（据2014年12月31日第505号联邦法修订）

第25条　协助反恐的奖励

1. 协助发现、预防、阻止、揭露和侦查恐怖主义行为的人，举报和抓获预备实施、正要实施或已实施恐怖主义行为的人，可从联邦财政资金中给予现金奖励。

2. 奖励资金的来源由俄联邦政府确定。

3. 奖励资金的数额、依据、程序由保障安全的联邦行政机关确定。

第26条　俄联邦个别法律（法律条文）失效的确认

1. 自本联邦法生效之日起，以下法律确认失效：

（1）1998年7月25日的第130号联邦法《反恐法》第1－16条、第18条、第19条、第21条和第23－27条（俄联邦立法汇编1998年第31卷，第3808页）；

（2）2002年11月21日通过的第144号联邦法《反恐法》补充条款（俄联邦立法汇编2002年第47卷，第4634页）；

（3）2003年6月30日通过的第86号联邦法《关于因采取完善国家管理措施而对俄罗斯联邦部分法令进行修正和宣布部分法令失效，及关于向内务机关、麻醉品监管机关和税务警察机关（已撤销）工作人员提供专门保障法》第33条（俄联邦立法汇编2003年第27卷，第2700页）。

2. 下列法律自2007年1月1日起失效：

（1）1998年7月25日通过的第130号联邦法《反恐法》（俄联邦立法汇编1998年第31卷，第3808页）；

（2）2000年8月7日通过的第122号联邦法《关于确定悬赏金金额及社会支付方式法》的第4条第22款（俄联邦立法汇编

2000 年第 33 卷，第 3348 页）；

（3）2004 年 8 月 22 日第 123 号联邦法《关于因通过联邦法〈关于俄罗斯联邦各主体立法（代表）机关和行政机关普遍原则修正案〉和联邦法〈关于俄罗斯联邦地方自治机关普遍原则〉而对部分俄罗斯联邦法令进行修正和宣布部分法令失效》第 106 条（俄联邦立法汇编 2004 年第 35 卷，第 3607 页）。

第 27 条　本联邦法的生效

1. 本联邦法律自公布之日起生效，除第 18 条、第 19 条、第 21 条、第 23 条之外。

2. 本联邦法律第 18 条、第 19 条、第 21 条、第 23 条，自 2007 年 1 月 1 日起生效。

俄罗斯联邦总统　B. **普京**

莫斯科，克里姆林宫

2006 年 3 月 6 日

附录二

俄罗斯联邦反恐构想

（俄联邦总统梅德韦杰夫2009年10月5日批准）

本构想确定了俄联邦国家反恐政策的主要原则、目标、任务，以及国家反恐体系的下一步发展方向。

第一章　恐怖主义是俄联邦国家安全的威胁

1. 当代恐怖主义的主要趋势是：

（1）恐怖活动及其受害者数量增加；

（2）恐怖主义的地理范围扩大，恐怖组织具有国际性质，国际恐怖组织利用民族宗教因素；

（3）导致恐怖主义产生的各种社会、政治、经济等内外因素相互交织，相互强化；

（4）恐怖活动的有组织性加强，出现了拥有先进装备的大型恐怖组织；

（5）恐怖主义与有组织犯罪，包括跨国犯罪联系更加紧密；

（6）恐怖活动得到更多资金，恐怖组织的技术装备得到加强；

（7）恐怖活动实施者力图获得大规模杀伤性武器；

（8）恐怖主义被试图利用为干涉它国内政的工具；

（9）为扩大恐怖袭击的危害性，增加受害者，恐怖活动的形式与方法不断完善、更新。

2. 恐怖主义在俄联邦的产生与扩散有特定的历史背景，与之有关的因素包括内部经济、政治、社会、民族、宗教矛盾，以及对整个国际社会构成威胁的国际恐怖主义。

3. 促成恐怖主义在俄联邦产生与扩散的主要内部因素，或是促成的原因与条件有：

（1）民族、宗教和其他社会矛盾；

（2）有极端主义倾向的个人与组织有条件进行极端主义活动；

（3）反恐怖主义的护法、执法等措施的有效性不够；

（4）俄联邦信息空间中激进思想的传播、暴力与残酷行为的宣传没有得到恰当监控；

（5）打击有组织犯罪、腐败、非法走私武器、弹药与爆炸品的有效性不足。

4. 有助于恐怖主义在俄联邦产生和蔓延的主要外部因素有：

（1）国际恐怖组织企图渗透进俄联邦的某些地区；

（2）在俄联邦及其盟国边境地区恐怖主义基地在积极活动；

（3）在国外有为国际恐怖主义与极端主义组织训练武装分子的营地，包括反俄派别，以及传播宗教极端主义思想的神学院；

（4）在俄联邦活动的恐怖主义与极端主义组织得到来自国际恐怖主义与极端主义组织的资金支持；

（5）一系列国家，包括正在反恐的国家希望削弱俄罗斯，降低俄罗斯的国际地位，确立自己在俄联邦某些主体的政治、经济及其他影响；

（6）通过互联网信息、视频网络与媒体传播恐怖主义与极端主义思想；

（7）恐怖活动实施者希望通过信息工具广泛宣传自己的活动，以造成更大的社会影响；

（8）国际社会对恐怖主义产生与扩散的原因、推动力量没有统一认识，反恐领域的国际法存在双重标准；

（9）缺乏国内外统一的反恐信息空间。

第二章　国家反恐体系

5. 国家反恐体系是反恐主体与一系列规范性法律文件的综合，这些法律文件旨在调节反恐主体发现、预防、制止、揭露与侦查恐怖活动，最大程度减轻和（或）消除恐怖活动后果。

6. 国家反恐体系是因反恐领域执行全国统一政策的要求出台的，它旨在保障人与公民基本的权利与自由，保障俄联邦的国家安全。

7. 反恐主体是负责执行反恐措施的国家权力机关和地方自治机关、非政府组织与团体，以及实施反恐措施时向国家权力机关和地方自治机关提供协助的公民。

8. 国家反恐委员会、联邦行动指挥部、联邦主体反恐委员会与行动指挥部协调反恐活动，组织有反恐任务的联邦行政机关及地方机关，指挥反恐行动。

9. 国家反恐体系的法律基础是俄联邦宪法、公认的国际法原则和准则、俄罗斯联邦缔结的国际条约、联邦宪法性法律、联邦法律、俄联邦总统与政府颁布的规范性法律文件、俄联邦2020年前国家安全战略、俄联邦对外政策构想、俄联邦军事学说、俄联邦反恐构想，以及俄联邦旨在完善反恐活动的规范性法律文件。

10. 俄联邦反恐的目的是保障个人、社会与国家免受恐怖活动与其他恐怖主义现象的侵害。

11. 反恐的主要任务是：

（1）确定和消除有利于恐怖主义出现和扩散的原因和条件；

（2）发现、预防与清除预谋与实施恐怖活动或其他恐怖主义性质犯罪的行为与组织；

（3）依据相应的俄联邦法律向恐怖活动实施者追究刑事

责任；

（4）保持揭露、预防、消除恐怖活动，使最大程度减轻和（或）消除恐怖活动后果的力量和物资处于有效使用的常备状态；

（5）保护公民安全，保障恐怖袭击潜在目标的反恐防护，包括重要关键基础设施、生活保障设施、人员密集场所的反恐防护；

（6）抵制恐怖主义思想的扩散，加强反恐信息宣传工作。

12. 俄联邦反恐的方向如下：

（1）预防（防范）恐怖主义；

（2）打击恐怖主义；

（3）最大程度减轻和（或）消除恐怖活动后果。

13. 预防（防范）恐怖主义从三个主要方面来开展：

（1）建立反恐怖主义思想体系；

（2）实施法律、组织、业务、管理、制度、军事和技术措施，以确保对恐怖袭击的潜在目标实施反恐防护；

（3）加强对遵守行政法律制度的监控。

14. 在预防（防范）恐怖主义方面有特殊作用的是有效实施俄联邦法律规定的法律和行政措施。

15. 预防（防范）恐怖主义的前提是完成以下任务：

（1）制定和实施相关措施，以消除有利于恐怖主义产生与扩散的原因和条件；

（2）通过保障俄联邦统一的信息空间，完善信息反恐系统来抵制恐怖主义思想的扩散；

（3）改善国家的社会经济、社会政治和法律状况；

（4）预测、发现与消除恐怖威胁，向国家权力机关、地方自治机关和大众通报相关情况；

（5）使用法律允许的方法对有恐怖主义倾向的个人（团体成员）的行为施加影响；

（6）制定与实施在联邦主体范围内反恐的预防措施；

（7）确定联邦行政机关、联邦主体行政机关、地方自治机关、企业主在对其下属单位组织反恐防护措施方面应有的权利、义务与责任；

（8）制定并落实保障关键基础设施、生活设施、人员密集场所免受恐怖主义威胁的标准化要求；

（9）完善补偿因反恐遭受生命、健康、财产损失的人，以及恐怖活动受害者的相关法律；

（10）加强联邦行政机关之间的协作，加强国际反恐合作；

（11）确保国家权力机关与社会、宗教组织、其他公民社会团体及公民的协调工作。

16. 组织反恐斗争的基础：综合分析恐怖主义产生与扩散的原因；查明恐怖活动的实施者；明确区分反恐主体的功能与职责；及时确定优先完成的任务；完善战术作战部队、军队、侦查分队的组织与协作，其途径是落实组织指挥反恐行动的司令部原则，保障上述单位的现代软件业务系统等信息资源。

有效组织反恐的条件是反恐主体在联邦与联邦主体行动指挥部组织的演习（指挥所、特种战术、作战战术）中提前准备好了反恐主体消除恐怖活动的力量和装备。

17. 最大程度减轻和（或）消除恐怖活动后果的工作要在预防恐怖活动后果的基础上按计划进行。这项工作应集中完成以下任务：

（1）在保障人的生命与健康前提上，防止（减少）物资与财产的损失；

（2）在恐怖活动发生时，及时实施救援，向消除灾害以及遭受恐怖袭击的人提供医疗等救助，以及后续的社会与心理康复；

（3）最大程度减轻和（或）消除恐怖活动后果，及其对社会或一些社会团体的精神、心理消极影响；

（4）重建因恐怖活动受损或被毁坏的物体；

（5）依据俄联邦法律补偿因恐怖活动受损失的自然人与法人。

18. 成功实施消除恐怖活动后果措施的条件是：评估实施紧急状态的特征、遭受恐怖袭击目标的性质、恐怖活动的方法；制订国家反恐体系的组成力量与手段及其前期准备（包括演习）的总体规划。

19. 本构想规定，与反恐的主要方向相一致，反恐活动通过措施体系来开展，实施过程中要使用各种能影响恐怖活动实施者的相互关联与协调的途径、方法、技术与手段。

20. 在实施预防（防范）恐怖主义措施时要使用旨在降低恐怖威胁程度，调节经济、政治、社会、民族与宗教矛盾的措施，这些矛盾可能会导致武装冲突，从而促成恐怖主义现象；预防公民的恐怖主义倾向；干预恐怖活动主体的活动。在此采用了一般性与针对性的各种预防措施，这些措施是考虑到人口、民族、宗教、个人心理及其他客体的特征来实施的。

21. 预防（防范）恐怖主义的主要措施包括：

（1）政治方面，包括使社会政治局势正常化，解决社会冲突，降低社会政治紧张程度；实现反恐领域的国际合作；

（2）社会经济方面，包括恢复俄联邦地区经济，加快其发展水平；减小社会边缘化范围与社会、财产地位分化；向居民提供社会保障；

（3）法律方面，包括实现下列罪行违法必究的原则：恐怖主义性质犯罪；非法走私武器、弹药、爆炸品与毒品、精神药物及其前体、放射性物质、有害生物与化学制剂；恐怖融资；调节移民进程；使用信息通信系统的程序；

（4）信息方面，包括阐释恐怖主义的本质及其社会危险性，形成不接受暴力思想的社会氛围及吸引公民参与反恐；

（5）文化教育方面，包括宣传重要的社会价值观及形成民族与宗教和平对话的条件；

（6）组织和技术方面，包括制订与实施保障关键重要基础设施、生活保障设施的系列方案与措施；以技术手段保护人员密集场所；完善不适应反恐保障要求的责任机制；改善反恐主体的技术装备。

22. 反恐具体措施的选择取决于发现的恐怖威胁的程度，为消除恐怖威胁要实施相应的法律制度，包括为制止恐怖活动，最大程度减轻和（或）消除其危害的临时性限制措施；行政制度、侦查措施；以及由联邦主体行动指挥部与反恐委员会、联邦行政机关的下属单位相互配合采取的其他措施。

23. 消除恐怖活动的主要途径是反恐行动，这是使用战术、武器与特种设备消除恐怖活动，解除恐怖分子武装，保障公民、组织、机构安全，最大程度减轻和（或）消除恐怖活动后果的特种、作战、军事等综合措施。

24. 在采取最大程度减轻和（或）消除恐怖活动后果的措施时应完成以下任务：

（1）提供紧急医疗援助；

（2）以医疗与心理措施辅助灾难救助与反恐措施；

（3）对恐怖活动受害者及参与反恐的人进行社会康复；

（4）恢复因恐怖活动受损的物体正常的功能与生态安全；

（5）对恐怖活动受害者进行精神与物资补偿。

第三章　反恐的法律、情报、科研、装备、资金和人才保障

25. 反恐的法律保障包括对以下方面的持续监测与分析：恐怖主义现象、反恐主体工作的组织问题、俄联邦反恐立法与反恐国际经验、制订与通过提高反恐效率的法律文件。

26. 反恐的法律基础应当满足下列要求：

（1）能够灵活与有针对性地调节反恐主体活动经常变化的方法、形式、手段与战术；

（2）考虑到国际经验、现实的社会政治、民族、宗教等因素的影响；

（3）确定反恐主体在反恐方面的专责；

（4）确定违反俄联邦反恐法律的自然人与法人的责任；

（5）确定对参与反恐的人员采取的，与恐怖威胁程度相一致的激励与社会保护措施；

（6）确保对恐怖活动刑事追责的有效性。

27. 反恐国际法律合作应着眼于境外同行克服下述方面的双重标准：对恐怖分子的刑事追责，对现有的反恐与引渡恐怖分子的国际法的照章使用。

28. 反恐的重要任务是保障反恐合法性，反恐主体参与法律法规的发展与完善，形成居民的法律文化。

29. 所有有职责的国家权力机关与地方自治机关都要参与反恐的法律保障。

30. 反恐情报分析保障包括搜集、储存、整理、分析、评估有关恐怖威胁的情报，向用户交流与传递这些情报。

31. 保障反恐的情报分析流程应完成下列主要任务：

（1）研究决定恐怖威胁实质与状态的主要因素；

（2）预测恐怖威胁的可能趋势与规律，为及时采取消除恐怖主义的决定提出建议；

（3）分析有关恐怖主义现象，以及对俄罗斯反恐起到消极影响的国内外政治、社会、经济等进程的情报；

（4）组织和开展反恐主体的情报协作；

（5）监测和分析国内外反恐经验；

（6）在引入现代信息通信技术的基础上，完善协调联邦行政机关、联邦主体反恐委员会与行动指挥部、地方自治机关、公民社会团体反恐活动的情报分析保障，为此，吸收对恐怖活动风险进行形势分析的科研单位的专家参加工作；

（7）在国内与国际层次上创建统一的反恐信息空间；

（8）创建信息库与数据库、信息—电信网络、自动化系统，以及使用先进信息技术及其支持的软硬件系统；

（9）在创建与完善反恐情报分析保障的法律基础方面提供及时的建议；

（10）系统提高反恐领域分析专家的专业培训水平。

32. 向上级行政机关负责人的汇报，应包含情报流程的优化和情报分析领域反恐主体职权的分配，还应包含恐怖事件以及国家反恐体系内所有主体反恐结果的登记（包括统计）。

33. 国家反恐委员会协调联邦行政机关的活动，联邦行政机关负责人加入反恐委员会编制，共同分析反恐问题，国家反恐委员会准备需要跨部门专家评估与委员会会议讨论的情报分析材料。委员会汇总反恐主体的报告，拟定向总统提交的年度总结报告。

34. 联邦行政机关在职责范围内向用户通报需要立即作出反应的具体的恐怖威胁情报。

35. 吸收科研单位、社会团体及其他公民社会团体开展保障反恐的情报分析工作。

36. 反恐的科研保障包括：

（1）制定反恐的理论与方法基础，为完成反恐现实任务，提出具体的方向性建议；

（2）为出台各层次的反恐政治、法律、组织和管理决策开展实用性研究；

（3）研究反恐国际经验，在完善反恐战略与体系方面向总统提出建议。

37. 反恐领域科技发展的优先方向应当是发明与采用：

（1）采用最新科技产品保护反恐部队工作人员与恐怖袭击目标；

（2）反恐部队的新型武器，包括非致命性武器和特种设备，有助于在实施作战行动时切实减少人员伤亡与财产损失；

（3）负责信息安全，包括反黑客的通信系统有效工具，检测新型爆炸装置、爆炸物、其他特别危险的恐怖活动与恐怖分子使用的工具，以及反恐部队行动的伪装。

38. 为使国家反恐体系成功运行必须有一个或几个联邦行政机关负责协调反恐科研与科技成果的研制。

39. 国家反恐体系的发展需要把技术装备与财力集中在保障反恐主体活动的优先方向上，建立相应的硬件平台以发展科技与商业信息公共网络，国家权力机关出台创新和投资政策促进恐怖袭击目标的反恐防护水平提高，以及形成居民免受恐怖威胁的保险防护体系。

40. 以联邦预算、联邦主体预算、地方预算和企业保障反恐的资金。

41. 通过联邦预算向一系列联邦反恐方案拨款。

42. 反恐支出费用由每个联邦主体与地方自治治机关的独立预算来提供。当务之急是要在联邦预算、联邦主体预算与地方预算草案形成时写入反恐拨款，因此必须制定相应的法律基础。

43. 反恐财政措施，包括建立基金，为激励反恐、提高反恐效率提供资金保障，不仅要增加不同层次预算的拨款总额，还要吸引预算外资金。

44. 完善的人才政策是提高国家反恐体系效率的主要方向之一。参与反恐的部门应当配备高素质的，具有必需素质与技能的专家。人才政策的优先方向是提高上述部门的工作声誉。

45. 反恐人才保障从以下几个方面来实施：

（1）对参与反恐的工作人员进行培训和再培训；

（2）对有反恐职责的国家行政机关、联邦主体行政机关、地方自治机关工作人员进行反恐培训；

（3）使非政府的保安有与其任务特征一致的反恐专业水平；

（4）在反恐专业领域培养专家（抵制恐怖主义思想，核、化学、生物恐怖主义，网络恐怖主义和其他形式的恐怖主义）；

（5）抽调有专业知识与技能的人员组建专家分析小组。

46. 对反恐人才的培训与再培训建立在跨部门与部门培训中心、学校、高等教育院校的基础上。

47. 在俄罗斯现有的培训反恐干部渠道之外，还应允许在国际合作范围内在国外培训人才。

第四章　开展国际合作打击恐怖主义

48. 国际合作是保障反恐效率的必要条件，国际合作要严格遵守国际法的原则与规定，以及确保俄联邦缔结的国际条约的原则与规定。

49. 俄联邦致力于确立联合国在国际反恐合作上的中心与协调地位，严格执行该领域联合国安理会的决议与所有公约，以及确保联合国大会在 2006 年 11 月通过的全球反恐战略的有效实施。

50. 俄联邦在国际反恐合作方面应当致力于以下几个方向：

（1）发现和消除调节国际反恐合作方面国际法的空白；

（2）扩大俄罗斯反恐国际倡议的影响，包括打击核恐怖主义、国家与商业伙伴反恐战略的全球倡议；

（3）保障反恐联盟多边（独联体、上海合作组织、集体安全条约组织和其他国际组织）与双边伙伴机制的有效工作；

（4）实施切实可行的措施，切断恐怖组织融资渠道，反武器、弹药和爆炸品走私，防止跨国恐怖活动，抵制恐怖主义思想的传播，对恐怖活动受害者给予帮助。

51. 俄联邦外交部协调国际反恐合作领域联邦行政机关的活动，以推行该领域统一的对外政策。

国家反恐委员会负责协调联邦行政机关、联邦主体行政机关和地方自治机关在俄联邦领土上的反恐活动，包括实施国际反恐合作领域的决定。

本构想的条款通过国家反恐委员会协调反恐主体，综合采取在时间、资源与反恐措施结果诸方面相互关联的措施来实施。

附录三

俄罗斯联邦反极端主义活动法

（2002 年 7 月 25 日第 114 号联邦法）

本法是为保护公民与人的权利与自由，维护宪法秩序，保障俄罗斯联邦完整与安全而出台的反极端主义活动的法律与组织基础，确定了实施极端主义活动应承担的责任。

第一条　基本概念

本法采用下列基本概念

1. 极端主义活动（极端主义）

（1）强行改变宪法秩序的基础，并破坏俄联邦完整性；

（2）公开为恐怖主义和其他恐怖活动正名；

（3）煽动社会、民族、种族或宗教纠纷；

（4）据社会、种族、民族、宗教或语言归属及宗教倾向特征宣传人的独特、优越或缺陷；

（5）依据社会、种族、民族、宗教、语言归属或宗教倾向破坏公民与人的权利、自由与合法权益；

（6）使用暴力或以暴力相威胁阻碍公民行使选举权与参加公投，或是破坏匿名投票；

（7）使用暴力或以暴力相威胁阻碍国家机关、地方自治机关、选举委员会、社会与宗教组织或其他组织的合法活动；

（8）实施俄联邦刑法典第 63 章第 1 部分第 6 点的犯罪行为；

（9）宣传或公开展示纳粹标志，或极易与其混淆的标志；

（据2012年12月25日出台，2013年1月6日生效的第255号联邦法修订）

（10）公开煽动实施上述行为，或大规模传播明显的极端主义材料，以及为大规模传播而制作或保存这些材料；

（11）在俄联邦或联邦主体国家公职人员针对本法规定的行为与犯罪执法时，公开故意地诬蔑他们；

（12）组织、准备与煽动实施上述行为；

（13）为上述行为融资，或其他协助其组织、准备与实施的活动，包括为其提供培训、印刷与物资技术基地、电话与其他通信支持，或是为其通风报信。（据2007年7月24日出台、2007年8月12日生效的第211号联邦法修订）

2. 极端组织——因实施极端主义活动，据本法，法院裁定生效被取缔或禁止其活动的社会、宗教或其他组织。

3. 极端主义材料——用于传播或以其他方式发布的下述材料：煽动进行极端主义活动；论证实施极端主义活动的必要性，或宣扬其正当性，如为德国国家社会工人党、意大利法西斯政党领袖的罪行正名；论证民族和（或）种族的优越性，为其正名；论证全部或部分灭绝任何民族、社会、种族、国家或宗教团体的军事或其他罪行的正当性。

4. 极端组织的标志——在因实施极端主义活动而据本法、法院裁定生效被取缔或禁止其活动的组织的创建文件中出现的标志。（据2012年12月25日出台，2013年1月6日生效的第255号联邦法补充；据2014年7月21日出台，2014年8月2日生效的第236号联邦法修订）

（本条据2006年7月27日出台、2006年8月9日生效的第148号联邦法修订）

第二条　反极端主义活动的基本原则

反极端主义活动建立在以下原则基础上：

承认、尊重与保护人与公民的权利与自由，以及组织的合法利益；

合法性；

公开性；

优先保障俄罗斯联邦的安全；

优先采取预防极端主义活动的措施；

国家与社会、宗教等团体、公民在反极端主义活动方面开展合作；

实施极端主义活动必受惩罚。

第三条　反极端主义活动的基本方向

反极端主义活动的基本方向是：

采取预警极端主义活动的预防措施，包括查明、侦查与消除有助于实施极端主义活动的原因与条件；

查明、预警与消除社会与宗教等团体、自然人的极端主义活动。

第四条　反极端主义活动的组织基础

俄罗斯联邦总统：

确定反极端主义活动领域国家政策的基本方向；

规定总统领导的反极端主义活动的联邦行政机关的职责。

俄罗斯联邦政府：

规定政府领导的反极端主义活动的联邦行政机关的职责；

组织制订与实施预防极端主义活动和（或）消除其后果的措施；

组织必要的力量、装备与资源保障反极端主义活动联邦行政机关的活动；

联邦行政机关、联邦主体行政机关、地方自治机关在各自权限内参加反极端主义的活动；

据俄联邦总统的决定，为协调联邦行政机关、联邦主体行政机关与地方自治机关的反极端主义活动，可以组建由联邦行政机关、联邦主体行政机关、地方自治机关代表等人组成的机构。为实施这些机构的决议可以出台参加协调机构的相关单位的文件（联合文件）。

（本条据 2014 年 6 月 28 日出台、2014 年 7 月 11 日生效的第 179 号联邦法修订）

第五条　预防极端主义活动

为抵制极端主义活动，联邦国家权力机关、联邦主体国家权力机关、地方自治机关在各自权限内优先采取预防措施，包括预防极端主义活动的教育、宣传措施。

第六条　发出禁止实施极端主义活动的警告

当有足够与得到证实的消息，说明某社会、或宗教、或其他团体、或自然人正在预谋有极端主义活动特征的违法活动，但又没有证据追究其刑事责任时，俄联邦总检察长或其副职，或其下属相关检察长或其副职将向相关团体的领导人或其他相关人员发出禁止此类活动的书面警告，警告上将注明具体理由。

当没有履行警告的要求时，可以按规定程序追究受警告人员的责任。

可以按规定程序将警告诉讼至法院。

第七条　发出禁止社会或宗教团体实施极端主义活动的严重警告

当查明社会或宗教、或其他团体、或其下属分支机构存在有极端主义特征活动的证据时，将对其发出禁止此类活动的书面严重警告，警告上将注明理由，包括造成的危害。如果有可能采取措施消除造成的危害时，警告上要规定消除的期限，期限不少于自发出严重警告之日起 2 个月。

对社会或宗教等团体严重警告的决定由俄联邦总检察长或其下属检察长做出，对社会或宗教团体的严重警告还可由负责登记非营利性组织、社会与宗教团体的联邦行政机关，或其地方分局做出。

可按规定程序将严重警告诉讼至法院。

如果严重警告没有按规定程序诉讼至法院，或不承认法院认为其违法的判决，以及如果相关社会或宗教等团体、或其下属分支机构没有在规定期限内消除所造成的危害，或者自发出严重警告之日起12个月内又发现新的有极端主义特征活动的证据，将按本法规定的程序取缔社会或宗教等团体，非法人的社会或宗教团体的活动将予以禁止。

第八条　禁止媒体传播极端主义材料与实施极端主义活动的严重警告

当有媒体在传播极端主义材料，或查明该媒体存在有极端主义特征活动的证据时，负责登记该媒体的国家全权机关、或联邦出版、广电与媒体行政机关、或俄联邦总检察长或其下属相应检察长将对该媒体的创办人和（或）编辑（主编）发出禁止其此类活动的书面严重警告，警告上将注明理由，包括造成的危害。如果有可能采取措施消除其危害时，在警告上还要规定消除上述危害的期限，期限自发出严重警告之日起不超过10天。

可按规定程序将严重警告诉讼至法院。

如果严重警告没有按规定程序诉讼至法院，或不承认法院认为其违法的判决，以及在规定期限内没有采取措施消除严重警告所诉危害，或是自判决严重警告之日起12个月内又查明该媒体有新的有极端主义活动特征的证据，相关媒体的活动将按本法规定的程序被终止。

第九条　社会与宗教等团体因实施极端主义活动应负的责任

在俄罗斯联邦领土上禁止组建目标或行动旨在实施极端主义活动的社会与宗教等团体，也禁止其开展活动。

当出现本法第七条第4部分所述情况，或是某社会或宗教等团体，或其下属分支机构有破坏人与公民的权利与自由，侵害公民的人身与健康，破坏周围环境、社会秩序，侵害自然人与（或）法人的私人财产与合法经济利益，危害国家与社会，或是造成能引起此类危害的现实威胁的极端主义活动时，可以在法院根据俄联邦总检察长或其下属相关检察长的申请做出判决后取缔相关社会或宗教等团体，禁止此类非法人的社会或宗教团体的活动。

据本条第 2 部分，可以取缔社会或宗教团体，可以据法院裁决，或是据负责登记的联邦机关或其地方分局的申请禁止非法人的社会或宗教团体的活动（据 2008 年 4 月 29 日出台、2008 年 5 月 17 日生效的的第 54 号联邦法修订）

当法院据本法做出取缔社会或宗教团体的裁决时，其下属分支机构也应当被取缔。

据本法被取缔的社会或宗教等团体偿还完借贷之后的剩余财产应当收归国有。这一决定应当由法院在裁决取缔该社会或宗教等团体的同时做出。

据本法经法院裁决生效，被取缔或禁止其活动的社会与宗教等组织的名单，以及上述团体、组织的标志应当在负责登记社会与宗教等团体的联邦行政机关的互联网网站上公布。

（本条据 2007 年 7 月 24 日出台、2007 年 8 月 12 号生效的第 211 号联邦法补充；据 2014 年 6 月 28 日出台，2014 年 7 月 11 日生效的第 179 号联邦法修订；据 2014 年 7 月 21 日出台、2014 年 8 月 2 日生效的第 236 号联邦法修订）

第十条　中止社会或宗教团体的活动

当某社会或宗教团体有破坏人与公民的权利与自由，侵害公民的人身与健康，破坏周围环境、社会秩序，侵犯自然人与（或）法人的私人财产与合法经济利益，危害国家与社会，或是造成能引起此类危害的现实威胁的极端主义活动时，在据本法第九条宣布取缔社会或宗教团体，或禁止其活动的警告被诉讼至法院之日起，相关责任人或机关有权中止该社会或宗教团体的活动，直至法院审理上述申请时。

中止社会或宗教团体活动至法院受理之时的决定可按规定程序诉讼至法院。

中止社会或宗教团体的活动包括中止社会或宗教团体与其下属分支机构作为媒体创建人的权利，他们不得使用国家与市级媒体，不得组织与举行大会、集会、示威、游行、罢工等大型或公开活动，不得参加选举与公投，不得使用银行存款（不包括他们用于生产经营，弥补生产经营的亏损，缴税费、交罚款，以及据劳动合同应支付的款项）。

如果法院不同意取缔社会或宗教团体，或是禁止其活动的申请，该团体将在法院裁决生效后恢复活动。

中止政党的活动按《政党法》的规定来进行。

因实施极端主义活动而被中止活动的社会与宗教团体的名单要在负责登记社会与宗教团体的联邦行政机关的互联网网站上予以公布。上述名单还应当在俄联邦政府规定的官方定期出版物上予以公布。（据2007年7月24日出台、2007年8月12日生效的第211号联邦法补充；据2014年6月28日出台、2014年7月11日生效的第179号联邦法修订）

第十一条　媒体传播极端主义材料与实施极端主义活动的责任

在俄联邦领土内禁止媒体传播极端主义材料与实施极端主义活动。

据本法第八条第3部分，或是媒体有破坏人与公民的权利与自由，引起公民人身与健康损害，破坏环境，扰乱社会秩序与安全，侵犯自然人与（或）法人的私人财产与合法经济利益，危害国家与社会，或是造成此类现实威胁的行为，将据法院依照登记该媒体的联邦全权机关，或是联邦出版、广电与传媒行政机关，或是俄罗斯总检察长或其下属相关检察长的申请做出的裁决，关闭该媒体。

为阻止极端主义材料的持续传播，可据诉讼保障措施中止相关期刊、声像出版物或相关广播电视节目的发行与播出。

法院的裁决是没收媒体尚未发行的包含极端主义内容的出版物，禁止其储存、批发与零售的依据。

第十二条　禁止使用大众通信网络实施极端主义活动

禁止使用大众通信网络实施极端主义活动。

如果出现使用大众通信网络实施极端主义活动的情况，将依据本法，并参照俄联邦通信领域立法采取措施。

第十三条　传播极端主义材料应承担的责任

在俄联邦领土内禁止传播极端主义材料，以及用于传播的生产或储存。据俄联邦法规定，生产、储存或传播极端主义材料是违法行为，将追究相关人员责任。

法院根据发现材料的地点，制作单位将材料用于传播还是收藏，检察长的申请，或是行政处罚、民事或刑事案件的诉讼认定有关材料是否是极端主义材料。

法院在裁定极端主义材料的同时，做出予以没收的决定。

有关极端主义材料的裁决生效后，法院将其副本在3日内发送至联邦国家登记局。

联邦国家登记局据法院对极端主义材料的裁定在30日内将其列入联邦极端主义材料名单。

列入联邦极端主义材料名单的程序由联邦国家登记局确定。

联邦极端主义材料名单应在联邦国家登记机关的互联网网站上公布。上述名单还应按规定程序在媒体上予以公布。（据2014年6月28日出台、2014年7月11日生效的第179号联邦法修订）

第十四条　国家与地方单位负责人、工作人员因实施极端主

义活动应负的责任

国家或地方单位的负责人或其他工作人员发表了有关极端主义活动有必要、可行、可能或有意愿进行的公开讲话，或是在履职时，指示下级时，负责人不采取其职责范围内的消除极端主义活动的措施，将按俄联邦相关法律追究其责任。

相关国家机关与高级领导必须立刻采取必要措施追究本条第1部分所述行为人的责任。

第十五条　俄联邦公民、外国公民与没有公民身份的人员因实施极端主义活动应负的责任

俄联邦公民、外国公民与没有公民身份的人员因实施极端主义活动将按俄联邦法律规定的程序承担刑事、行政与民事法律责任。

为保障国家与社会安全，据俄联邦法律规定的程序，参加实施极端主义活动的人员，经法院裁决，可限制其从事国家与地方机关工作、服合同制兵役，以及从事护法机关、教育机构、私人侦探与保安的工作。（据2013年7月2日出台、2013年9月1日生效的第185号联邦法修订）

如果社会或宗教等团体的领导或领导机关成员发表公开讲话，煽动实施极端主义活动，但又没有声明这是他的个人意见，并据法院认为该人有极端主义倾向犯罪的裁决生效时，相关社会或宗教等团体必须在上述讲话发表之日起5天内公开声明不同意该人的讲话与行为。如果相关社会或宗教等团体没有做出这样的声明，则视为证明该团体有极端主义特征活动的事实。

用于公开使用的有本法第一条所述特征之一的印刷品与声像材料的作者将被判定为实施极端主义活动的人员，并据俄联邦法规定的程序追究其责任。（据2006年7月27日出台、2006年8月9日出台的第148号联邦法补充）

曾担任法院据本法，或2006年3月6日的第35号联邦法

《反恐法》判决取缔或禁止其活动的社会或宗教等团体的领导人或领导机关成员的人员，自法院判决生效之日起10年内不得担任社会或宗教团体的创建人。

第十六条　在举行大型活动时禁止实施极端主义活动

在举行大会、集会、示威、游行与罢工时禁止实施极端主义活动。大型活动的组织者负责遵守俄联邦法律要求的，与举行大型活动有关的规定，禁止实施极端主义活动，及时清除极端主义活动。大型活动组织者的上述责任由俄联邦内务部机关在活动举行前以书面形式通知下发。

大型活动的参加者禁止携带武器（不包括某些将冷兵器作为民族服装装饰的地区），禁止携带专门用来侵害公民健康或造成自然人与法人物资损失的器具。

举行大型活动时禁止吸收极端组织参加，使用极端组织的标志物，以及传播极端主义材料。

当发现存在本条第3部分所指的情况时，大型活动的组织者或其他负责人必须立刻采取措施消除上述危害。如若不履行这一职责俄联邦内务部机关代表将要求中止大型活动，并据俄联邦法律按规定程序追究其组织者的责任。

第十七条　反极端主义领域的国际合作

禁止据国际法与联邦法认定其活动属极端主义的外国社会和宗教团体、其他非营利性组织及其分支机构在俄联邦领土内活动。

禁止外国非政府非营利性组织的活动可采取以下措施：

按俄联邦法律规定的程序取消其国家注册证与合格证；

禁止外国公民与没有公民身份的人员以该组织的代表身份在俄联邦领土内停留；

禁止其在俄联邦领土内从事任何经营性或其他活动；

禁止以该组织的名义在媒体上公开发表任何材料；

禁止在俄联邦领土内传播该组织的材料，或是包含该组织材料的信息产品；

禁止以该组织代表的身份举行或参加任何大型活动与公开活动；

禁止组建任何法律组织形式的原组织衍生体。

在禁止外国非政府非营利性组织活动的决定生效后，俄联邦国家全权机关必须在10日内通知相关国家驻俄联邦的大使馆或领事馆禁止该组织在俄联邦领土内活动的决定、禁止的原因以及禁止的后果。

俄联邦据本国签署的国际条约与外国、外国护法与情报机关、反极端主义的国际组织开展与极端主义作斗争的合作。

俄罗斯联邦总统　**普京**

莫斯科，克里姆林宫

2002年7月25日

附录四

2025年前俄罗斯联邦反极端主义战略

（2014年11月28日第2753总统令批准）

第一章 总则

1. 本战略的制定旨在具体化2002年7月25日出台的第114号联邦法《反极端主义活动法》、2009的5月12日出台的第537号《2020年前俄联邦国家安全战略》相关条款。这两部法律文件指出，俄联邦国家安全威胁的部分根源是民族（种族）主义与极端宗教组织等破坏俄联邦领土完整与统一，破坏俄国家内政与社会稳定的活动。

2. 本战略是俄联邦国家权力机关、联邦主体国家权力机关、地方自治机关的基础性文件，战略确定了俄联邦在应对现实挑战时反极端主义目标、任务、国家政策的主要方向；使上述机关、公民团体、组织与自然人形成合力实现以下目标：消除极端主义；加强公民团结，达成民族（种族）与宗教和谐；保护俄罗斯民族文化多样性；形成抵制极端主义活动与极端主义思想扩散的社会氛围。

3. 本战略制定的依据是俄联邦宪法、公认的国际法原则和准则、俄联邦缔结的国际条约、联邦宪法性法律、联邦法律、俄联邦总统与俄联邦政府颁布的规范性法律文件。

4. 本战略采用以下基本概念

（1）极端主义思想——把使用暴力和其他违法行为作为解决社会、种族、民族、宗教与政治冲突的主要手段的思想体系。

（2）极端主义现象——出于政治、意识形态、种族、民族或宗教仇恨或敌意的动机实施的社会危险与违法行为，以及促使发生民族、宗教冲突或使民族、宗教冲突更加尖锐的行为。

（3）反极端主义主体——联邦国家权力机关、联邦主体国家权力机关、地方自治机关、公民社会团体、组织与自然人。

（4）反极端主义——反极端主义主体查明并消除产生极端主义现象的原因，以及预防、阻止、侦破与侦查极端主义倾向犯罪，最大程度减轻和（或）消除极端主义危害的活动。

（5）激进主义——对极端主义思想有高度倾向性，旨在以暴力改变宪法秩序，破坏俄联邦的完整。

第二章　当代俄罗斯极端主义威胁的根源

5. 一切形式的极端主义都会破坏公民的和平与和谐，破坏社会安全与俄联邦国家完整，对维护宪法秩序与民族、宗教和谐构成现实威胁。

6. 极端主义是现代俄罗斯社会最复杂的问题之一，这首先表现在极端主义的多样性，极端组织组成的多元化，极端主义威胁着俄联邦国家安全。

7. 近年来俄罗斯境内外的极端主义威胁都越来越严重。外部威胁包括外国政府机构与极端主义组织支持破坏俄联邦社会政治稳定，以及持极端主义思想的国际极端组织与恐怖组织的活动。内部威胁包括激进的社会、宗教、非正式团体、非赢利性组织及个人的极端主义活动。

8. 极端主义从个别国家扩散出来，并表现为对所有和平社会的安全威胁。一些国家利用极端主义来解决全球政治问题，试图重新划分经济影响范围。

9. 外国歪曲历史，越来越严重的种族主义与法西斯主义成为了严重威胁。

10. 极端主义倾向犯罪只占俄联邦犯罪总量相当小的部分，但其中每一起都会产生社会影响，可能破坏个别地区或整个国家的社会政治稳定。

11. 极端主义最危险的类型是民族、宗教与政治极端主义，他们表现为根据人的性别、种族、民族、语言特征、宗教倾向或属于某个社会团体而煽动仇恨或敌意，包括利用电信网络（互联网等），呼吁暴力行动，诱导他人参加极端组织，进行社会不和谐活动，组织大规模骚乱，实施恐怖主义活动。

12. 电信网络（互联网等）成为了极端组织、恐怖组织联系的纽带。电信网络被极端组织、恐怖组织利用来招募新成员，组织与协调极端主义倾向犯罪，散布极端主义思想。

13. 在现代社会政治条件下，极端主义的极端表现是恐怖主义，恐怖主义建立在极端主义思想上。只要极端主义思想的根源与传播渠道还在，恐怖主义威胁就会一直存在。

14. 极端主义思想的主要组成部分是：统一极端组织成员的思想；极端组织活动的性质与方向的规定；诱导各阶层的人员参加极端活动的宣传。

15. 散布极端主义思想是指，宣传为达到目的可以使用暴力的思想，强化极端主义思想的攻击性以威胁俄联邦社会安全，扩大极端主义思想的社会宣传面。

16. 吸引各种人群参加反政府活动正在成为破坏俄联邦社会政治稳定的主要方式，反政府活动会被蓄意演变成大规模骚乱。

17. 许多极端组织竭力利用宗教吸收新成员，挑起与加剧宗教、民族冲突，以此威胁俄联邦的领土完整。

18. 来自他国的伊斯兰激进思潮对俄罗斯的渗透尤其需要警惕，他们宣传教义的排他性与暴力传播方式。国际极端组织与恐怖组织的成员、作为境外激进思潮基地的宗教学校的毕业生成为了俄罗斯伊斯兰激进思潮最主要的思想家。已经发现他们企图在俄罗斯各地建立国际极端组织与恐怖组织的训练营和培训中心。

19. 伊斯兰极端思潮的追随者十分危险，他们不属于传统伊斯兰教徒，也不同于宗教狂热分子，他们很容易走上恐怖活动的道路，包括成为自杀式恐怖分子。

20. 对劳动力市场与民族关系带来消极影响，以及产生极端主义现象的主要原因是不受控制的移民（包括非法移民），对地区与市级移民进程管控不够，部分地区与市已经形成的民族宗教平衡经常被打破。

21. 极端组织领袖把工作重点放到年轻人身上。这方面他们非常关注非正式民族主义团体的高度组织性，关注球迷组织，竭力拉拢他们加入自己的组织，挑唆他们在举办体育赛事或文化活动时实施极端主义倾向犯罪。

22. 此外，对俄罗斯社会稳定构成威胁的还有：一些外国非政府、非营利性组织的活动，一些社会、宗教团体及其分支与散布极端主义思想有关的活动。

23. 极端主义直接或间接地影响到政治、经济、社会生活的所有主要领域。这就要求在所有层面上组织起反极端主义，以及最大程度减轻其危害的工作。

第三章　反极端主义领域国家政策的目标、任务与主要方向

24. 反极端领域国家政策的目标是捍卫俄联邦宪法秩序的基础，保卫社会安全，保护公民的权利与自由不受极端主义威胁。

25. 上述目标实现的途径是：实施根据现实情况制订的地区与市级反极端主义的组织性与法律性措施。

26. 反极端主义领域国家政策的主要任务是

（1）建立反极端主义领域统一的国家监控体系。

（2）完善俄联邦反极端主义领域的立法与执法实践。

（3）使联邦国家权力机关、联邦主体国家权力机关、地方自治机关、公民社会团体与组织形成反极端主义合力。

（4）组织媒体、电信网络（互联网等）、联邦国家权力机关、联邦主体国家权力机关、地方自治机关、公民社会团体反极端主义的信息宣传工作，并针对极端主义思想的传播采取有效的反宣传。

（5）为提高预防、揭露与消除极端主义倾向违法犯罪的有效性制订并实施综合措施。

27. 反极端主义国家政策的主要方向

（1）在立法方面：

保障俄联邦反极端主义的法律条款有效执行；

对反极端主义的执法实践进行系统监督；

完善阻止极端主义材料在电子载体、电信网络（互联网等）上生产与传播的立法；

在地区与市级层面制订建立预防极端主义与恐怖主义体系，防止民族冲突的系列方案；

在对民族、宗教、地区调研基础上出台管理决议，制订法律与方案的草案。

（2）在执法方面：

协调执法机关、国家权力机关、地方自治机关、政党、社会宗教团体消除极端主义现象方面的工作；

对易受极端主义思想影响的人开展预防性工作；

执行实施极端主义活动“违法必究”原则；

保障执法机关工作人员的培训，按一定程序，用发现、消除、揭露、预防与鉴别极端主义现象的示范培训方案对他们进行职业再教育；

各种集会、示威、游行的组织者要与联邦主体国家权力机关和地方自治机关一道保障举办地公民的安全与社会秩序；

保障反极端主义主体在边境地区的合作，以防止国际极端组织成员偷渡进俄罗斯；

发现并消除极端主义活动融资的源头与渠道。

（3）在公共政策领域：

监测俄联邦种族、民族与宗教关系、社会政治形势，以防止冲突产生或尖锐化，发现极端主义现象的原因与条件，最大程度减轻极端主义的危害；

采取法律与信息措施，防止民族因素在选举进程或政党章程中被利用；

保障公民信仰自由，保障俄罗斯公民民族平等，信徒的宗教感情不受伤害；

在公民社会团体参与下制订与实施地区与市级反极端主义方案；

就反极端主义问题开展社会调查，评估国家权力机关与地方自治机关预防极端主义工作的有效性；

国家权力机关、地方自治机关与公民社会团体对冲突前后的局势及时反应；

鼓励公民报告国家机关他们发现的预谋极端主义活动的人，以及任何可能帮助防止极端主义活动发生，消除或最大程度减轻其危害的消息。

（4）在国家移民政策领域：

完善国家在吸引外国工人和确定外国劳动力需求方面的国家移民政策；

打击实施移民政策进程中的犯罪与腐败，并对破坏移民政策的事件快速反应；

完善打击有组织非法移民，以及非法组织外国公民与无国籍人员劳动的措施；

发展与外国的双边合作，包括外国公民申请在俄罗斯临时居住的事务方面的合作；

完善外国违法公民被驱逐出境、再入境机制，完善禁止这类人员入境的机制；

强化边境管控，建立登记不受欢迎的外国公民的信息系统；

完善移民融合的社会与文化方案，吸引得到外国劳动力配额的雇主对方案投资并实施，以让移民适应当地生活条件。

（5）对媒体和电信网络（互联网等）进行监控，以发现极端主义思想、极端主义材料的传播，及时应对：

完善封锁在俄联邦境内传播极端主义思想网站的程序，具体方法是建立统一的被禁网站和极端主义材料数据库清单；

采取有效措施防止极端主义材料进入俄联邦，防止在俄境内制作、传播极端主义材料；

利用国家媒体力量，维护俄罗斯传统道德准绳，维护民族与宗教和谐，引导青年认同俄罗斯文化价值；

促使媒体广泛、客观地报道国家权力机关在反极端主义与恐怖主义方面的工作，以形成抵制传播极端主义的社会氛围；

与媒体和互联网代表进行主题见面会，以抵制极端主义思想的传播；

制作并在媒体、电信网络（互联网等）上发布对青年人进行爱国主义教育的公益广告；

组织在电信网络（互联网等），包括社交网站上反极端主义思想传播的信息措施，吸收著名的文艺界人士、科学家与社会、信息领域、民族宗教权威人士参加，揭露极端组织领袖违法的本质；

公布反极端主义主体的工作，包括公布破坏俄联邦社会政治与经济形势，造成传统宗教产生冲突的组织名单；

制作与传播预防与消除极端主义活动的信息资料，这些资料旨在提高俄罗斯公民的警觉性，培养他们反极端主义，参与国家该领域活动的兴趣；

提高相关国家权力机关工作的效率，以有效发现、阻止极端主义材料、极端主义组织的标志与象征，以及其他有挑起宗教与民族敌意的材料在媒体和（或）电信网络（互联网等）上传播；

建设并有效使用专门的信息系统，以保障反极端主义领域的执法实践。

（6）在教育与国家青年政策领域：

在地区与市教育发展方案中加入培养未成年人尊重所有民族与宗教的内容；

组织儿童、未成年人、青年娱乐活动与家庭休闲活动，保障民众能进文化、体育与休闲场馆，创造条件使公民能发挥他们的创造性与体育潜能，增长文化素质；

对在俄罗斯文化传统、精神、道德与爱国主义价值观基础上的青年教育系统实施国家支持政策；

在教育机构开设爱国主义、友善行为文化、民族与宗教友谊课程，传授非冲突社会交往习惯以及坚持己见的技巧，使用一切法律工具抵制社会危险行为，如被诱导参加极端主义活动；

在教学计划、教科书、教学方法材料中加入俄罗斯传统文化价值教学内容；

保障教育管理部门的大学机关积极参加预防学生极端主义的工作；

在教育机构开展社会形势的问卷调查，监控青年人越轨行为，为查明极端主义思想传播的事件分析青年亚文化活动；

提高俄罗斯宗教学校的教育威信，为俄罗斯公民出国学习宗教的监控系统实施国家支持政策；

在国家记者专业教育标准中加入报道反极端主义方面的教育方案；

加强联邦行政机关公共关系部进行爱国主义教育，使青年自觉抵制极端主义的作用；

与青年社会团体和球迷组织合作，以预防大型活动中的极端主义现象。

（7）在国家文化政策领域：

在俄联邦形成不同宗教之间与宗教内部的合作，以保障公民和平与和谐相处；

在工人培训方案中加入学习俄联邦民族精神道德基础的课程；

加强宣传俄联邦各民族历史上是同一民族的思想；

对反极端主义现象的社会与宗教团体实施国家支持政策；

发挥包括老战士与青年组织在内的公民社会团体的力量，以对公民进行爱国主义教育，保障俄罗斯民族统一，形成不接受极端主义思想和以暴力达到社会、政治目的的社会氛围；

对预防极端主义现象的电视节目与文化产品实施国家支持政策。

（8）在国际合作方面：

强化俄联邦在反极端主义与恐怖主义国际组织中的立场；

开展民族、文化、宗教合作，把它作为抵制极端主义传播的有效手段；

完善与外国情报与护法机关在反极端主义领域的合作；

与外国就反极端主义及其思想的传播交换先进经验，并创造条件使用其有效经验；

在双边与多边范围内推进俄罗斯反极端主义，包括电信网络（互联网等）反极端主义的倡议；

与外国缔结反极端主义与恐怖主义的协议。

第四章　实现本战略的机制

28. 实现本战略的措施计划由俄联邦政府制订并批准。

29. 本战略由反极端主义主体通过下列途径来实施

（1）拟订并使用所有层次的预算。

（2）解决干部问题。

（3）实施过程中有立法倡议权，有权通过联邦与联邦主体法律和其他规范性法律文件、市法律文件。

（4）对实施极端主义倾向违法犯罪“违法必究”。

（5）协助媒体广泛、客观报道反极端主义活动的形势。

（6）监控联邦国家权力机关、联邦主体国家权力机关、地方自治机关反极端主义法律文件的执行情况，以及相关措施的完成情况。

（7）积极引导社会团体和其他公民社会团体参加反极端主义活动。

30. 俄联邦反极端主义跨部门委员会协调本战略的实施。

31. 本战略的实施分三个阶段。

32. 第一阶段（2015 年）采取以下措施

（1）制订实施本战略的计划。

（2）确定俄联邦反极端主义领域立法的下一步方向。

（3）完善国家权力机关与地方自治机关在反极端主义活动方面的组织保障工作。

33. 第二阶段（2016—2024 年）计划采取以下措施

（1）制订并通过俄联邦、联邦主体反极端主义领域的法律与其他规范性法律文件。

（2）据实施本战略的计划完成相关措施。

（3）监控实施本战略达成的结果。

（4）预测俄联邦民族与宗教关系局势与极端主义威胁的发展

状况。

（5）保障公民社会团体加入到反极端主义活动中。

（6）建立加强保护电信网络（互联网等）免受极端主义思想渗透的系统。

34. 在第三阶段（2025 年）将总结实施本战略的成果，必要时要提出制订本领域新战略方案的建议，并且要保障出台跨部门水平的组织性措施。

附录五

2025年前俄罗斯联邦国家民族政策战略

（2012年12月19日第1666号总统令批准）

为协调俄联邦国家权力机关、联邦主体国家权力机关、其他国家机关与地方自治机关在国家民族政策方面的工作，保障其与公民社会团体的合作，决定

1. 批准《2025年前俄联邦国家民族政策战略》。

2. 俄联邦政府

（1）保障制订实施《2025年前俄联邦国家民族政策战略》的措施方案。

（2）保障联邦行政机关完成《2025年前俄联邦国家民族政策战略》所列的任务。

（3）监督《2025年前俄联邦国家民族政策战略》的实施过程，向总统提交年度报告。

3. 联邦主体国家权力机关与地方自治机关在开展民族工作时要依据《2025年前俄联邦国家民族政策战略》的条款来进行。

4. 1996年6月15日的No. 909总统令《批准国家民族政策构想》（俄联邦立法会议，1996，N0. 25，第3010页）失效。

5. 本命令自签署之日起生效。

普京总统

2012年12月19日，莫斯科克里姆林宫，第1666号

第一章　总则

1.《2025 年前俄联邦国家民族政策战略》是俄联邦实施国家民族政策的优先方向、目标、原则、主要方向、任务与实施机制的系统规定。

2. 战略制定的目的是保障俄联邦国家、社会、个人与公民的利益，巩固俄罗斯的统一与完整，维护俄罗斯民族文化的独特性，使俄罗斯国家利益与民族利益相结合，保障公民的宪法权利与自由。战略建立在建设民主联邦国家原则基础上，是协调俄联邦国家权力机关、联邦主体国家权力机关与其他机关、地方自治机关活动的基础，也是协调上述机关与公民社会团体在实施国家民族政策时合作的依据。战略旨在全方位促进俄联邦各民族的合作，发展各民族的语言和文化。

3. 战略建立在俄联邦宪法、公认的国际法原则和准则、俄联邦缔结的国际条约、多民族的俄罗斯国家政治与法律历史经验基础上。

4. 战略是在汲取保障国家安全、国家社会经济长期发展、地区、外交、移民与青年政策、教育与文化等领域国家战略规划文件，以及 1996 年《俄联邦国家民族政策构想》的相关精神后制订的。

5. 需要国家与市级机关特别注意的俄联邦国家民族政策的主要方向仍然是

（1）维护与发展俄联邦各民族的文化和语言，加强其精神的共同性。

（2）保障少数民族原住民的权利。

（3）为保障北高加索稳固的民族和平与和谐进一步创造社会经济与政策条件。

（4）支持居住在国外的爱国人士，协助他们加强与俄罗斯的联系。

6. 俄联邦国家民族政策需要在研究解决民族关系发展中出现的新问题、现实情况与前景基础上，出台新的构想性方法。

7. 战略的实施应当有利于出台国家与市级机关、各种政治与社会团体解决俄联邦国家民族政策问题的一致方法。

8. 战略具有跨部门总体指导性质，有助于发展俄联邦多民族与民族所有组成成分（种族）的潜力。

第二章　俄联邦民族（种族）关系状况

9. 俄罗斯是世界上民族最多的国家。在它的领土上居住了193个民族（据2010年在公民自我确认基础上重新登记的全俄居民数据）。俄罗斯大多数民族是在现代俄罗斯领土上经过几个世纪而形成的，为俄罗斯国家与文化的发展作出了贡献。

10. 国家保障俄罗斯各民族文化与语言的多样性。在俄联邦共有277种语言与方言，在国家教育体系中使用89种语言，其中30种是教学性语言，59种是研究性语言。

11. 俄罗斯国家形成了统一的民族，这个民族系统构成的核心历来是俄罗斯人民。[①] 俄罗斯人民起到了粘合作用，通过长期的文化与民族融合，在俄罗斯国家的传统领土上形成了各民族独一无二的文化多样性与精神共同性。现代俄罗斯有着统一的文化（文明）符号，这一符号建立在维护与发展俄罗斯文化与语言、俄罗斯所有民族的历史文化遗产的基础上，其特征是对真理与公正的强烈追求，尊重俄罗斯各民族独特的传统，并将其中最优秀部分整合进了统一的俄罗斯文化。

12. 俄罗斯居民的民族（种族）组成与宗教信仰的多样性、文化与宗教合作的历史经验、维护与发展居住在俄罗斯领土上的

---

① 下文将俄罗斯人民等同于俄国民族。

人民的传统是俄罗斯人民的共同成就，这一成就是巩固俄罗斯国家性的因素，它决定了俄联邦民族关系长远发展的形势与积极方向。

13. 1996 年《俄联邦国家民族政策构想》的实施促进了俄罗斯的统一与领土完整。通过实施 21 世纪前十年的加强俄罗斯国家性的措施，成功地阻止了俄罗斯解体进程并在俄罗斯人民同一命运基础上创建了形成全俄公民意识的前提条件，恢复了历史发展进程，促进了居住在俄罗斯的各民族的和谐与精神共同性。在保障北高加索政治稳定方面取得了实质性成果，建立了少数民族原住民权利的法律保障，在发展民族文化自治、保障教育领域的公民权利与民族（种族）共同性方面做出了实质性努力，发展了民族语言。

14. 同时，在民族关系方面还有没有解决的问题。这些问题是由在现代俄罗斯形成自由开放社会与市场经济时的社会深层次变革，以及俄联邦国家民族政策中的一些失误造成的。与排外、民族互不宽容、民族与宗教极端主义、恐怖主义等相关的问题还很严重。

15. 以下消极因素影响了民族、民族间（种族间）关系的发展

（1）社会与财富的高度不平等，地区经济分化严重。

（2）俄罗斯各民族传统道德价值观被侵蚀。

（3）法律虚无主义与高犯罪率，部分官员的腐败。

（4）执法中存在对其他民族公民的歧视现象。

（5）形成俄罗斯公民共同性的教育与文化启蒙不够、民族间交往文化的教育不足、俄罗斯人民历史与传统的研究不足、俄罗斯人民在巩固国家与保障统一的国家方面团结经验的研究不足。

（6）对待一些民族的消极思维定势广泛存在。

（7）在实施俄联邦国家民族政策时机构间及不同层次间不够

协调，包括在俄联邦主体预防极端主义及早期预防民族冲突方面。

（8）移民过程监管不够，移民的社会与文化融合、适应问题解决不得力，这导致不能充分保障国家当前及未来经济、社会与人口发展的需要，不能充分保障企业主与俄罗斯整体社会的利益。

（9）具有全球及跨国性质的因素的影响，如个别文化全球化的整体影响、难民与被迫移民的问题没有解决、非法移民、国际恐怖主义与极端宗教的扩张、跨国有组织犯罪的扩大。

16. 克服上述消极因素关系到俄联邦国家民族政策领域新的任务与优先方向的产生，本战略是解决这些问题的总抓手。

第三章　俄联邦国家民族政策的目标、原则、优先方向与任务

17. 俄联邦国家民族政策的目标是

（1）巩固俄联邦人民（俄国民族）的全俄公民意识与精神共同性。

（2）维护与发展俄罗斯各民族的民族文化多样性。

（3）使民族与民族间（种族间）关系高度和谐。

（4）保障人与公民拥有平等的权利与自由，无论其种族、民族、语言、宗教等状况。

（5）使移民能适应并融入当地社会与文化。

18. 本战略第17点指出的目标，要通过国家与社会在民主与联邦的宪法原则、统一的原则、爱国主义与社会平等、俄罗斯的巩固与主权发展、尊重公民的民族尊严基础上共同努力来实现，这些目标也是完成国家长期建设目标，成功发展国家经济、社会文化与外交，保障国家安全的基础。

19. 俄联邦国家民族政策的主要原则是

（1）保障俄联邦的领土完整、国家安全、国家权力体系的唯

一性。

（2）保障俄罗斯各民族的平等与自决。

（3）人与公民拥有平等权利与自由，无论其种族、民族、语言、出生地、财产情况、居住地、宗教信仰、所属的社会团体等状况。

（4）制止并根除任何形式的因社会、种族、民族、语言或宗教信仰而产生的歧视。

（5）尊重公民的民族尊严，制止并消除挑起种族、民族与宗教分歧、仇恨或敌意的企图。

（6）国家支持与保护俄联邦各民族的文化与语言。

（7）俄联邦各民族相互尊重彼此的传统与习俗。

（8）保障少数民族原住民（族群）的权利，包括向其经济、社会与文化发展提供支持，保护其原有的生活资源与传统生活方式。

（9）保护少数民族的权利。

（10）协助居住在境外的爱国人士自愿迁居俄联邦，支持其维护与发展民族语言与文化的活动，加强与俄罗斯的联系。

（11）保障迁居到俄联邦常住居民点的外国公民及非公民身份的人融入俄罗斯社会。

（12）划分俄联邦国家权力机关、联邦主体国家权力机关与地方自治机关在国家民族政策领域的职权与工作对象。

（13）结合俄联邦国家民族政策的跨部门特点，综合性地完成任务。

（14）禁止成立以种族、民族或宗教信仰为标志的政党。

（15）国家及市级机关在实施俄联邦国家民族政策时与公民团体合作。

（16）继承俄罗斯各民族团结与相互帮助的历史传统。

（17）及时与和平解决民族矛盾与冲突。

（18）制止破坏国家安全、破坏民族和平与和谐、挑起种族、民族与宗教分歧、仇恨或敌意的行为。

20. 俄联邦国家民族政策的优先方向是

（1）完善俄联邦国家民族政策领域的国家管理。

（2）保障民族（种族）关系的和平、和谐与协调。

（3）保障公民的平等权利，保障公民在国家民族政策领域行使宪法权利。

（4）为移民适应与融入当地社会与文化创造条件。

（5）为有效实施俄联邦国家民族政策提供社会经济条件。

（6）巩固俄联邦人民（俄国民族）的团结与精神共同性。

（7）维护并发展俄罗斯各民族文化的多样性。

（8）为保障俄罗斯人民在社会文化领域的权利创造条件。

（9）发展未成年人教育与公民爱国主义教育体系。

（10）为维护与发展俄罗斯各民族的语言提供最优条件，使用俄语作为俄联邦官方语言。

（11）为实施俄联邦国家民族政策提供信息保障。

（12）完善国家、市级机关与社会团体的合作。

（13）在俄联邦国家民族政策领域发展国际合作。

21. 俄联邦国家民族政策领域的任务

（1）在俄联邦国家民族政策领域完善国家管理的任务

国家、市级机关与社会团体形成合力，巩固俄罗斯人民的团结、加强民族和平与和谐；

为相关国家管理系统提供法律、组织与物资条件，以最大程度地保障俄罗斯各民族的民族文化利益及其自豪感；

为少数民族原住民参与解决涉及其权利与利益的问题创造条件；

保障联邦及地区国家战略性规划文件的拟定与实施，包含俄联邦国家民族政策的任务；

完善实施俄联邦国家民族政策的国家、市级机关的管理与协调体系；

完善俄联邦涉及以下领域的立法：

调整与创造条件，以加强国家团结，促进全俄公民自觉、俄罗斯各民族文化发展、民族（种族）关系高度和谐，发展民族（种族）与宗教对话并预防冲突，使移民适应并融入当地社会与文化等相关领域；

肯定俄罗斯从事下列活动的非营利性组织的社会地位：民族（种族）合作；维持与保护俄罗斯各民族特征、文化、语言、传统，使移民适应并融入当地社会；民族学监控与预防冲突；

划分俄联邦行政机关、联邦主体行政机关与地方自治机关的职责，并明确地方自治机关在实施国家民族政策方面的职责范围；

从组织上保障联邦主体国家权力机关圆满完成俄国家民族政策的任务；

地方自治机关要考虑到当地民族的利益与需求，完善工作机制，与民族传统居住地自发性组织合作，提高所有居民团体的主动性和自觉性；

制定巩固俄罗斯人民（俄国民族）多民族团结，保障俄罗斯各民族公民与民族和谐、民族文化发展的国家方案；

根据已批准的实施国家民族政策示范性教学方案为国家与市级工作人员提供培训、再培训，提高其技能。

（2）在俄联邦国家民族政策领域保障公民平等权利，行使其宪法权利的任务

保障公民无论其种族、民族、语言、宗教态度、信仰、所属社会团体等状况，在收入、在国家与市级机关的职位安排、在护法机关与法院系统的职务、在联邦与地区进入后备干部库方面享有平等权利的原则得以实现；

创造由公民自由决定自己民族归属的条件；

采取措施，禁止国家与市级机关与组织开展活动时出现民族歧视现象；

（3）保障民族和平与和谐，民族间（种族间）关系协调的任务

确定国家与市级机关及领导在下列领域的优先任务：

促进民族和平与和谐、民族间关系协调，预防出现冲突，帮助不同种族团体代表对话；

确定国家与市级机关负责人在与土地有关的民族关系方面的责任，以及对他们的激励措施；

形成社会氛围，禁止宣传与传播破坏社会政治稳定、民族和平与和谐的极端主义、排外思想、民族唯一性思想；

完善早期预防民族冲突、攻击性民族主义及与其有关的犯罪现象、大规模骚乱、极端主义与恐怖主义现象的法律基础；

采取法律与组织措施，以预防与消除挑起民族主义思想、复活纳粹思想的活动，并揭露这些思想；

使民族文化与社会团体、宗教组织参与到发展民族与宗教对话、复兴家庭价值观、反极端主义、反民族与宗教不宽容活动中；

在公民社会团体与互联网服务提供商参加下组织抵制社交网站极端主义的宣传；

预防并消除旨在破坏国家安全，挑起种族、民族、宗教分歧与仇恨或敌意的活动；

确定国家与市级机关领导人或其他负责人在预防与消除民族（种族）与宗教紧张与冲突领域的职权；

建立国家与市级监控民族关系与早期预防冲突局势的系统，系统应当建立在情报来源多元，保障联邦主体与市级组织冲突前后的战术反应能力基础上；

采取法律与情报措施，以预防选举与政党方案中恶意使用民族因素；

在俄联邦武装力量、其他部队、部队单位与机关、内务部队机关的机构编制中要考虑到民族与宗教观念，监测部队及部队驻地的民族关系。

（4）为有效实施俄联邦国家民族政策保障社会经济条件的任务

保障大型经济区、联邦主体与市政在以下方面平衡、全面与系统地发展：

优化使用科技与干部潜力、劳动与生产协作中的地区分工优势、合理配置生产力；

降低地方社会赤字水平；

完善不同部门的预算关系，为实现社会公平与公民平等权利的原则、公民的和平与和谐进一步创造条件；

为俄联邦主体与市级组织提供良好的经济与社会发展条件，以保障企业运转自如与公民社会保障；

构建灵活的散居系统，这种散居系统是适应居民生活的地区与民族文化结构多样性的；

促进民间艺术与手工业发展，以提高就业率，包括居民在乡村、城市等地，在少数民族原住民传统居住地与传统行业中的就业；

在保护少数民族原住民原有的生活环境与传统生活方式的基础上，提高其传统经济活动对现代经济条件的适应水平；

保障公民在事实居住地，包括一些传统居住地的公民，可以从事社会、医疗和其他服务行业；

满足俄罗斯经济与劳动力市场需求，保障地区发展的利益均衡，通过促进移民进程完成人口政策任务，包括鼓励移民流向劳动力不足地区，在劳动力过剩地区创造就业岗位。

（5）促进民族文化发展的任务

在俄罗斯人民团结与统一、民族（种族）和谐、俄罗斯爱国主义思想基础上保障维持并提升俄联邦多民族人民的精神与文化潜力；

传播俄罗斯各民族历史与文化知识；

形成与俄联邦各民族道德规范与传统一致的民族（种族）交往文化；

发展民族（种族）与跨地区文化联系，实现的途径包括出台并实施相应的地区方案，在国家广播电视与民间电视台、艺术展、艺术团体巡演推广俄罗斯与前苏联传统与现代的文学艺术作品；

发展民族史与文化旅游，发展健康休闲地区，扩大国家对民族运动的支持，举办俄罗斯各民族运动会；

组织青年参观英雄城市和有军事荣耀的城市、俄罗斯各民族文化遗产地（历史与文化古迹）；

保障维持与增加俄罗斯各民族文化遗产的途径；

形成尊重俄罗斯各民族历史遗产与文化价值的社会氛围；

扩大可供参观的俄罗斯各民族国家文化珍品、物质与非物质遗产的范围；

在维护文化遗产，包括修复文化珍品方面开展志愿者运动；

完善培养文化领域民族干部的机制；

对彰显俄罗斯各民族共同成就、重大历史事件的科研、科普刊物、文学、艺术、电影、电视、互联网作品的创作制订国家支持追加措施。

（6）在未成年人教育、爱国主义与公民教育方面俄联邦国家民族政策的任务

在青年与孩子中形成全俄公民意识、爱国主义感情、公民责任感、对本国历史的荣誉感；在民族交流的文化教育中，主要是

宽容性、尊重公民的荣誉与民族自尊、俄罗斯各民族的精神与道德价值观，在各个教育阶段通过以下途径进行：

在教育过程中加强人文教育，拟定学习俄罗斯各民族多个世纪以来合作经验的教学方案，教学方法是阅读反映俄罗斯统一与团结源头著名事件的历史文献；

完善全日制教育机构的教学体系，在开展尊重俄罗斯历史与文化、世界文化价值的教学时，维护与发展俄罗斯人民的文化与语言；

在全日制教育机构的方案中加入俄罗斯各民族文化价值与历史传统的教学课程；

在教育体系中使用双语和多语，这是维护与发展俄罗斯社会民族文化与语言多样性的有效途径；

在高等与中等职业教育机构中，在国际基础上组建大学生自我管理机构（俱乐部、委员会等），并为协调他们的活动创造条件；

支持开展俄罗斯公民爱国主义教育的社会倡议；

完善教科书与课程，以更有效地在未成年人中形成全俄公民意识，进行民族交往文化教育；

对教师进行培训、再培训，提高其职业水平；

促进俄罗斯公民的移民教育（培训），包括劳动力市场热门职业的专业教育与水平提高教育。

（7）支持俄语作为俄联邦国家语言与俄罗斯各民族语言的任务

创造有利条件维护与发展俄罗斯各民族语言，把俄语作为俄联邦国家语言、民族交往语言、国际组织的官方语言之一；

在国家方案中加入支持俄罗斯各民族语言与保护语言多样性的措施；

为俄联邦公民研究与使用俄语作为俄联邦国家语言提供全面

条件；

保障公民研究本族语言的权利；

禁止限制公民自由选择交往、教育、培训、创作语言的权利；

在俄联邦不同主体之间电视与广播、录音与视频、印刷品可转换本民族语言；

复兴与支持将本民族文学作品翻译为俄罗斯各民族语言；

协助居住在国外的同胞及其子女保护与发展俄语及俄罗斯各民族的其他语言。

（8）形成移民适应与融入当地社会与文化的机制的任务

为居住在国外的同胞自愿迁居俄罗斯，以及俄罗斯公民为开发别的地区而移居创造经济与社会条件；

在考虑到俄罗斯各民族的民族文化传统利益基础上，完成《2025 年前俄联邦国家移民政策构想》中的社会经济与人口任务；

为提高公民间的信任度，消除民族与种族不宽容，在移民适应与融入当地社会与文化过程中，发展语言互动与不同文化的交往；

防止据种族特征形成封闭的移民飞地；

保障国家，市政机关与促进移民适应、融入当地社会与文化的社会团体的合作；

鼓励在移民流出地开设俄语、俄罗斯历史、俄联邦立法基础的课程；

完善移民尊重当地文化、传统的措施系统；

在实施俄联邦国家移民政策时，采用欧亚一体化进程中的能力与经验；

在使用文化机构与教育中心基础上，加强民族社会团体、民族文化自治体在移民融入社会与文化中的作用；

在国营与私营部门合作基础上，保障社会团体与宗教团体参与文化教育多功能中心的活动，移民在中心将得到司法与日常服务，学习俄语，了解俄罗斯文化、历史与俄联邦立法基础。

（9）实施俄联邦国家民族政策的信息保障任务

建立并完善国家、市级与非国营电视、广播、平面媒体、记者激励措施，以更好地报道俄联邦国家民族政策的实施，以及实施本战略目标与任务的支持方案；

散发广告与工业产品，制作并在电视与广播频道上播出公益广告等，支持制作实施俄联邦国家民族政策的广播电视、杂志、互联网专题栏目；

在媒体中就民族（种族）、宗教与文化互动的最佳报道组织竞赛；

国家与市级机关、公民社会团体、社会组织与宗教组织就与实施国家民族政策有关的问题在媒体上发表文章；

国家权力机关与地方自治机关在公民社会团体与记者协会参加下，监控平面与电子媒体对实施国家民族政策的报道，并定期举办提高记者在该领域专业水平的研讨会；

为禁止出版挑起民族（种族）或宗教仇恨或敌意的作品采取社会监控措施。

（10）完善国家及市级机关与公民社会团体在实施俄联邦国家民族政策方面合作的任务

在俄联邦社会院与地区社会院参与下拟定俄联邦国家民族政策的管理决议；

加强隶属国家与市级机关的社区委员会在提高全俄公民意识、民族（种族）与宗教关系和谐、保障移民社会与文化的适应与融合方面的作用；

支持国际非政府组织、协会、基金会、民族文化自治团体的活动，将其作为发现与满足公民民族文化需求，预防民族冲突，保障本战略实施的重要手段；

加强对国家机关与地方自治机关开展俄联邦国家民族政策工作的社会监督；

保障在俄国家民族政策领域资助公民社会团体活动的资金来源的透明度，并完善财务报表制度；

保障在民族（种族）关系领域透明与公开地研究冲突局势，媒体公正与负责任地报道相关事务；

在预防儿童与青年民族（种族）不宽容或敌意的工作中吸收公民社会团体，包括青年与儿童团体参加；

发展民族文化基础设施，包括旨在完成俄联邦国家民族政策任务的友谊屋、民族文化中心、其他国家与市级设施；

利用公民社会机构的能力，包括公民民族与多民族社会团体、民族文化自治体，协调民族（种族）关系，共同抵制民族紧张、极端主义、民族与宗教间的仇恨与敌意。

(11) 实施俄联邦国家民族政策中民族合作的任务

促使在国外形成俄联邦民主国家的正面形象，这个国家具有长久以来民族关系和谐的传统，并在此基础上满足了公民民族文化需求；

保障俄语及俄罗斯各民族文化在国外的研究、流行与传播，俄罗斯文化是现代世界多样性文化与文明中独一无二的组成部分，对俄语与俄罗斯文化的传播有利于树立俄罗斯在国外的正面形象；

对能影响俄罗斯民族（种族）关系的国际事件与国际组织的活动进行监测；

在公认的原则与国际法、俄联邦国际条约基础上保障俄罗斯公民及居住在国外的同胞的权利与合法利益；

协助境外同胞保障的自身权益，维护与俄联系，并保持口径一致；

通过与俄罗斯各民族文化社会团体扩大联系，支持居住在国外的同胞、民族散居者的民族文化需求得到满足；

利用边境合作机制，发展民族文化、社会经济合作，创造不同民族家庭自由来往的条件；

在国际条约框架内，为俄罗斯公民与居住在境外的同胞创造条件，以保障人道主义联系与迁居自由；

采取措施，以抵制新纳粹主义、新种族主义、种族与民族歧视、排外，以及伪造历史的企图；在世界政治中压制对立与复仇、篡改第二次世界大战的性质与结果，以及贬低 1941—1945 年苏联人民在伟大卫国战争中贡献的行为；

利用有公民社会团体参加的民间外交开展国际文化与人道主义合作，将其作为调节不同文明对话、保障不同民族相互理解的手段；

扩大与国际及非政府组织的合作，以保障少数民族的权利，抵制因种族特征、民族、语言、宗教信仰的歧视，以及在理解公民自由中的双重标准；

加强移民进程中的国际合作，保障劳动移民的权利；

在联合国、联合国教科文组织、欧安会、欧洲委员会、上海合作组织、独联体及其他国际组织的框架下理顺伙伴关系，支持公民社会团体与俄罗斯东正教教会及其他传统宗教在民族政策领域合作的倡议。

第四章　实施俄联邦国家民族政策的机制

22. 有效实施俄联邦国家民族政策的保障是国家机关、地方自治机关、公民社会团体综合使用据本战略制订的政治、法律、组织、社会经济、信息等措施，不间断与协调地工作。

23. 本战略属国家战略规划文件体系。

24. 政府制定实施本战略的措施方案，该方案应当列入联邦预算。

25. 由联邦政府在与联邦和地区国家机关的合作中实施本战略，其资金保障列入联邦与地区预算。

26. 在联邦层面上制订实施本战略的国家方案；在地区和市级层面亦制订实施本战略的方案。

27. 隶属总统的民族关系委员会在与联邦及地区机关、地方自治机关、社会团体、科研单位的合作中向总统提交明确本战略优先方向的建议。

28. 总统解决俄联邦国家民族政策问题时可在有俄联邦安全会议、俄联邦社会院、隶属总统的咨询与协商机关参加的俄联邦国家委员会会议上讨论。

29. 实施本战略的途径包括：签署俄联邦国际条约，出台联邦宪法性法律、联邦法律、总统令、政府令、联邦主体法律与其他规范性法律文件、市级规范性法律文件。

30. 在联邦主体与市级机构实施本战略的信息与分析工作可吸收相关国家机关与地方自治机关、国家科研单位的信息资源参与完成。

31. 俄联邦政府

（1）拟定并批准指标体系，该体系能评估国家民族关系状况、联邦主体行政机关与地方自治机关实施俄联邦国家民族政策任务的效率；

（2）对实施本战略进行监督，并在总结联邦主体年终报告后向总统呈报年终报告。

32. 根据本战略实施状况，对联邦主体与市级机构监测民族关系的结果分析后对本战略进行调整。

33. 实施本战略能促进巩固全俄公民意识、俄罗斯各民族文化发展、民族关系和谐，保障国家安全、社会法律秩序与政治稳定，增进俄联邦的国际声望。

参考文献

一、中文文献

［1］贝文力、阎德学、程国平、张德广、闵永年、冯绍雷、王焰编．普京文集．北京：世界知识出版社/华东师范大学出版社，2014.

［2］黄道秀．俄罗斯联邦刑法典．北京：中国法制出版社，2004.

［3］海运、李静杰主编．叶利钦时代的俄罗斯（政治卷）．北京：人民出版社，2001.

［4］李慧智．反恐学．北京：人民出版社，2003.

［5］李慧智等著．反恐保障．北京：人民出版社，2003.

［6］刘肖岩主编．反恐怖主义手册．上海：古籍出版社，2010.

［7］梅建明．反恐情报与危机管理．北京：群众出版社，2007.

［8］上海太平洋国际战略研究所．俄罗斯国家安全决策机制．北京：时事出版社，2007.

［9］许桂敏．俄罗斯恐怖主义犯罪研究．北京：法律出版社，2009.

［10］徐振泽、孙景源、舒梓．车臣之鉴．北京：社会科学文献出版社，2005.

［11］杨晖．反恐新论．北京：世界知识出版社，2005.

［12］侯艾君．车臣始末．北京：世界知识出版社，2005.

［13］赵秉志．国际恐怖主义犯罪及其防治对策专论．北京：中国人民公安大学出版社，2005.

［14］赵秉志等编译．外国最新反恐法选编．北京：中国法制出版社，2008.

［15］郑文阳．普京传——他为俄罗斯而生．北京：新世界出版社，2012.

［16］胡逢瑛．俄罗斯民主转折：冲突、反恐与危机处理．台湾：秀威出版社，2011.

［17］菲利普·博布科夫．克格勃与政权——克格勃第一副主席的回忆．北京：东方出版社，2008.

［18］列昂尼德·姆列钦．历届克格勃主席的命运．北京：新华出版社，2001.

［19］［俄］亚·维·菲利波夫．吴恩远等译．俄罗斯现代史．北京：中国社会科学出版社，2009.

［20］张金平．国际恐怖主义与反恐策略．北京：人民出版社，2012.

［21］上海大学法治建设与法学理论研究部级课题组．金融反恐趋势与对策．广州：华南理工大学出版社，2008.

［22］于淑杰．俄罗斯反恐理论与实践研究．北京：军事科学院博士学位论文，2005.

［23］侯艾君．车臣危机：历史根源与政治现实．北京：中国社会科学院研究生院世界史系博士学位论文，2002.

［24］马陇平．西部边疆稳定视角下打击“三股势力”法治化研究．兰州：兰州大学博士学位论文，2013.

［25］李淑娟．中国反恐怖主义法律对策研究．兰州：兰州大学博士学位论文，2012.

［26］李熙然．上海合作组织反恐机制研究．长春：东北师范大学博士学位论文，2013.

［27］刘旖旎．可持续安全视角下的上海合作组织反恐合作．沈阳：辽宁大学博士学位论文，2013.

［28］陶香宇．上海合作组织框架下反恐法律机制研究．乌鲁木齐：新疆大学，博士学位论文，2013.

［29］汪博．新疆反恐对策研究．长春：吉林大学博士学位论文，2011.

［30］王岩．论我国反恐机制的构建．重庆：西南政法大学，硕士学位论文，2008.

［31］张亮．9·11 事件以来俄罗斯的中亚政策研究．北京：中共中央党校博士学位论文，2012.

［32］张庆鑫．试论我国反恐怖体制的完善．北京：中国政法大学博士学位论文，2011.

［33］张瑞红．刑法在反恐怖主义犯罪领域的困境和出路．开封：河南大学博士学位论文，2013.

［34］蔡霞．论俄罗斯反恐立法及其对中国的启示．广西警官高等专科学校学报，2011（3）.

［35］邓新裕．高加索民族冲突的热点——车臣、俄罗斯对垒溯源．史林，1995，（2）.

［36］冯玉军．俄罗斯地缘政治战略取向．现代国际关系，1999（10）.

［37］高科．公开性与苏联社会民主化．群言，1989（7）.

［38］胡田野．借鉴与完善：遏制宗教极端主义的立法研究．政法学刊，2013（5）.

［39］李本先、梅建明、李孟军．我国反恐情报及预警系统框架设计．中国人民公安大学学报（社会科学版），2012（4）.

［40］李健和、马振超、梅建明、王存奎、翟金鹏．俄罗斯

反恐预警机制研究．中国人民公安大学学报（社会科学版），2008（4）．

［41］许桂敏．俄罗斯反恐立法特点评介．环球法律评论，2013（1）．

［42］刘肖岩．俄罗斯反恐情报失误研究．武警学院学报，2010（5）．

［43］刘勇为、崔启明．俄罗斯反恐的国际合作．俄罗斯研究，2008（6）．

［44］刘再起．俄罗斯伊斯兰恐怖主义问题．俄罗斯研究，2006（2）．

［45］马勇．俄罗斯与美国反恐战略之比较．东北亚论坛，2010（1）．

［46］当前中国西部周边反恐合作态势与中国的对策．西部法学评论，2013（1）．

［47］马振超．俄罗斯反恐危机管理研究．国际关系学院学报，2009（1）．

［48］穆亮龙．俄罗斯国家反恐怖委员会的成立与发展．国际资料信息，2008（2）．

［49］莫洪宪．论俄罗斯联邦反恐怖活动法与我国反恐立法之构想．武汉大学学报，2006（3）

［50］庞冬梅．俄罗斯境内的恐怖主义及其反恐策略研究——法律视角．国际论坛，2012（2）．

［51］孙辉、徐芳．俄罗斯反恐战略对我国反恐的启示．武汉公安干部学院学报，2010（2）．

［52］王京武、延景文．冷战后俄罗斯恐怖主义泛滥原因探析．西伯利亚研究，2004（1）．

［53］王玫黎、席玥．中俄反恐立法比较研究．湖南科技大学学报（社会科学版），2010（6）．

［54］王蓬勃．“警惕天空－2011”：北约和俄罗斯反恐新合作．今日中国论坛，2011（7）．

［55］王影．俄罗斯反恐体系简介．国际资料信息，2010（9）．

［56］邢广程．俄罗斯反恐更需要“治本”．时事报告，2010（5）．

［57］许桂敏．试析俄罗斯的反恐对策．内蒙古大学学报（哲学社会科学版），2008（40）．

［58］徐静、王前锋．地缘政治下的俄罗斯国家战略以及应对恐怖主义的措施．聊城大学学报（社会科学版），2013（1）．

［59］伊·马克金娜、黄登学．民族解放还是恐怖主义？——当代车臣恐怖主义问题研究．当代世界社会主义问题，2005（1）．

［60］张磊、孔凡学．遏制恐怖活动的法律思考——《关于加强反恐怖工作有关问题的决定》评析．法学杂志，2012（3）．

［61］张杰．俄罗斯的恐怖主义犯罪及反恐措施．俄罗斯中亚东欧研究，2004，（1）．

［62］张杰．论中国在上海合作组织框架内的目标导向与反恐警务合作模式．江西警察学院学报，2012（6）．

［63］张杰、王孟．中国与俄罗斯反恐实战比较研究．中国人民公安大学学报（社会科学版），2011（6）．

［64］张伶、张洋．俄罗斯反洗钱与恐怖融资战略及启示．中国刑警学院学报，2012（2）．

［65］张禄彭．《俄联邦反恐构想》析评．俄罗斯学刊，2012（2）．

［66］周开颜．俄罗斯反恐背景下的动态人口管理．当代教育理论与实践，2013（11）．

［67］周晓光．俄罗斯反恐奇兵——“阿尔法”特种部队．

国防科技，2005（4）.

[68] 周艳萍、黄波．俄罗斯联邦警察法评析．中国人民公安大学学报（社会科学版）2014，(3)．

[69] 左凤荣．俄罗斯的恐怖主义：根源与影响．新远见，2010（5）．

[70] 于宏建．俄罗斯立法折射现实需求．人民日报，2006-09-08（10）．

[71] 张杰．论上海合作组织反恐情报机制的构建——论人力搜集的必要性．辽宁警专学报，2008（3）．

[72] 杨海坤、马迅．总体国家安全观下的应急法治新视野——以社会安全事件为视角．行政法学研究，2014（4）．

[73] 李本先、周艳萍、梅建、江成俊．"10·28"恐怖事件对我国反恐工作的启示．中国人民公安大学学报（社会科学版），2014（2）．

[74] 李晓光．恐怖主义犯罪规制的比较法之维．甘肃政法学院学报，2014（2）．

[75] 杜邈．恐怖活动犯罪的司法认定．国家检察官学院学报，2014（3）．

[76] 熊海帆．反洗钱及反恐融资中数据挖掘技术研究与应用综述．西南金融，2014（8）．

[77] 徐爱国．反恐怖行动中的法律角色．法学杂志，2014（11）．

[78] 刘凡．反恐融资国际法律规范发展及我国的立法完善．武汉大学学报（哲学社会科学版），2013（1）．

[79] 周治林、熊贤培．国外消除恐怖主义意识形态对国家安全威胁的经验教训及启示．武汉理工大学学报（社会科学版），2013（2）．

[80] 赵军．中东恐怖主义治理的现状与前景．阿拉伯世界

研究，2013（3）．

［81］张家栋．当前恐怖主义新演变及反恐趋势．人民论坛，2012（7）

［82］国际安全及反恐怖主义资源中心数据库介绍．国外社会科学，2012（2）．

［83］赵宝云、冯小卫、华小勇．中国政府的反恐立场和反恐政策．思想理论教育导刊，2012（4）．

［84］张磊，孔凡学．遏制恐怖活动的法律思考——《关于加强反恐怖工作有关问题的决定》评析．法学杂志，2012（3）．

［85］童文俊．论恐怖融资与洗钱、反恐怖融资与反洗钱的主要区别与政策建议．南方金融，2012（3）．

［86］刘亚娜、王淞．比较法视域下我国恐怖主义犯罪立法研究．甘肃社会科学，2012（4）．

［87］杨立敏、蒲丽霞、刘晶．关于新疆暴力恐怖犯罪问题的思考．新疆师范大学学报（哲学社会科学版），2012（6）．

［88］赵秉志、杜邈．我国惩治恐怖活动犯罪制度细化的合理性分析．法学，2012（12）．

［89］陈军武．恐怖主义犯罪概念的再探析．福建论坛（人文社会科学版），2011（4）．

［90］张家栋．世界恐怖主义的主要特征与发展趋势．国际观察，2011（5）．

［91］潘志平．中国对恐怖主义的研究述评．国际政治研究，2011（3）．

［92］于志刚．恐怖主义犯罪与我国立法应对．人民检察，2011（21）．

二、俄文文献

［官方文件］

［93］Конституция Российской Федерации（с изменениями на 21 июля 2014 года）. http：//docs. cntd. ru/document/konstitucija-rossijjskojj-federacii.

［94］Уголовный кодекс Российской Федерации（с изменениями на 31 декабря 2014 года）. http：//docs. cntd. ru/document/9017477.

［95］Закон Российской Федерации №2124-1 от 27 декабря 1991 г. « О Средст-вах массовой информации »（действующая редакция от 24. 11. 2014 ）. http：//www. consultant. ru/popular/smi/.

［96］Федеральный закон от 3 апреля 1995 г. №40-ФЗ « Об органах федераль-ной службы безопасности в Российской Федерации »（с изменениями и дополнениями）. http：//www. garant. ru.

［97］Федеральный закон « О противодействии легализации（отмыванию）дохо дов, полученных преступным путем, и финансированию терроризма » от 07. 08. 2001 N 115-ФЗ（действующая редакция от 31. 12. 2014）http：//www. consultant. ru/popular/protivo dejstvie legalizacii-prestupnyh-dohodov-i-terrorizma/© КонсультантПлюс, 1992 – 2015.

［98］Федеральный закон от 10. 07. 2002 No. 86-ФЗ（ред. от 29. 12. 2014）« О Цен-тральном банке Российской Федерации（Банке России）»（10 июля 2002 г.）http：//www. consultant. ru/document/cons_ doc_ LAW_ 172875/© КонсультантПлюс, 1992 – 2015.

［99］Федеральный закон от 25 июля2002 года №114 – ФЗ « О

противодействии экстремистской деятельности»（с изменениями на 31 декабря 2014 года）. http：//docs. cn td. ru/document/901823502.

[100] Федеральный закон Российской Федерации №176 от 28 декабря 2004 г. « О ратификации Договора о сотрудничестве государств-участников Содружества Не-зависимых Государств в борьбе с терроризмом». http：//law. delovoimir. kz/laws/view/606.

[101] Федеральный закон от 06. 03. 2006 N 35-ФЗ (ред. от 28. 06. 2014) «О про-тиводействии терроризму» (6 марта 2006 г.), http：//www. consultant. ru/document/cons_ do c_ LAW_ 164931/© КонсультантПлюс, 1992 –2015.

[102] Федеральный закон Российской Федерации №56 от 20 апреля 2006 г. « О ратификации Конвенции Совета Европы о предупреждении терроризма». Российская газета, 25 апреля 2006.

[103] Федеральный закон от 27 июля 2006 года №153 – ФЗ « О внесении измене нийв отдельные законодательные акты Российской Федерации в связи с принятием Федерального закона »« О ратификации конвенции Совета Европы о предупреждении терроризма » и Федерального закона « О противодействии терроризму». Российская газета, 29 июля 2006.

[104] О стратегии государственной национальной политики Российской Феде рации на период до 2025 года, http：// docs. cntd. ru/document/902387360.

[105] Концепция внешней политики Российской Федерации, ht-tp：//www. krem lin. ru/acts/785.

[106] Военная доктрина Российской Федераци, http：// shtab. su/konspekt/ogp/voennaya_ doktrina_ rossiyskoy_ federacii. html.

[107] Указ Президента Российской Федерации №1255с от 23

сентября 1999 г. « О мерах по повышению эффективности контртеррористических операций на терри-тории Северо-Кавказского региона Российской Федерации » в редакции Указа Прези-дента Российской Федерации № 832с от 2 августа 2006 г.) . Собрание законодательства Российской Федерации. 2002 №13, ст. 1203.

[108] Указ Президента Российской Федерации №116 от 15 февраля 2006 г. « О мерах по противодействию терроризму » . Российская газета. 17 февраля 2006.

[109] Постановление Правительства Российской Федерации №6от 12 января 2007 т. « Об утверждении Правил осуществления социальной реабилитации лиц, пос-традавших в результате террористического акта, а также лиц, участвующих в борьбе с терроризмом » . Российская газета, 20 января 2007.

[110] Постановления Правительства Российской Федерации от 6 июня 2007 г. №352 « О мерах по реализации Федерального закона « О противодействии терроризму » » . Российская газета. 4 июня 2007.

[111] Постановление Совета Федерации №219-СФФедерального Собрания РФ от 7 июля 2006 г. « Об использовании формирований Вооруженных Сил Российс-кой Федерации и подразделений специального назначения за пределами территории Российской Федерации в целях пресечения международной террористической деятельности » . Собрание законодательства Российской Федерации, 2006, №29. ст. 3144.

[112] Постановление Государственной Думы №3498-4ГД от 22 сентября 2006 г. « Об объявлении амнистии в отношении лиц, совершивших преступления в период проведения контртеррористических операций на территориях субъектов

Российской Федерации, находящихся в пределах Южного федерального округа». Российская газета, 23 сентября 2006.

[113] Распоряжение Правительства Российской Федерации №1014-рот 14 ию ля 2006 г. Российская газета. 18 июля 2006.

[114] Концепция противодействия терроризму в Российской Федерации, http: //www. rg. ru/2009/10/20/zakon-dok. html.

[专著、论文集与博士、副博士论文]

[115] *Актуальные вопросы исследования и профилактики экстремизма. Ма-териалы международной научно-практической конференции*, 11-13 *октября* 2004 *г.* Редкол. : Козлов А. А. и др. СПб. : ООО Элексис Принт, 2004.

[116] Алиев В. М. , Аминов Д. И. , Федотов П. В. *Мет-одологические основы противодействия легализации доходов, полученных преступным путем, и финан-сированию терроризма.* М. : Юнити-Дана, 2007.

[117] Антонян Ю. М. *Этнорелигиозный терроризм.* М. : Аспект Пресс, 2006.

[118] Байбаков Ю. Г. , Иванов В. Д. *Комментарий к Федеральному закону « О противодействии терроризму »* . Рнд: Феникс, 2006.

[119] Барабин В. В. *Философия национальной безопасности.* М. : Аванти, 2006.

[120] Безценный А. *Постатейный практический коммента-рий к Федераль-ному закону от* 7 *августа* 2001 *г.* №115-*ФЗ* « *О противодействии легализации (отмы-ванию) доходов, полученных*

преступным путем, и финансированию терроризма ». М: Парфенов. ру, 2005.

［121］*Большой юридический словарь.* 3-е изд. , доп. и перераб. Под ред. А. Я. Сухарева. М. : ИНФРА-М, 2007.

［122］*Борьба с международным терроризмом. Сборник документов.* Под ред. Устинова В. В. М. : ТКВелби, 2005.

［123］Букреев В. И. *Человек агрессивный. Истоки международного терроaccess-ма.* М. : Флинта, 2007.

［124］Вольхин С. Н. , Ляшко В. Г. , Снегирев А. В. , Щербаков В. А. *Основы защи ты от терроризма.* М. : Дрофа, 2007.

［125］Выборное В. Я. *Развитие, угрозы, безопасность вI веке и Россия.* М. : Институт Востоковедения РАН, 2007.

［126］*Глобальные вызовы, угрозы и опасности современности. Приоритеты политики обеспечения национальной безопасности России* . Под ред. Возженикова А. В. М. : РАГС, 2008.

［127］Селезнев И. А. *Противодействие политическому терроризму в сфере международного спорта.* Диссертация кандидата политических наук. Рос. акад. гос. службы при Президенте РФ. Москва, 2008.

［128］Де Сото Э. *Иной путь. Экономический ответ терроризму.* М. : Социум, 2008.

［129］Дикаев С. У. *Террор, терроризм и преступления террористического характера: Криминологическое и уголовно-правовое исследование.* М: Юридический центр Пресс, 2006.

［130］Журавель В. П. *Терроризм, экстремизм, сепаратизм.* М. : МакБланш, 2005.

［131］Журавель В. П. *Хронограф терроризма и антитеррора.* М. : МакБланш, 2007.

［132］Журавель В. П. , Король Н. , Полуев А. *Противодействие террори-зму*. М. : ТОМ, 2007.

［133］Журавель В. П. , Шевченко В. Г. *О терроризме, террологии и антитерро ристической деятельности. Энциклопедический словарь*. М. : ТОМ, 2007.

［134］Йорданов М. *Дело № 666. Террор*. Махачкала: Юпитер, 2002.

［135］Йорданов М. *Сакральные тайны ислама*. М: Издатель Быстров, 2006.

［136］Коваль Б. , Мартынов Б. , Чумакова М. *Трансгран-ичный терроризм. Угро зы безопасности и императивы международного сотрудничества*. М. : Наука, 2006.

［137］Кулагинг В. М. *Международная безопасность*. М. : АспектПресс, 2007.

［138］Лукин В. Н. *Глобализация и международный терроризм*. М. : Наука, 2006.

［139］Луков В. В. *Международный терроризм: новые подходы российских ученых. Об актуальных проблемах общественного противодействия терроризму*. М. : ЛКИ, 2007.

［140］Никовская Л. и др. *Мировые процессы, политические конфликты и безо пасность*. М. : РАПН, 2007.

［141］Овчинников В. В. *Внутренние вооруженные конф-ликты на территории постсоветской России*. М. : Юнити-Дана, 2007.

［142］Овчинский В. С. *Пять лет « войны » с терроризмом и Новый мировой беспорядок. Аналитический доклад*. М. : Инфра-М, 2006.

［143］*Основы противодействия терроризму*. Под ред. Виш-някова Я. Д. М. : Ака демия, 2006.

［144］Попов В. И. *Организованная преступность, коррупция и терроризм в Ро ссии: исторический контекст и совреме-нность.* М.: МИИТ, 2007.

［145］Попов В. И. *Противодействие организованной преступности, корруп-ции, терроризму в России и за рубе-жом.* М.: СГУ, 2007.

［146］Сапрыкин С. Ю. *Новый закон о противодействии терроризму.* М.: Гросс -Медиа, 2006.

［147］Северцев Н. А., Дедков В. К. *Системный анализ и моделирование безопа сности.* М.: Высшая школа, 2006.

［148］Солодовников С. А. *Терроризм и организованная преступность.* М.: Заков и право, 2006.

［149］Стригин Е. *Кавказский гамбит. ЦРУ против ФСБ.* М.: Алгоритм, 2006.

［150］*Терроризм. Правовые аспекты противодействия. Нормативные и меж дународные правовые акты с комментариями.* Под ред. Трунова И. Л: Эксмо, 2007.

［151］*Тетради Международного университета в Москве.* Сборник научных труд-ов. Современный терроризм: истоки, тенденции, проблемы преодоления. Выпуск 6. Под ред. Берлина А. Д. М.: Международный университет, 2006.

［152］Троицкий М. А. *Международная национальная безопасность.* М.: МГИМ О（У）МИД России, 2006.

［153］*ФСБ России. Правовое регулирование деятельности федеральной служ бы безопасности по обеспечению национальной безопасности Российской Федерации.* Под ред. Ушакова В. Н. М.: Эксмо, 2006.

［154］Шапарь В. Б. *Секты-угроза национальной безопасности России.* М.: Фе никс, 2007.

［155］Шульц В. Л. *Организационно-правовые вопросы борьбы с терроризмом.* М.：Наука，2006.

［156］*Экономическая и национальная безопасность.* Под ред. Гончаренко Л. М.：Экономика，2007.

［157］*Этнорелигиозный терроризм.* Под ред. Антоняна Ю. М. М.：Аспект Пресс，2006.

［158］Эфиров С. А. *Партизанские войны и терроризм.* Националь-ная электро-нная библиотека（www. nns. ru.）

［159］Горбунов Ю. С. *Терроризм и правовое регулирование противодействия ему.* М.：Молодая гвардия，2008.

［160］Никитина Ю. А. ОДКБ и ШОС：модели регионализма в сфере безопа-сности. М.：Навона，2009.

［161］Соснин В. А. *Современный терроризм：Социально-психологический анализ.* М.：ИП РАН，2009.

［162］*Комментарий к Уголовному кодексу Российской Федерации.* Под ред. Томина В. Т.，Сверчкова В. В. 6 е изд.，перераб. и доп. М.：Юрайт Издат，2010.

［163］Горбунов К. Г. *Терроризм：социально-психологическое исследование*：монография Издательство：ОмГУ，2010 г.

［164］Ткаченко А. Г.. *Терроризм：духовно-нравственный аспект.* Под ред. Сте-панова Е. И.. М.，2010.

［165］Эмануилов Р. Я.，Яшлавский А. Э.. *Терроризм и экстремизм под флагом веры：Религия и политическое насилие：Проблема соотношения.* М.：Наука，2010.

［166］Егоров В. С. *Уголовная ответственность за преступления против общественной безопасности и общественного порядка.* М.：Московский психолого социальный институт，НПО «МОДЭК»，2010.

[167] Картавый А. А. *Совершенствование уголовного законодательства России о борьбе с терроризмом. Терроризм в России и проблемы системного реаги-рования.* Под ред. Долговой А. И. М.: Российская криминологическая ассоциация, 2010.

[168] Коломыц Д. М.. *Терроризм и структура этнической преступности.* Терроризм в России и проблемы системного реагирования. Под ред. А. И. Долговой. М.: Российс-кая крими-нологическая ассоциация, 2010.

[169] Моторный И. Д., Луценко В. В. *Антибомбинг-гражданские технологии противо-действия бомбовому терроризму.* М.: Юрайт-издат, 2010.

[170] Некишев В. Л. *Современные тенденции терроризма в России. Террор-изм в России и проблемы системного реагирования.* Под ред. Долговой А. И.. М.: Российская криминологическая ассоциация, 2010.

[171] Петрищев В. Е. *Защита объектов террористических посягательств и проблемы информационного противоборства. Организованный терроризм и органи-зованная преступ-ность.* Под ред. Долговой А. И. М.: Российская криминологическая ассоциация, 2010.

[172] Розанов А. С. *О проблеме международного терроризма на Северном Кавказе, Молодёжь и наука: новые взгляды и решения*: Сборник научных статей по итогам международной научно-практической конференции, Под ред. Бельский. Волго град: Волгоградское научное издательство, 2011.

[173] Сундиев И. Ю. *Введение в оперативно-розыскную террологию.* ЮНИТИ -ДАНА; 2011 г.

[174] Павлик М. Ю. *Террористический акт, захват заложника,*

бандитизм: вопросы теории и пра-ктики. Издательство: Юридический центр Пресс, 2011 г.

［175］ Нардина О. В. *Формирование общегосударственной антитеррористи-ческой системы.* Юридический центр Пресс, 2011 г.

［176］ Михеев В. Л. , Пиджаков А. Ю. , Чибинёв В. М. *Совреме-нныеформы меж дународного терроризма （ правовая основа противодействия）*: СПб. 2011.

［177］ Горбунов К. *Терроризм. История и современнос-ть. Социально-психоло гическое исследование.* М. : Форум, 2012.

［178］ Мохаддам Ф. М. *Терроризм с точки зрения террористов. Что они пере живают и думают и почему обращаются к насилию.* М: Форум, 2011.

［179］ Смирн В. Н. *Политический терроризм Российской империи.* М. : Литера Нова, 2012.

［180］ *Терроризм в современном мире.* 2 изд. Под ред. Шульца В. Л. . М. : Наука, 2012.

［181］ Леонов О. Г. , Ильин И. В. , Розанов А. С. *Теория и практика политичес кой глобалистики.* М. : Издательство Московского университета. М. 2013.

［182］ Умаров, Д. В. *Отношение американского истеб-лишмента к бандпод полью на Северном Кавказе, Новые вызовы региональной безопасности.* Материалы международной конфере-нции. Пятигорск: ПГЛУ, 2013.

［183］ Умаров Д. В. *Терроризм на Северном Кавказе: влияние экзогенного фактора.* Под ред. Панина В. Н. . Ростов на Дону: Изд-во « Социально-гуманитарные знания », 2013.

［184］ Михеев И. Р. *Терроризм: понятие, ответственность,*

предупреждение. М: « Право », 2013.

[185] Артюх А. В. *Феномены насилия и терроризма в культуре: философско-антропологический контекст взаимополагания.* диссертация кандидата философских наук, Белгород, 2013.

[186] Азимов Р. А. *Терроризм как фактор дестабилизации современного российского общества и государства: детерминанта, идеология, механизмы пред упреждения.* Диссертация кандидата политических наук. Нижний Новгород, 2013.

[187] Кошелев Е. К. *Освещение проблем терроризма в России и Германии немецкой качественной прессой: на примере материалов газеты "Франкфуртер альгемайне цайтунг".* Диссертация кандидата филологических наук. Москва, 2013.

[188] Корнаухова Т. В. *Административно-правовые средства противодейст вия терроризму в Российской Федерации.* Диссертация кандидата юридических наук, Саратов, 2013.

[189] Умаров Д. В. *Иностранные каналы влияния на проявление терроризма в современной России: на примере Северного Кавказа.* Диссертация кандидата полити ческих наук. Москва, 2013.

[190] Алексеев О. Н. *Международный терроризм и борьба с ним крупнейших государств Тихоокеанского региона.* Диссертация кандидата политических наук. Вла дивосток, 2013.

[191] Розанов А. С. *Программы профилактики терроризма в США, Испании, Франции и России: сравнительный анализ.* Диссер тация кандидата политических наук. Москва, 2013.

[192] Аттари А. С. *Политический терроризм и безопасность в системе совре менных международных отношений.* Диссертация кандидата политических наук. Москва, 2014.

[193] Ахмедова К. Б. *Религиозный фактор в политическом*

контексте проти водействия терроризму. Диссертация на соискание ученой степени кандидата наук, Ростов на Дону 19 декабря 2014 г..

［194］Солодовников С. А. *Терроризм и организованная преступность*: ЮНИ ТИ-ДАНА; 2014 г.

［报刊杂志］

［195］Доклад группы высокого уровня по угрозам, вызовам и переменам ООН « Более безопасный мир: наша общая ответственность ». *Безопасность Евразии.* 2005. №1.

［196］Василенк К. О. Товарищество на вере. *Время новостей.* 4 июля 2006.

［197］Гаврилов Б., Павлинов А. Международные и российские организаци онные структуры по противодействию терроризму. *Уголовное право.* 2005. №3.

［198］Еделев А. Руководитель Регионального оперативного штаба по прове дению контртеррористических операций в Северо-Кавказском регионе Российской Федерации. Итоги служебно-боевой и оперативно-служебной деятельности объединен ной группировки войск. *Красная звезда.* 12 января 2006.

［199］Гриняев С., Чугунов В. Международный терроризм как инструмент гло бального управления. *Византийское наследство.* 29 марта 2007.

［200］Глава АТЦ СНГ предлагает выработать единую концепцию безопаснос ти. *РИА Новости.* 30 октября 2007.

［201］Добрынина Е. Террор инкогнито. *Российская*

газет а. 24 мая 2006.

［202］Булавин В. И. Интервью заместителя Председателя Национального анти-террористического комитета--руководителя аппарата Комитета В. И. Булавина. *Родина*. 2007. № 12.

［203］Добрынина Е. Золотая середина. Социологи нарисовали обобщенный и подробный портрет российского среднего класса. Исследование « Городской средний класс в современной России », проведенное Институтом социологии РАН в сотрудни честве с представительством Фонда им. Фридриха Эберта в Российской Федерации. *Российская газета*. 24 января 2007.

［204］Жить по-человечески. Владимир Путин поставил задачи до 2020 года. Выступление на расширенном заседании Государственного совета « О стратегии раз вития России до 2020 года » 8 февраля 2008. *Российская газета*. 14 февраля 2008.

［205］Коньшев В. руководитель аппарата антитеррористической комиссии Тюменской области. Вопросы безопасности—под особым контролем. *Тюменская область сегодня*. 1 4 марта 2008.

［206］Куликов А. Антитеррористическая борьба требует системной коорди нации. *Хранитель*. 19 октября 2006.

［207］Куликов А. Д. Кому нужен банковский надзор? *Защита и безопасность*. 2007. №2.

［208］Лавров Д. В. Интервью министра иностранных дел Российской Федера ции Лаврова П. И. . *Солдаты России*. 2007. № 11.

［209］Латухина К. , Корня А. Конкурс национальных стратегий. *Ведомости*. 15 июня 2007.

［210］ Патрушев Н. 365 Дней НАКа. Интервью

Н. Патрушева. *Российская газе та.* 14 марта 2007.

［211］Патрушев Н. Глава ФСБ Н. Патрушев：Количество терактов в России сократилось вдвое. *Ведомости.* 12 сентября 2007.

［212］Перенджиев А. Н. Мифы о религиозных войнах. *Военно-промышленный курьер.* 25-31 октября 2006.

［213］Предвыборная Программа Всероссийской политической партии «Еди ная Россия» «План Путина — достойное будущее великой страны». Принята VIII Съездом Всероссийской политической партии «Единая Россия» 1 октября-2007 года. *Российская газета.* 9 ноября 2007 г.

［214］Сафонов А. Е. Интервью Специального представителя Президента России по вопросам международного сотрудничества в борьбе с терроризмом и транснациональной организованной преступностью А. Е. Сафонова. *Политический класс.* 2006. № 1.

［215］Сляднева Н. А. Международный терроризм и добровольный ПИАР：сим-биоз, порожденный новым информационным режимомI века. *Русское общество.* 30 марта 2006.

［216］Сухов И. А. Российский федерализм и эволюция самоопределений. *Россия в глобальной политике.* 2007. №2.

［217］Куманев Д. С. Проблема пиратства как разновидности терроризма и ее влияние на региональную безопасность в АТР. Ойкумена. *Регионоведческие исследования.* 2011. № 1.

［218］Путин В. В. Послание Президента Российской Федерации Федераль ному Собранию Российской Федерации 2006 г. *Российская газета.* 11 мая 2006.

［219］Клещева Т. А. Роль России в Шанхайской

организациисотрудничества（ШОС）в борьбе с терроризмом в странах АТР и на российском Дальнем Востоке. *Международное право и международные. организации.* 2012. № 1.

［220］Бавсун М. В.，Николаев К. Д. Проблемы юридической оценки преступле ний против общественной безопасности，сопряженных с убийством. *Российская юстиция.* 2010. № 1.

［221］Баймакова Н. Место добровольного отказа от преступления в УК РФ. *Мировой судья.* 2009. № 4.

［222］Ревина В. В. Ретроспективный анализ уголовного законодательства，предусматривающего ответственность за преступления экстремистской направленности. *Российский следователь.* 2009. № 14.

［223］Векленко В.，Зайцева Е. Спорные вопросы квалификации преступлений，совершенных с применением оружия или предметов，используемых в качестве оружия. *Уголовное право.* 2009. № 2.

［224］Мусаелян М. Ф. Понятие «терроризм» и его соотношение с понятиями «террор» и «террористический акт». *Журнал российского права.* 2009. № 1.

［225］Горбунов Ю. С. Об определении понятий «террор» и «терроризм». *Журнал российского права.* 2010. № 2.

［226］Мусаелян М. Ф. Историко-правовое развитие уголовного законодатель ства об ответственности за терроризм в России. *История государства и права.* 2009. № 14.

［227］Бавсун М. В.，Николаев К. Д. Проблемы юридической оценки преступле ний против общественной безопасности，сопряженных с убийством. *Российская юсти ция.* 2010. № 1.

[228] Мусаелян М. Ф. Объект террористического акта. *Военно-юридический журнал.* 2009. № 11.

[229] Колоколов Н. А. Терроризм не для присяжных. *ЭЖ-Юрист.* 2009. № 35.

[230] Мусаелян М. Ф. Объект террористического акта. *Военно-юридический журнал.* 2009. № 11.

[231] Петрова Г. Объект уголовно-правового отношени я. *Уголовное право.* 2008. № 2.

[232] Ревина В. В. Ретроспективный анализ уголовного законодательства, предусматривающего ответственность за преступления экстремистской направленности. *Российский следователь.* 2009. № 14.

[233] Ильин Е. П. О некоторых аспектах формирования единого международ ного антитеррористического прост ранства. *Вестник Национального антитеррористи ческого комитета.* 2010. №1.

[234] Меркурьев В. В., Агапов П. В., Соколов Д. А. Противодействие кримина льным угрозам национальной безопасности России: научное обеспечение практики. *Вестник Академии Генеральной прокуратуры Российской Федерации.* 2013. № 2.

[235] Меркурьев В. В. Состояние, тенденции организованной преступности и правовая основа борьбы с ней. Противодействие терроризму. Проблемы I века – *COUNTER-TERRORISM.* 2013. № 3.

[236] Шипилов В. В. Международный опыт организации информационного обеспечения оперативно-розыскной деятельности. *Российский следователь.* 2013. № 22.

[237] Аттари А. Средства массовой информации и

международный терроризм. *Дипломатическая служба.* 2013. №3.

[238] Аттари А. Политический терроризм и оружие массового уничто-жения, *Дипломатическая служба*, 2013. №3

[239] Ильин И. В, Розанов А. С. Проблемное поле политической глобалистики. *Социально-гуманитарные знан ия.* 2013. №3.

[240] Ильин И. В, Розанов А. С. Глобальный мир: взгляд из России. *Век глобализации.* 2013. №2.

[241] Умаров, Д. В. К вопросу об отношении американского истеблишмента к боевикам на Северном Кав казе. *Вестник ПГЛУ*, 2013. №4.

[242] Дипломатическая служба. (Москва). 2008 – 2014.

[243] Мир и политика. (Москва). 2007 – 2014.

[244] Новая газета. (Москва). 2005 – 2014.

[245] Российская газета. (Москва). 2005 – 2014.

[246] Обозреватель-Observer. (Москва). 2010 – 2014.

[247] Полис (Политические исследования). (Москва). 2000 – 2014.

[248] Полития. (Москва). 2004 – 2014.

[249] Россия и мусульманский мир (Москва). 2005 – 2014.

三、英文文献

[250] WilkinsonP. *Politicalterrorism.* London: Macmillan, 1974.

[251] DershowitzAM. *Whyterrorismworks: Understandingthethreat, respondingtothechallenge.* Yale University Press, 2002.

[252] Combs C C. *Terrorism in the twenty-first century.* Prentice

Hall, 2003.

[253]Abadie A. Poverty, Political Freedom, and the Roots of Terrorism. *National Bureau of Economic Research*, 2004.

[254]George Jonas. *Vengeance: The True Story of an Israeli Counter-Terrorist Team.* Simon& Schuster, 2005.

[255]Rodney Stich. *Terrorism Against America: External & Internal Terrorists.* Silverpeak Enterprises, 2008.

[256]Seumas Miller. Terrorism and Counter-Terrorism: Ethics and Liberal Democracy. Wiley-Blackwell, 2008.

[257] Arvinder Sambei, Anton du Plessis. *Counter-terrorism Law and Practice: An International Handbook.* Oxford University Press, 2009.

[258]John Updike. *The Terrorist.* Booksurge Publishing, 2009.

[259]Jeffrey Kaplan. *Terrorist Groups and the New Tribalism: Terrorism's Fifth Wave.* Routledge, 2010.

[260]Anna Cornelia Beyer. *Counter Terrorism and International Power Relations: The EU, ASEAN and Hegemonic Global Governance.* I. B. Tauris, 2010.

[261] Hephaestus Books. *Articles on Non-Military Counter-Terrorist Organizations, Including: Gsg 9, Swat, Yamam, Special Task Force, Grupo Especial de Operaciones, National S.* Hephaestus Books, 2011.

[262]Hephaestus Books. *Articles on Counter-Terrorist Organizations, Including: Special Air Service, Special Boat Service, Australian Special Air Service Regiment, Special Fo.* Hephaestus Books, 2011.

[263]Hephaestus Books. *Articles on Counter-Terrorism Policy of the United States, Including: Abu Sayyaf, FBI Most Wanted Terror-*

ists, *Jewish Defense League*, *Operation Endurin*. Hephaestus Books, 2011.

[264] Joshua A. Geltzer. *US Counter-terrorism Strategy and Al-Qaeda*: *Signalling and the Terrorist World-view*. Routledge, 2011.

[265] Kent Roach. *The* 9/11 *Effect*: *Comparative Counter-Terrorism*. Cambridge University Press, 2011.

[266] Lawrence Rubin, Rohan Gunaratna. *Multilateral Counter-terrorism*: *The Global Politics of Cooperation and Contestation*, *Peter Romaniuk Terrorist Rehabilitation and Counter-Radicalisation*: *New Approaches to Counter-Terrorism*. Routledge, 2011.

[267] Nacos B L. Terrorism *and Counterterrorism*. Pearson Longman, 2012.

[268] Martin G. *Understanding Terrorism*: *Challenges*, *Perspectives*, *and Issues*. Sage Publications, 2012.

[269] Helen Fenwick. *Developments in Counter-Terrorist Measures and Uses of Te-chnology*. Routledge, 2012.

[270] Ana Maria, Salinas De Frias, Katja Samuel. *Counter-Terrorism*: *International Law and Practice*. Oxford University Press, 2012.

[271] Claudia Hillebrand. *Counter-Terrorism Networks in the European Union*: *Maintaining Democratic Legitimacy After* 9/11. Oxford University Press, 2012.

[272] Claire Macken. *Counter-Terrorism and the Detention of Suspected Terrorists*: *Preventive Detention and International Human Rights Law*. Routledge, 2013.

[273] Hoffman B. *Inside Terrorism*. Columbia University Press, 2013.

[274] Jason Ralph. *America's War on Terror*: *The State of the 9/*

11 *Exception from Bush to Obama*. Oxford University Press, 2013.

[275] Kevin Robert Ryan. *Another Nineteen: Investigating Legitimate* 9/11 *Suspects*. Createspace, 2013.

[276] Sandler T. Poverty as a Cause of Terrorism and MIND/FIND as an Inhibitor of Transnational Terrorism. 2014.

[277] Piazza J A. Poverty, Minority Economic Discrimination, and Domestic Terrorism. *Journal of Peace Research*, 2011, 48 (3): 339-353.

[278] Krieger T, Meierrieks D. What Causes Terrorism? *Public Choice*, 2011, 147 (1-2): 3-27.

[279] Enders W, Sandler T, Gaibulloev K. Domestic Versus Transnational Terrorism: Data, Decomposition, and Dynamics. *Journal of Peace Research*, 2011, 48 (3): 319-337.

[280] Freytag A, Krüger J J, Meierrieks D, et al. The Origins of Terrorism: Cross-Country Estimates of Socio-economic Determinants of Terrorism. *European Journal of Political Economy*, 2011, 27: S5-S16.

[281] Mullins S. Social Network Analysis and Counter-Terrorism: Measures of Centrality as an Investigative Tool. *Behavioral Sciences of Terrorism and Political Aggression*, 2013, 5 (2): 115-136.

[282] Sandler T. New Frontiers of Terrorism Research: An Introduction. *Journal of Peace Research*, 2011, 48 (3): 279-286.

四、网络资源

[283] http://www.nac.gov.ru/

[284] http：//www. fsb. ru/
[285] http：//www. mvd. ru/
[286] http：//www. fso. gov. ru/
[287] http：//www. svr. gov. ru/
[288] http：//www. duma. gov. ru/
[289] http：//www. fedsfm. ru/
[290] http：//www. mil. ru/
[291] http：//minjust. ru/
[292] http：//minsvyaz. ru/
[293] http：//mintrans. ru/
[294] http：//scrf. gov. ru/
[295] http：//mchs. gov. ru/
[296] http：//rosminzdrav. ru/
[297] http：//www. rand. org/
[298] http：//www. dlib. eastview. com/
[299] http：//www. antiterror. ru/
[300] http：//www. lenta. ru/
[301] http：//www. start. umd. edu/gtd/

后　　记

书稿终于即将付梓，掩卷长思，我感慨万千。撰写本书，起因于感觉到国内对俄罗斯反恐研究的欠缺。随着研究的深入，我逐渐看到了俄反恐体系的庞大，它包括了全俄范围内的法律、组织、不同部门之间的相互关系及运行状态，需要进行系统研究，对我的知识面、研究能力提出了很高的要求，以一己之力完成这项工作，十分艰苦。

专注于学问会忘了时间流转。只记得在我陷于原文的浩繁资料时，小儿才是个 1 米 59 的小胖子，对他的照看完全丢给了家人；在我正式进入写作、晨昏颠倒时，儿子主动选择住校，接受严格的军事化管理，使我得以安心写作；在我历经艰苦、完成研究工作时，他已长成了 1 米 80 的魁梧小伙，健康而快乐，养成了时时关心妈妈的习惯，为我学术上的每一点成就骄傲、喜悦，这也成为我努力前行的不小动力。

本书的完成，离不开我的恩师许嘉教授的鞭策与鼓励。她对学生给予了无私的帮助，教会了我科学、严谨的研究方法，给我定下完成任务的时间表，不厌其烦地看稿件、提意见。她学问精湛、人品高尚，尽管自己的研究任务也极其繁忙，但她把育人看作学术上薪火相传的重要事业，为此付出了超负荷的努力！我也感谢她的爱人张晓军老师。在我陷入信息海洋迷茫时，他高屋建瓴的提点，便帮助我理清头绪。

我要感谢解放军外国语学院这个团队给予我的真诚帮助，他们是我在这个浮躁的世界中沉笃下心，寂寞前行的引领者、同路人；感谢武警学院给我提供了良好的科研、教学环境，使我得以将研究与教学集中起来，既满足了学生的求知欲，又向学术界奉献出这本书；感谢解放军国际关系学院的王文明副院长，作为我的博士论文答辩主席，他通读了全书，对选题意义、创新点、难点给予了充分肯定，并针对部分内容提出了修改意见；感谢解放军外国语学院的王京武副院长，他是我们本科时的俄语老师，我读博期间他给予了有益的指导与帮助；感谢陈爱华研究员在我论文答辩中提出的很有价值的意见；感谢彭亚平副教授在俄罗斯情报方面解答了我的疑惑；感谢沈彦博士，我与解放军外国语学院的诸多琐碎事宜均由他牺牲自己的时间联系、解决。

回想起刚刚逝去的那些忙碌、充实而愉快的日子：巍巍的梧桐绿了、黄了，华美地绚烂着，我从老师家出来，捡拾一片落叶，夹入最珍爱的书，留作时间的印记。而我的功课也从本书的结构，对现行俄反恐机制的初步印象，铺展到了对整个体系的研究。我对俄罗斯反恐体系的框架式研究结束了，但我对这一领域的研究才刚刚开始，我会秉承许嘉老师与张晓军老师服务国家的研究理想与求真务实的研究作风，在自己所擅长的领域努力精进，希望以自己微薄的力量为国家作出些微贡献，希望他山之石，可以为我攻玉。

图书在版编目（CIP）数据

俄罗斯反恐体系研究/戴艳梅著. —北京：时事出版社，2015. 12
ISBN 978-7-80232-896-9

Ⅰ. ①俄…　Ⅱ. ①戴…　Ⅲ. ①反恐怖活动—研究—俄罗斯
Ⅳ. ①D751. 235

中国版本图书馆 CIP 数据核字（2015）第 270723 号

出版发行：时事出版社
地　　址：北京市海淀区万寿寺甲 2 号
邮　　编：100081
发行热线：（010）88547590　88547591
读者服务部：（010）88547595
传　　真：（010）88547592
电子邮箱：shishichubanshe@ sina. com
网　　址：www. shishishe. com
印　　刷：北京百善印刷厂

开本：787 × 1092　1/16　印张：20. 25　字数：255 千字
2015 年 12 月第 1 版　2015 年 12 月第 1 次印刷
定价：70. 00 元